OS
CÃES

OS
CÃES

DAVID TAYLOR

Um livro Dorling Kindersely
www.dk.com

Editor Sênior: Simon Tuite
Editor de arte sênior: Joanne Doran
Gerente de edição: Deirdre Headon
Gerente de edição de arte: Lee Griffiths
Designer DTP: Louise Waller
Gerente de produção: Lauren Britton
Controle de produção: Kevin Ward
Pesquisador de imagens: Diana Morris
Biblioteca de Imagens: Claire Bowers

Publicado pela 1ª vez na Grã-Bretanha, em 1990,
pela Dorling Kindersley Limited,
80 Strand, London, WC2R 0RL.

Edição revisada em 2005

**Dados Internacionais de
Catalogação na Publicação (CIP)
(Câmara Brasileira do Livro, SP, Brasil)**

Taylor, David
Os cães / David Taylor ; [tradução Sérgio
Azevedo Pereira]. -- São Paulo : Editora
Melhoramentos, 2006.
   Título original: Ultimate dog.
   ISBN 978-85-06-04733-0
1. Cães 2. Cães - Criação 3. Cães - Cuidados
I. Título.

06-3778   CDD-636.7082

Índices para catálogo sistemático:
   1. Cães : Criação   636.7082

Direitos de publicação:
© 2006 Editora Melhoramentos Ltda.

Tradução: Sérgio Azevedo Pereira
Diagramação: Carlos Magno

Revisão dos padrões de raças:
Antonio Costa Dalle Piagge
Juiz de todas as raças (CBKC) – All breed judge (FCI)

Fotos (páginas 114, 115, 170 e 171): Antonio
Carlos Carreiro

Atendimento ao consumidor:
Caixa Postal 11541 – CEP 05049-970
São Paulo – SP – Brasil

1.ª edição, 2.ª impressão
Março de 2007

ISBN: 978-85-06-04733-0

Impresso no Brasil

Sumário

O Cão Essencial   6
Origens e Domesticação   8
Forma e Anatomia   10
Comportamento e
   Inteligência   14

Raças   16
Hounds   18
Afghan Hound   20
Basenji   22
Basset Griffon da
   Vendéia   24
Basset Hound   26
Beagle   28
Coonhound Preto
   Castanho   30
Bloodhound   32
Borzói   34
Dachshund (Teckel)   36
Elkhound   38
Spitz Finlandês   40
Foxhound   42
Greyhound   44
Wolfhound Irlandês   46
Rhodesian Ridgeback   48
Saluki   50
Whippet   52

Cães de Aponte   54
Pointer   56
Bracco Italiano   58
Golden Retriever   60

Labrador Retriever   62
Setter   64
Cocker Spaniel   66
Cocker Spaniel
   Americano   68
Spaniel Bretão   70
Springer Spaniel Inglês   72
Spaniel d'Água
   Americano   74
Nova Escócia Duck
   Tolling Retriever   76
Vizsla de Pêlo Curto   78
Weimaraner   80

Terriers   82
Airedale Terrier   84
Terrier Australiano   86
Bedlington Terrier   88
Border Terrier   90
Bull Terrier   92
Cairn Terrier   94
Dandie Dinmont Terrier   96
Fox Terrier   98
Jack Russell Terrier   100
Kerry Blue Terrier   102
Manchester Terrier   104
Norwich Terrier   106
Sealyham Terrier   108
Soft-Coated Wheaten
   Terrier   110
West Highland White
   Terrier   112
Terrier Brasileiro   114

Cães de Utilidade 116
Akita 118
Terrier de Boston 120
Bulldog 122
Chow chow 124
Dálmata 126
Keeshond 128
Lhasa Apso 130
Poodle 132
Schipperke 134
Schnauzer 136
Shar Pei 138
Shih Tzu 140

Cães de Trabalho 142
Malamute do Alasca 144
Boiadeiro Bernês 146
Bouvier de Flandres 148
Boxer 150
Bullmastiff 152
Dobermann 154
Dogue Alemão 156
Leonberger 158
Mastiff 160
Terranova 162
Rottweiler 164
São Bernardo 166
Husky Siberiano 168
Fila Brasileiro 170

Cães de Pastoreio 172
Boiadeiro Australiano 174

Pastor Belga 176
Collie Barbudo 178
Collie de Pêlo Longo 180
Pastor Alemão 182
Old English Sheepdog
(Bobtail) 184
Cão Montanhês
dos Pireneus 186
Samoieda 188
Pastor de Shetland 190
Welsh Corgi 192

Cães de Pequeno Porte 194
Bichon Frise 196
Chihuahua 198
King Charles Spaniel 200
Spaniel Japonês 202
Maltês 204
Pinscher Miniatura 206
Papillon 208
Pequinês 210
Spitz Alemão Anão 212
Pug 214
Silky Terrier Australiano 216
Yorkshire Terrier 218
Vira-latas 220

Os Cuidados
com o Cão 222
Seu novo cão 224
A dieta 228
A escovação 230
Viagens 232
Treinamento 233
Os cuidados com
a saúde 236

A Reprodução 246
Sexo e hereditariedade 248
Gravidez e nascimento 250
Comportamento
maternal 252
Desenvolvimento
do filhote 254
Adoção e criação
do filhote 256
A posse responsável 258
Lista oficial de raças 259
Índice 259
Agradecimentos 262

O Cão Essencial

Em todo o mundo, o animal de estimação mais popular é o cão doméstico ou *Canis familiaris*, cuja convivência com o homem já dura 10.000 anos. O cão tem servido ao homem em diversas situações, como guarda, guia, caçador, e até como agente natural no controle de roedores. Apenas na Grã-Bretanha há cerca de 6 milhões de cães de estimação e, nos Estados Unidos, pelo menos 50 milhões. Hoje em dia existem cerca de 400 raças de vários tipos e tamanhos. Essa variedade pode ser exemplificada ao compararmos um minúsculo Yorkshire Terrier do Condado de Lancashire, na Inglaterra, que chegou a ter aproximadamente 113 gramas de peso aos dois anos de idade, a um velho Mastiff Inglês que atendia pelo nome de Zorba e que, desafiando as balanças em 1989, atingiu o peso recorde de 155 quilos. Em virtude de serem criaturas adaptáveis e capazes de se recuperar rapidamente, a evolução não alterou muito esses maravilhosos animais.

A profusão de raças permite que você escolha um cão ideal. Se for tratado com os cuidados necessários e com inteligência, ele recompensará a sua bondade com afeto e companheirismo. Quem sabe até se torne o seu melhor amigo.

Entre todos os tipos de convivências existentes entre o homem e seus animais domésticos, o seu relacionamento com o cão tem sido o mais longo e o de maior proximidade. De acordo com as palavras de São Bernardo, no século XII, "Aquele que me ama amará também o meu cachorro".

Origens e Domesticação

Há 60 milhões de anos, um pequeno mamífero muito parecido com a doninha ou o zorrilho, denominado Miacis, habitava as florestas primitivas. Ele foi o ancestral do grupo de animais que hoje chamamos de Canídeos: o cão, o chacal, o lobo e a família da raposa.

Diferente do cão atual, que para se locomover utiliza os dígitos, o Miacis possuía pés chatos. Esse animal tinha dentes carnívoros e o cérebro de certo modo pequeno. No entanto, era mais inteligente do que seus contemporâneos, os creodontes, um outro grupo de carnívoros primitivos mais comum do que os Miacis, extinto há aproximadamente 20 milhões de anos.

ANCESTRAIS CANINOS

Há cerca de 35 milhões de anos, o Miacis deu origem a uma variedade de canídeos primitivos. Destes, conhecemos mais de 40 tipos que se assemelham aos ursos, às hienas e aos gatos. No entanto alguns se assemelhavam aos cães: o Cynodictis, por exemplo, assemelhava-se ao Welsh Corgi Cardigan. Esses canídeos, semelhantes aos cães, foram os únicos a sobreviver ao processo evolutivo, e alguns deles são considerados a origem do cão.

Os cães que conhecemos agora surgiram no cenário da Eurásia entre 12 e 14 mil anos atrás. Em um primeiro momento, acreditava-se que seus ancestrais eram um tipo de chacal ou o cruzamento entre o chacal e o lobo, porém estudiosos acreditam que seus ancestrais pertenciam à linhagem do lobo cinza menor do sul (*Canis lupus pallipes*), ainda encontrado na Índia. Durante o período em questão, o lobo cinza era encontrado na Europa, Ásia e América do Norte.

Entre os outros possíveis ancestrais do cão encontram-se o lobo lanoso do norte da Índia e do Tibete e o lobo do deserto do Oriente Médio. Certamente todos os cães surgiram de uma dessas linhagens (ou possivelmente de mais de uma, em desenvolvimento paralelo) e não estão

RAÇAS ANTIGAS

O LOBO Em épocas antigas, lobos de diferentes tipos eram comuns em todo o mundo. Desse modo, é provável que o lobo cinza seja o ancestral de todos os cães modernos.

HEREDITARIEDADE COMPARTILHADA
O cão pelado mexicano, encontrado na América do Sul, tem muito em comum com o cão de crista chinês do continente asiático, podendo haver uma relação entre as duas raças.

UMA RAÇA RARA Por ser um predador eficiente, o cão selvagem africano tem sido caçado pelo homem, e esse fato o coloca na lista das espécies em risco de extinção.

RAÇAS CANINAS MAIS ANTIGAS

Cinco tipos distintos de cão foram identificados em fósseis datados do início da Era do Bronze, em 4500 a.C.:

- Mastiffs
- Cães com semelhança de lobos
- Greyhounds
- Pointers
- Pastores

Essas raças básicas proliferaram por meio da reprodução seletiva e da mutação genética natural, dando origem às centenas de raças que conhecemos hoje.

CANIS FAMILIARIS INOSTRANZEVI
Cães do tipo Mastiff do Tibete foram domesticados na Idade da Pedra e, posteriormente, usados em batalhas pelos babilônios, assírios, persas e gregos.

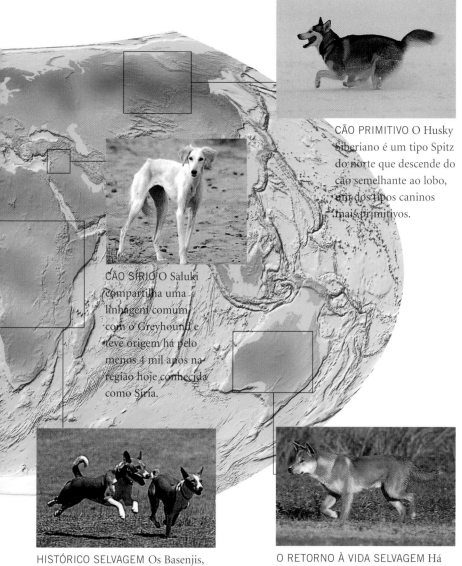

CÃO PRIMITIVO O Husky Siberiano é um tipo Spitz do norte que descende do cão semelhante ao lobo, um dos tipos caninos mais primitivos.

CÃO SÍRIO O Saluki compartilha uma linhagem comum com o Greyhound e teve origem há pelo menos 4 mil anos na região hoje conhecida como Síria.

relacionados geneticamente com quaisquer outras espécies. Recentemente, pesquisas realizadas no DNA canino sugeriram que todos os cães derivam de apenas alguns lobos domesticados na China por volta de 13 mil anos atrás.

A VERSATILIDADE DO CÃO

Por serem inteligentes e versáteis, os cães selvagens se espalharam rapidamente por todo o mundo. Entretanto o Dingo, que muitos acreditam ser o tipo básico de *Canis* do qual o cão moderno evoluiu, já se encontrava domesticado quando foi introduzido na Austrália há milhares de anos pelos primeiros imigrantes.

A partir dos ossos e fósseis encontrados em todo o mundo, datando de 6.500 anos atrás, podemos afirmar que naquele período havia cinco tipos diferentes de cão: os Mastiffs, os cães com aparência de lobo, os Greyhounds, os cães do tipo Pointer e cães pastores. A partir de então, milhares de raças vêm sendo desenvolvidas pela seleção artificial e natural. No entanto, no decorrer dos séculos, muitas se perderam e cerca de 400 perduram nos dias de hoje.

Quando os europeus chegaram à América, do Norte e do Sul, nos séculos XV e XVI, encontraram pelo menos 20 raças distintas de cães: atualmente o cão pelado mexicano, cão esquimó e cães selvagens peruanos e chilenos se encontram entre os poucos nativos sobreviventes. Entre outras raças antigas encontra-se o Basenji, oriundo da África e do Oriente Médio, e os também veneráveis Saluki e Afghan.

HISTÓRICO SELVAGEM Os Basenjis, originários da África, são singulares em relação aos outros cães domésticos por não latirem e terem um ciclo reprodutivo similar ao dos cães selvagens.

O RETORNO À VIDA SELVAGEM Há milhares de anos, o Dingo foi levado para a Austrália como um cão domesticado pelos primeiros imigrantes e, a partir de então, esse vigoroso cão voltou à vida selvagem.

CANIS FAMILIARIS PALUSTRIS
Este cão com aparência de lobo é similar aos cães da raça Spitz, tais como o Elkhound (*acima*), o Husky Siberiano, o Keeshond e o cão esquimó.

CANIS FAMILIARIS LEINERI
O Greyhound é uma das raças mais antigas, identificada nos desenhos das porcelanas da Mesopotâmia datados de 8.000 anos.

CANIS FAMILIARIS INTERMEDIUS
Estes cães da raça Pointer foram provavelmente desenvolvidos a partir dos Greyhounds, tendo como propósito a caça esportiva.

CANIS FAMILIARIS METRIS OPTIMAE
Cães pastores têm sido usados para proteger dos predadores os rebanhos há milhares de anos, sendo provavelmente oriundos da Europa.

Forma e Anatomia

O cão é por natureza um animal de caça: resistente, paciente, inteligente e ágil. Sobretudo é um animal sociável e não apresenta as atitudes de independência e superioridade dos gatos.

Essa sociabilidade é observada no comportamento das matilhas selvagens, que não apenas cooperam com o grupo nas emboscadas, mas também asseguram que os adultos não apropriados para essa função contribuam com a comunidade cuidando dos filhotes durante o período em que os pais vão caçar.

Considerando os fatores biológicos, a família canina não é altamente especializada. Sua ampla adaptabilidade e forma com propósitos tão diversificados têm sido os principais fatores responsáveis por sua sobrevivência em todo o mundo. Entretanto é importante considerar algumas características do cão que contribuem para a sua sobrevivência e que são em geral comuns a todos os caninos, do Dingo ao Dachshund.

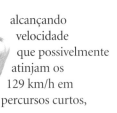

A LOCOMOÇÃO

O fato de o chitá ser o mamífero terrestre mais veloz da terra, alcançando velocidade que possivelmente atinjam os 129 km/h em percursos curtos, já é conhecido.

Os espécimes mais velozes da família canina não se encontram na mesma categoria, embora os lobos possam atingir velocidades de 56 km/h e os Salukis e Greyhounds, especialmente criados para corridas, possam alcançar 70 km/h.

Entretanto a caça no reino animal consome longas distâncias. É nessas condições que a energia da família canina paga os dividendos. Os cães selvagens africanos seguem os passos uns dos outros, alguns dão voltas logo atrás, enquanto outros se adiantam em desabalada corrida. Quando os líderes cansam, aqueles que estavam andando em voltas, mas seguindo a direção da caçada, assumem a dianteira, substituindo os primeiros com a mesma velocidade. Após uma longa caçada, essa espécie pode até mesmo deixar leões exaustos e abatê-los.

Quando está na água, o cão não passa de um simples nadador, empregando remadas em cadência que lhe dão a propulsão necessária, o famoso nado "cachorrinho". Um dos membros da família canina, porém, é um nadador e mergulhador excelente. Trata-se do cão raccoon selvagem da China, do Japão e da Sibéria. Um especialista em pesca, o cão raccoon pode ficar submerso por vários minutos quando em perseguição a uma presa.

SENTIDOS

O cão tem os mesmos sentidos de um ser humano, porém com faculdades bem distintas. Isso ocorre devido às diferentes necessidades de nossos respectivos ancestrais.

GRAÇA E VIGOR
Quando um cão salta, o impulso parte das poderosas patas traseiras e a cauda o equilibra enquanto ele está no ar.

A ALEGRIA DE CORRER
(à esquerda) Os cães são essencialmente corredores de longa distância, mas são caçadores de sucesso por causa de seu andar flexível, curvando o corpo quando necessário, e da grande energia que têm.

A AGILIDADE DE CAMPEÕES
(à direita) Apesar da forte constituição física dos cães comuns, esses animais são criaturas extremamente ágeis e conseguem saltar muitas vezes a sua própria altura.

Olfato

Os cães têm um maravilhoso sentido do olfato. Embora essa função varie de raça para raça e entre os diferentes indivíduos, a capacidade olfativa do cão é surpreendente e muito superior à nossa. Na verdade, um milhão de vezes melhor. Apenas as enguias são melhores farejadoras do que os cães, enquanto as borboletas têm o sentido do olfato aproximadamente igual em sensibilidade mas usado em distâncias maiores. Na França e na Itália os cães são úteis para encontrar trufas, uma espécie rara de fungo usada na culinária fina e que brota cerca de 30 cm abaixo da terra. Eles também são eficazes para detectar vazamentos de gás na Holanda e na Dinamarca. Os cães são mais sensíveis do que qualquer máquina de medição de odores, sendo treinados em todo o mundo para encontrar explosivos, droga e até mesmo pessoas. Mas como realizam tal proeza?

Os odores consistem em moléculas de certas substâncias químicas que flutuam no ar. Quando essas moléculas chegam à membrana olfativa no nariz, impulsos nervosos conectam a "informação do faro" a uma determinada área do cérebro.

Esse centro olfativo é altamente desenvolvido no cão e bem mais do que no homem. A área olfativa no nariz de um humano adulto tem cerca de 3 cm2, enquanto no nariz canino comum essa área abrange quase 130 cm2 e é disposta em concavidade para filtrar os odores advindos do ar. Para acomodar essa estrutura, os cães desenvolveram narizes longos (exceto entre algumas raças "artificiais" recentes). Existem mais células sensoriais na membrana olfativa dos cães do que nas dos humanos. Temos cerca de 5 milhões de células sensoriais. Um Dachshund tem 125 milhões, um Fox Terrier tem 147 milhões e um Pastor Alemão tem 220 milhões.

Um nariz úmido auxilia o faro ao dissolver as moléculas em flutuação no ar, colocando-as em contato com a membrana olfativa e removendo também os últimos odores. Há também o auxílio do pigmento, embora seu funcionamento não esteja muito claro. O pigmento não se encontra nas células sensoriais, mas próximo a elas: as membranas nasais do cão são escuras e a pigmentação preta na trufa nasal também pode representar um papel importante ao acentuar o sentido do olfato do cão.

Os cães de busca e salvamento tiram proveito do fato de que o suor de cada ser humano é tão único para ele, ou para ela, como suas próprias impressões digitais. Desse modo, o cão é capaz de reconhecer a "imagem do cheiro" de uma pessoa e de fazer deduções a partir da evaporação dos vários ingredientes do cheiro aliados ao fator tempo. Essa condição lhe permite correr na extensão da trilha por alguns metros, registrar a mudança na imagem do cheiro e até mesmo determinar em que direção a pessoa estava indo.

O sentido do gosto

O sentido do gosto no cão é relativamente pouco desenvolvido quando comparado ao do homem. Provavelmente isso ocorre devido ao fato de que, diferentes dos ancestrais dos humanos, primatas vegetarianos que selecionavam alimentos de uma imensa variedade disponível, os cães são carnívoros e localizam suas presas à distância, tendo de comer o que conseguirem pegar.

ATERRISSAGENS SUAVES
Os fortes músculos dos ombros suportam a maior parte do esforço na aterrissagem, e as almofadas das patas dianteiras asseguram uma boa aderência ao solo.

NADADORES POR NATUREZA
(à esquerda) Os cães são nadadores naturais, embora algumas raças sejam excelentes, especialmente os labradores.

CÃES DE TRABALHO
(à direita) Atualmente, o exemplo de cães utilizados como animais de tração é raro, embora, nas regiões frias, os cães da raça Spitz, que estão mais adaptados para este tipo de trabalho, continuam a puxar trenós como têm feito há muitos séculos.

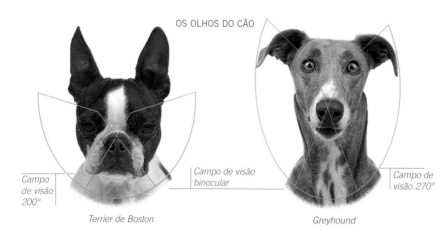

OS OLHOS DO CÃO

Campo de visão 200°

Campo de visão binocular

Campo de visão 270°

Terrier de Boston

Greyhound

CAMPO DE VISÃO AMPLO Os olhos do cão estão situados na parte lateral da cabeça e o seu campo de visão varia de 200° em cães de nariz achatado para 270° em raças de nariz proeminente, fato que lhes proporciona um campo de visão maior do que o do homem, cuja abrangência é de 100°. Os cães não são tão eficientes quanto o homem em relação ao foco de um objeto próximo, ou à avaliação de distância, em virtude de seu campo de visão binocular ser menor.

Visão

A visão do cão é bem adaptada para caçar pequenos animais de movimentos rápidos. Os cães não são sensíveis a cores em que predominam o branco e preto ou as nuanças do cinza. A maioria das espécies, entretanto, não utiliza o sentido da visão como primordial na caça e, desse modo, perdem com freqüência as presas que ficam imóveis.

Audição

O cão tem uma excelente audição. Embora algumas raças tenham uma capacidade auditiva melhor do que outras, a maioria dos cães possui amplas orelhas externas, servidas por 17 músculos que podem ser levantados e girados na direção de qualquer barulho como se fossem receptores de sons. Os cães são capazes de registrar sons de 35 mil vibrações por segundo (comparando-se a 20 mil no homem e a 25 mil nos gatos), o que significa que podem detectar ruídos bem acima do padrão auditivo humano. Os cães também são sensíveis o bastante para perceber, por exemplo, a diferença entre a marcação de dois metrônomos, um marcando o compasso a 100 batidas por minuto e o outro a 96. Um fato interessante é que eles são capazes de fechar seus ouvidos internos para filtrarem, em uma mistura de sons, aqueles nos quais desejam se concentrar. (Essa habilidade os torna convidados perfeitos para coquetéis!)

REGIÕES DO CORPO DO CÃO A altura do cão é medida da cernelha até o solo. O comprimento é medido da ponta do ombro até a extremidade dos glúteos. O stop é a depressão abaixo dos olhos onde os ossos nasais encontram o crânio. Quanto à amputação do rabo e ao corte nas orelhas, muitos países rejeitam completamente essa prática e, em outros, ela é considerada ilegal.

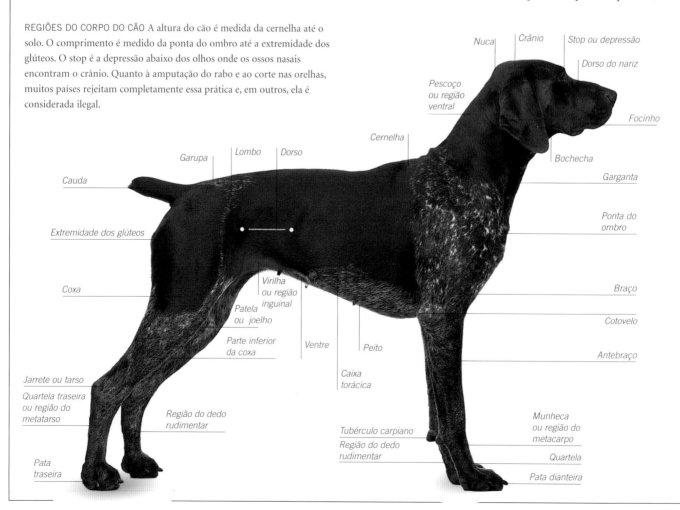

Nuca

Crânio

Stop ou depressão

Dorso do nariz

Pescoço ou região ventral

Focinho

Bochecha

Cernelha

Garganta

Garupa

Lombo

Dorso

Ponta do ombro

Cauda

Extremidade dos glúteos

Braço

Coxa

Virilha ou região inguinal

Patela ou joelho

Cotovelo

Antebraço

Parte inferior da coxa

Ventre

Peito

Jarrete ou tarso

Caixa torácica

Quartela traseira ou região do metatarso

Região do dedo rudimentar

Munheca ou região do metacarpo

Tubérculo carpiano

Região do dedo rudimentar

Quartela

Pata traseira

Pata dianteira

Outras características

Os cães, assim como os gatos, são sensíveis a vibrações. Esse fato lhes permite perceber sinais de tremores de terra com um tempo considerável de antecedência e, às vezes, muitos dias antes que os humanos se dêem conta de qualquer movimento. O curioso em tudo isso é que eles só reagem dessa maneira diante da iminência real de terremotos; de algum modo os cães são capazes de perceber a diferença entre os verdadeiros tremores que antecedem um terremoto e as 150 mil outras vibrações que ocorrem a cada ano na crosta terrestre, que não representam perigo e também não os alarmam.

O cão é dotado com um sistema eficiente de armas – seus dentes. Quando necessário, seus poderosos músculos mandibulares lhes dão uma capacidade de mordedura possante. Descobriu-se que um Vira-lata de 20 kg é capaz de aplicar uma mordida com uma pressão equivalente a 165 kg. Ao morder, o ser humano adulto não consegue exercer uma pressão superior

AS ORELHAS DO CÃO

Bloodhound (Cão de Santo Humberto)

Pastor Alemão

a 20 ou a 29 kg e até mesmo os homens mais fortes, sob condição de treinamento especial, só conseguem atingir 73 kg de pressão.

E, finalmente, o que dizer da percepção extra-sensorial nos cães? Testes contínuos, realizados sob condições aparentemente rigorosas, apresentaram evidências que sugerem certa capacidade psíquica e telepática de determinados caninos, aquilo que nos seres humanos se diz "sexto sentido". Isto torna seu cão apto a perceber que você sairá para uma caminhada, por exemplo, antes mesmo de você manifestar essa intenção.

AS VARIEDADES DE ORELHAS Os cães variam em sua sensibilidade auditiva: aqueles com orelhas eretas, como as do Pastor Alemão, as direcionam para que consigam melhorar a recepção e determinar a direção do som; cães com orelhas caídas, como os Bloodhounds (Cão de Santo Humberto), por exemplo, não têm essa facilidade. A finalidade das orelhas longas ainda não foi esclarecida: talvez poderiam ter sido desenvolvidas em cães que costumavam caçar, cavando o solo, para prevenir a penetração de corpos estranhos em seus canais auditivos. Sugere-se, ainda, que ao serem balançadas para varrer o solo as orelhas ajudam a canalizar os cheiros para o nariz.

CORES DA PELAGEM

A terminologia especializada é usada no mundo canino para descrever as cores e marcações da pelagem do cão.

AZUL MELRO Uma mistura em padrão marmorizado do preto, azul e pêlos cinza.

MALHADO (OU PIED) Pelagem que apresenta uma marcação em malha de duas cores.

EM FORMA DE SELA Marcação no dorso, no formato e na posição de uma sela.

TRIGUEIRO A cor do trigo maduro, com matizes de amarelo pálido a castanho-claro.

TRICOLOR A pelagem em três cores: por exemplo, preto, branco e castanho.

RUÃO Uma elegante mistura de pêlos brancos e coloridos.

SABLE Pelagem na qual a extremidade dos pêlos é preta em um fundo de tonalidade cinza, castanho-claro, castanho-escuro, dourado ou prata..

TIGRADO A pelagem dá um efeito listrado devido à disposição dos pêlos pretos sobre um fundo claro ou fulvo.

ACINZENTADA Pelagem que apresenta uma mistura de cinza azulado, vermelho e preto.

COMPORTAMENTO E INTELIGÊNCIA

O QI dos cães encontra-se em uma escala mais elevada em relação ao dos gatos, periquitos ou pôneis. Eles são excelentes aprendizes, com ampla capacidade de associação.

Os cães, como animais sociáveis, são peritos em interpretar sinais sutis enviados por outros indivíduos – caninos ou humanos.
Essas características associadas permitem que o cão "compreenda" as pessoas e estabeleça uma relação de amizade com elas.

O CHEIRO E A MARCAÇÃO VISUAL

A marcação é uma parte importante na vida de um cão. Muitas mensagens envolvem o olfato: os cães marcam o território pela urinação freqüente e ao riscar o chão para liberar o cheiro das glândulas sudoríparas presentes nas patas. De igual modo, rolam em substâncias de forte odor, como o esterco, para acentuar o cheiro do corpo (pelo menos no que diz respeito aos padrões olfativos de um nariz canino). A marcação visual através da linguagem corporal também é amplamente desenvolvida. Um repertório variado de posturas corporais, expressões faciais e os sinais transmitidos pela cauda transmitem as informações que outros cães, animais e humanos conseguem interpretar. Há também uma ampla variedade de sons como o rosnar agressivo, o rosnar mostrando os dentes, sons lamentosos, uivos e "ganidos" (dos hounds enquanto caçam), entre outros latidos característicos.

A IMPORTÂNCIA DAS BRINCADEIRAS

Os filhotes amam brincar, e esta diversão é bem mais do que uma *joie de vivre* (prazer de viver). Essa prática pode ter relação com seus parentes selvagens. Não é somente uma atividade que substitui a caça, motivada pelo instinto

DO ATO DE PEDIR ALIMENTO ATÉ O MORDER "Brincar com a boca" é uma característica do comportamento de um cão advinda, provavelmente, do ato de pedir o alimento.

do caçador em matilha, mas uma oportunidade de realizar exercícios físicos valiosos quando o animal está em fase de crescimento. O filhote aprende sobre o mundo à sua volta na medida em que investiga com seus sentidos e, ao mesmo tempo, desenvolve habilidades sociais de importância relevante para uma espécie tão gregária como a sua, o que não acontece com os filhotes dos

A LINGUAGEM CORPORAL DOS CÃES

SUBMISSÃO Diante de um adulto dominante, este filhote deita-se expondo a barriga em uma postura de submissão extrema.

DOMINÂNCIA O cão de pé demonstra uma dominância agressiva, com a cauda levantada e o pêlo do dorso eriçado, rosnando com os dentes à mostra.

DOMINAÇÃO EXTREMA Durante a brincadeira, este cão exerce a posição de dominação extrema ao colocar as patas nas costas do rival.

EVITAR O CONFLITO Neste confronto, o Border Collie evita o olhar fixo para não despertar a agressão do Poodle dominante.

MARCAÇÃO DE TERRITÓRIO

O cão 1 faz a sua marca no pé da planta...

O cão 2 cheira e marca o mesmo local...

O cão 3 cheira a mesma planta antes de marcar.

gatos, que herdam uma vida cheia de autoconfiança mas ao mesmo tempo solitária. Os filhotes caninos precisam de muito contato com seus companheiros e amigos humanos para que se tornem adultos bem ajustados. Portanto, durante o período crucial de três a dez semanas, fase em que são mais brincalhões, se os filhotes forem privados do contato com outros cães, não desenvolverão as reações sociais corretas, pois o que se perde durante esse estágio não poderá ser estimulado mais tarde.

Esses indivíduos se tornam neuróticos, com tendência a serem anti-sociais e incapazes de estabelecer um relacionamento normal com outros cães.

Para cães adultos, brincar é sinônimo de diversão e exercício. Ao contrário, porém, de seus parentes selvagens, tais brincadeiras poderão lembrar a cada animal a posição que ocupa na hierarquia social, o que reduz o risco das perigosas brigas.

BRIGA OU BRINCADEIRA? Esta luta corpo a corpo, que parece ser pura brincadeira, pode se transformar de um momento para o outro em algo mais sério com rosnares e grunhidos quando um dos filhotes tenta estabelecer sua dominância sobre o outro.

EM BUSCA DE DIVERSÃO Esta posição de reverência é inegavelmente um convite à brincadeira.

COMPORTAMENTO ANTI-SOCIAL

Com uma espécie tão complexa e inteligente, as coisas podem dar errado, e os cães às vezes apresentam problemas comportamentais psicológicos. São raros os casos em que um cão é verdadeiramente psicótico – comportando-se de modo totalmente irracional. Em quase todos os casos, o comportamento pode ser explicado por um exame da natureza fundamental do *Canis familiaris*.

Um bom proprietário deve estudar e compreender a personalidade de seu cão. Se aparecerem sinais de um possível comportamento anti-social, consulte um veterinário, um especialista em comportamento de animais ou um "psicólogo de cães".

COÇAR AS COSTAS Este ato tão agradável e de total abandono, em que este Dogue Alemão rola no gramado, sugere que ele está coçando as costas.

A FAMILIARIZAÇÃO A marcação pelo cheiro é muito importante para os cães. Portanto, é muito natural para eles que se cheirem quando se encontram.

PURINA

PROPLAN®

ALIMENTA E PROTEGE A SAÚDE

Raças

Embora acredite-se geralmente que o lobo é o ancestral de todos os cães, desconhecemos muitos detalhes dessa antiga árvore genealógica. De fato, parece que a primeira associação do homem com o cão lobo evoluiu e mudou seu aspecto físico de maneira fundamental, talvez, em parte, pela criação seletiva primitiva e devido ao fato de sua vida estar próxima à do homem, o que alterou seu estilo de vida de modo que os resultados foram gradualmente refletidos em sua anatomia.

Até a Idade do Bronze, havia pelo menos cinco tipos de cão claramente diferenciados. Dois deles originários dos grandes lobos das regiões subárticas. Um era o ancestral dos Spitz, o outro, um ancestral dos Mastiffs. Acredita-se que três outros tipos posteriores – Sheepdogs, Pointers e Greyhounds – descendem dos pequenos lobos da Índia e do Oriente Médio e uma outra forma primitiva intermediária pode ser representada hoje pelo Dingo Australiano e o cão Vira-lata da Ásia.

Desde o final de 1800, as raças caninas têm sido classificadas em um sistema de grupos para a conveniência dos julgamentos durante as apresentações e exposições. Na maioria dos países existem sete grupos, cuja terminologia também é adotada nos países de língua inglesa, porém com algumas variações. Os grupos que são conhecidos como cães de utilidade, aponte e pastoreio na Inglaterra são conhecidos nos Estados Unidos e no Canadá, respectivamente, como cães de esporte, cães não-esportivos e cães de rebanho.

ANIMAL DE ONTEM E DE HOJE Embora existam mais de 200 raças distintas do cão domesticado em todo o mundo, as mais modernas foram classificadas há cerca de 100 anos.

Hounds

O porte atlético e um maravilhoso sentido do olfato são duas das grandes características presentes neste grupo. Eles foram os primeiros cães de caça usados pelo homem devido à falta de velocidade do *Homo sapiens* quando buscava seu próprio alimento.

HOUNDS DE CAÇA À PRESA

A história dos hounds não poderia ser diferente dos outros aspectos da fantástica história do cão domesticado. Ela teve início no Oriente Médio, onde cães lisos, de patas longas, troncos longos, flexíveis e musculosos eram selecionados para os jogos de caça em deserto aberto. As provas referentes a esse fato são provenientes dos fragmentos de cerâmica escavados da Síria e da antiga Pérsia (atual região do Irã), datados de 6.000 a.C., decorados com imagens de cães semelhantes aos Greyhounds em perseguição a uma gazela. Hounds de caça à presa ou "Hounds do sentido da visão" eram velozes e silenciosos corredores que durante a caça dependiam de uma boa visão.

HOUNDS FAREJADORES

Vários séculos mais tarde, Hounds que seguiam os rastros por meio dos odores do solo foram desenvolvidos na Europa. Assim como seus companheiros da atualidade, os Hounds farejadores tinham pernas fortes, vigorosas, cabeças longas, orelhas pendulares e narizes com um incrível sentido do olfato – até um milhão de vezes melhor do que o do ser humano. Atualmente, existem também Hounds farejadores especializados de corpos longos e pernas curtas.

RAÇAS EUROPÉIAS

Antes de 1066, havia pelo menos um tipo de Hound, o Bloodhound, na França. Acredita-se que Guilherme, o Conquistador, importou exemplares deste cão para a Grã-Bretanha, introduzindo, desse modo, linhagens que ainda persistem nas raças atuais. O Bloodhound, o Talbot, que atualmente está extinto, e o antigo Staghound inglês são provenientes do Bloodhound.

O DESENVOLVIMENTO DA RAÇA

Durante a Idade Média, a pequena nobreza proprietária de terras era responsável pelo desenvolvimento dos Hounds. Antes mesmo de a caça à raposa ter se tornado popular, eles caçavam veados e lebres. Para isso, usavam na caça os lebréus, um Hound de porte grande, além dos Beagles que se destinavam à caça de lebres. Entre os outros Hounds do mesmo período, incluem-se o Hound do norte, um tipo pesado e sólido, e o Hound do sul, espécie mais leve e rápida. Atualmente o Staghound de Devon e o Hound gaulês estão presentes na lista dos Hounds extintos.

OUTRAS RAÇAS DISTINTAS

Alguns Hounds farejadores eram treinados para matar a caça ao capturá-la, enquanto outros encurralavam as presas, entregando-as aos caçadores quando começavam a ladrar. Embora a raça seja raramente usada nos dias de hoje para a caça subterrânea, ela foi popular nos séculos XV e XVI na Inglaterra, Alemanha e Itália na caça à raposa, ao coelho e ao texugo.

O GREYHOUND (*acima e à direita*)

O Greyhound, o Afghan e o Saluki são os atuais descendentes dos Hounds do sentido da visão usados nos jogos de caça há 8 mil anos. Estes cães são corredores equivalentes aos campeões humanos de corridas de 100 metros: geralmente indivíduos de alta estatura e passos largos.

AFGHAN HOUND (*abaixo e à direita*)

Um clássico exemplo de Hound do sentido da visão, o Afghan Hound usa sua visão precisa aliada à velocidade para desempenhar sua função de caça. Em virtude de ter as juntas do quadril bastante flexíveis, ele consegue percorrer terrenos acidentados, rochosos e irregulares sem diminuir a velocidade, saltando obstáculos e desviando-se com perfeição e facilidade.

FOXHOUND (*à esquerda*) Os Foxhounds foram

provavelmente desenvolvidos através do cruzamento entre os antigos Hounds ingleses do tipo Bloodhound com o Greyhound para se obter uma característica de maior velocidade. Os Hounds farejadores, geralmente, usam a maior parte dessa energia mais para exaurir a presa do que para aumentar a velocidade.

PURINA ®
PRO PLAN ®
ALIMENTA E PROTEGE A SAÚDE

Afghan Hound

Esta raça majestosa e elegante não deve ser julgada meramente por sua aparência ou por sua estonteante beleza. O Afghan Hound possui uma agilidade marcante e uma forte constituição física que lhe permite suportar as piores condições de irregularidade e aspereza do terreno.

HISTÓRIA

Conhecida também como Galgo de Cabul, esta raça antiga foi retratada nas gravuras das pinturas afegãs de 4 mil anos e em uma tapeçaria grega, datando do século VI a.C. Provavelmente originário do Oriente Médio, o Afghan se espalhou pelas rotas do comércio rumo ao Afeganistão, tendo sido usado na caça ao antílope, à gazela, aos lobos e aos leopardos da neve. Os primeiros Afghans chegaram à Grã-Bretanha em 1886, tendo sido introduzidos nos Estados Unidos apenas em meados de 1926.

TEMPERAMENTO

São cães independentes, espertos e amigáveis, porém de temperamento sensível. Embora emocionalmente fortes, definham quando são privados de atenção. Houve uma época em que a raça teve a reputação de não ser confiável, mas tal imagem foi substituída por um caráter que, ainda intrépido, diz-se ser mais receptivo ao treinamento e à disciplina.

CORPO Longo, tronco de comprimento moderado, dorso chato e musculoso e peito profundo.

PELAGEM Muito longa, sedosa e de textura fina, exceto na extensão do dorso e na face, onde é curta e apertada. Todas as cores são aceitáveis.

TODOS OS CONFORTOS DA MODERNIDADE
O galgo se deleita no conforto da casa moderna.

TAMANHO
Machos: de 68 a 74 cm;
fêmeas: de 63 a 69 cm.

AS CONDIÇÕES INDISPENSÁVEIS
DO AFGHAN HOUND Elegante e atlético,
o Afghan Hound requer uma escovação
considerável e exercícios para mantê-lo nas
melhores condições físicas e mentais

A PELAGEM QUE AQUECE E PROTEGE O galgo
desenvolveu sua longa pelagem como proteção contra
o frio inclemente do alto das montanhas no Afeganistão
e no Oriente Médio.

CAUDA Não muito curta,
mantida alta quando o cão
se movimenta, terminando
em forma de anel, muito
pouco guarnecida de pêlos.

ORELHAS Cobertas
por pêlos longos e
sedosos, fixadas
abaixadas e mantidas
bem chatas contra
a cabeça.

CARACTERÍSTICAS FACIAIS

OLHOS Dourados
ou em geral escuros,
ligeiramente
oblíquos e com
um toque oriental.

PERNAS Longas e vigorosas,
as pernas traseiras são bem
anguladas e as dianteiras
são retas.

PATAS Grandes e fortes,
cobertas por uma pelagem
espessa. Os dígitos são
arqueados.

CABEÇA Longa, mas não
muito estreita, com maxilares
potentes. O trufa nasal deve
ser preta ou em tom de fígado
em cães de cor mais pálida.

Basenji

Este é um cão verdadeiramente notável –
trota como um cavalo e se mantém
limpo por seu meticuloso hábito de se
lamber. Seu latido é semelhante
ao canto em falsete, alternando
abrupta e continuamente a voz!
Seu nome tem como origem a palavra
basenji, que significa "sertanejo" ou "nativo"
em língua banto, e ele às vezes é conhecido
como "cão do Congo". Na África, o Basenji
é usado como cão farejador e de guarda.

HISTÓRIA

Os ancestrais da raça existiram
provavelmente durante a época dos antigos
egípcios, pelo fato de gravuras semelhantes
ao Basenji terem sido encontradas em
muitas das tumbas dos faraós. Os Basenjis
foram descobertos pelos ocidentais há
pouco mais de cem anos na África Central,
onde eram aproveitados como cães de caça
em matilha. No início do século XX
chegaram à Grã-Bretanha, onde
sucumbiram diante da fatalidade da
cinomose, uma doença contra a qual não
tinham imunidade natural. Inicialmente
foram criados na Grã-Bretanha, em 1937,
e nos Estados Unidos, em 1941.

TEMPERAMENTO

Os Basenjis são criaturas alegres, espertas,
travessas e que, embora arredios com
estranhos, são geralmente excelentes com
as pessoas. Se precisarem conviver com
outros cães, seu instinto de cão de matilha
provavelmente exigirá uma série de
cuidados durante algum tempo. Portanto,
prepare-se para os rangidos e brigas de
disputas até que a liderança esteja
firmemente estabelecida.

UM CÃO ADAPTÁVEL
Embora tenha muita energia e
curiosidade, o Basenji sente-se
realmente feliz quando descansa
ao redor da casa.

PELAGEM *Pêlos curtos, densos, finos e sobre uma pele solta. As cores são o preto, o vermelho, o branco, o branco-e-preto, o avelã e branco e ainda o preto, vermelho e branco. O branco geralmente é nos pés, antepeito e extremidade da cauda.*

PERNAS *Fortes, musculosas e bem torneadas.*

PATAS *Pequenas, estreitas e com dígitos bem arqueados.*

HÁBITOS HIGIÊNICOS O Basenji mantém-se limpo e, como um gato, até se lava com as próprias patas.

OLHOS *Não tão grandes, escuros e em amêndoa.*

CAUDA *Inserção alta e enrolada em caracol sobre a garupa.*

ORELHAS *De textura fina, bem desenvolvidas, pontudas e eretas.*

CABEÇA *"Maxilas simples", com as linhas laterais do crânio afinando em direção à boca e rugas abundantes na testa quando as orelhas levantam em sinal de alerta.*

CARACTERÍSTICAS FACIAIS

CORPO *Comprimento e largura médios, dorso reto, costelas arqueadas e cintura bem definida.*

O CONTROLE DO PESO
Os Basenjis tendem a engordar e, como conseqüência, precisam se exercitar diariamente.

TAMANHO
Machos: 43 cm; fêmeas: 40 cm.

Basset Griffon da Vendéia

Popular na França há muitos anos, particularmente na Vendéia, a oeste do país, o Basset Griffon da Vendéia é de porte grande e pequeno, ambos extremamente ativos, vivazes, carinhosos e merecedores de um maior grupo de aficionados do que aquele que têm hoje.

HISTÓRIA

Antigos Hounds de caça gauleses formam as origens das quais foi desenvolvido o Basset Griffon da Vendéia. Em meados do século XIX, a raça apresentava, em geral, uma forma (grifo) de pêlo áspero do Basset Hound (*ver págs. 26-27*). O de porte grande serviu inicialmente como caçador de lobo, sendo ainda hoje útil na caça ao javali. Esse cão se encontra entre um dos maiores do grupo dos Bassets franceses, que inclui ainda o Basset artesiano normando, o Basset azul da Gasconha e o Basset Fulvo da Bretanha. O de porte pequeno é simplesmente a versão em miniatura do grande, produzido por criação seletiva.

TEMPERAMENTO

Os Bassets Griffons da Vendéia são alegres, sociáveis, leais e excelentes com as crianças. Necessitam de muita atividade para gastar toda a energia que têm. Portanto, não se adaptam à vida em confinamento dentro de um apartamento na cidade grande.

CABEÇA Abobadada mas não muito larga, com um stop marcado, focinho longo e trufa preta. As sobrancelhas são pronunciadas mas não caídas. Possui barba e bigode bem desenvolvidos e pêlos longos que cobrem os lábios.

SPINONE ITALIANO Um dos mais distintos e antigos membros da família dos Griffons, o Spinone italiano é habilidoso como companheiro de caça em trilhas abertas e na água. Este cão é considerado por muitos uma das melhores raças de aponte.

PATAS Grandes e compactas, unhas fortes e curtas, almofadas sólidas.

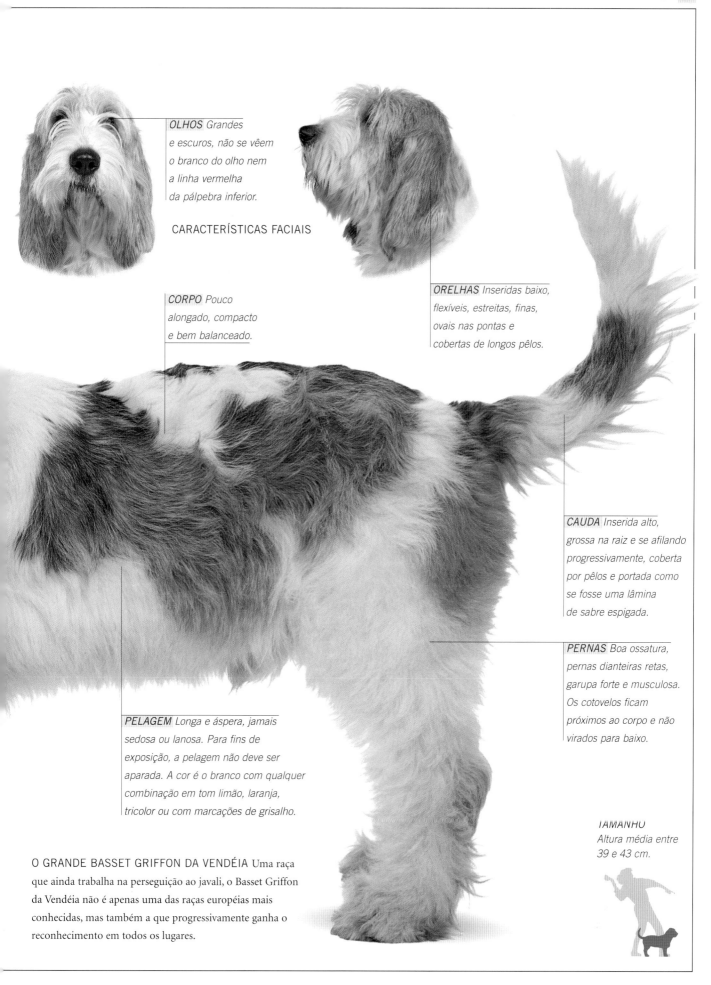

OLHOS *Grandes e escuros, não se vêem o branco do olho nem a linha vermelha da pálpebra inferior.*

CARACTERÍSTICAS FACIAIS

CORPO *Pouco alongado, compacto e bem balanceado.*

ORELHAS *Inseridas baixo, flexíveis, estreitas, finas, ovais nas pontas e cobertas de longos pêlos.*

CAUDA *Inserida alto, grossa na raiz e se afilando progressivamente, coberta por pêlos e portada como se fosse uma lâmina de sabre espigada.*

PERNAS *Boa ossatura, pernas dianteiras retas, garupa forte e musculosa. Os cotovelos ficam próximos ao corpo e não virados para baixo.*

PELAGEM *Longa e áspera, jamais sedosa ou lanosa. Para fins de exposição, a pelagem não deve ser aparada. A cor é o branco com qualquer combinação em tom limão, laranja, tricolor ou com marcações de grisalho.*

TAMANHO *Altura média entre 39 e 43 cm.*

O GRANDE BASSET GRIFFON DA VENDÉIA Uma raça que ainda trabalha na perseguição ao javali, o Basset Griffon da Vendéia não é apenas uma das raças européias mais conhecidas, mas também a que progressivamente ganha o reconhecimento em todos os lugares.

Basset Hound

Apesar de ser bastante tranqüilo e ter uma certa tendência a ser preguiçoso, o Basset Hound é um dos cães de caça mais úteis. Surpreendentemente ágil e ativo, é capaz de seguir lebres, coelhos e faisões pelo cheiro e de entrar nas tocas mais difíceis para encontrá-los.

HISTÓRIA

A raça se originou no final do século XVI na França. Seu nome surgiu da palavra francesa *bas*, que significa "baixo". As características gerais da cabeça do Basset e o seu sensível sentido do olfato sugerem que a raça foi produzida a partir de uma mutação anã do Bloodhound (*ver págs. 32-33*). O Basset foi introduzido na Grã-Bretanha na segunda metade do século XIX, tendo um exemplar da raça aparecido na exposição de cães de Wolverhampton em 1875. O clube do Basset Hound só foi inaugurado em 1883. A rainha Alexandra, esposa de Eduardo VII, era uma entusiasta do Basset e uma freqüente expositora. Em 1909, um de seus cães ganhou na exposição do Crufts.

TEMPERAMENTO

Embora pareçam sombrios, os Bassets são espertos, sociáveis e de ótimo temperamento. Precisam de muito exercício e se deliciam nas caminhadas no campo, onde podem vascular os arbustos e os bosques cerrados, o que os deixa bastante felizes. Se forem mantidos como cães sedentários, vivendo em casa, os Bassets tendem a se tornar obesos e, como conseqüência, podem desenvolver artrite.

PERNAS Curtas, possantes, fortes, com pele solta e enrugada.

TAMANHO
Altura: 33 a 38 cm.

PATAS Acolchoadas, sólidas e bem articuladas.

CABEÇA Em forma de cúpula, protuberância proeminente afunilando-se levemente em direção ao focinho. Trufa preta ou marrom em cães de cores claras. O longo lábio superior recobre amplamente o lábio inferior.

OLHOS De cor escura, podendo ser castanho-médios e com pálpebras pesadas. A conjuntiva, em tom rosa da pálpebra inferior, é aparente.

ORELHAS Longas e aveludadas, de inserção baixa, logo abaixo dos olhos.

A VOZ DO BASSET O Basset tem um latido profundo que lembra o barulho de um sino; o som de uma matilha dando o sinal pelo latir em conjunto é uma experiência emocionante e memorável.

CARACTERÍSTICAS FACIAIS

CORPO Longo, robusto e em formato de barril.

EXCELENTES HABILIDADES COMO CÃO DE CAÇA Apesar de sua estranha aparência, o Basset Hound é um caçador tenaz, demonstra uma disposição singular e grande energia no campo.

PELAGEM Curta, macia e cerrada, mas não muito fina. As cores são o preto, o vermelho e branco, o limão e branco ou qualquer outra cor de cão sabujo.

CAUDA Longa, afinando até a extremidade, e ereta, formando uma curva quando o cão se move.

Beagle

A palavra francesa *begueule*, que significa "garganta aberta", provavelmente deu origem ao nome Beagle, referindo-se, talvez, ao barulho do clamor dos cães quando em matilha. Os Beagles se tornam ativos e fiéis companheiros por se sentir contentes tanto na caça quanto deitados sobre um tapete.

HISTÓRIA

Estes pequenos Hounds talvez estejam ligados a um passado longínquo, datando da época dos antigos gregos. Certamente o francês normando serviu-se dos Beagles para perseguir lebres e os levou para a Inglaterra no século XI. Nessa época, eram animais menores, sendo às vezes carregados nas bolsas sobre as selas ou até mesmo nos bolsos dos montanheses. Uma variedade míni, denominada Beagle de bolso, foi desenvolvida a partir dos referidos animais, mas essa variedade não mais existe. O Beagle é um entre os vários cães que pertenceram a membros da realeza, como a rainha Elizabeth I, William III e George IV, que caçava com sua matilha na chapada de Sussex próximo a Brighton. O presidente americano Lyndon B. Johnson também teve um casal que atendia pelos nomes de Ele e Ela. Entretanto, o Beagle mais famoso de todos deve ser com certeza o Snoopy dos desenhos animados dos Peanuts. O clube do Beagle foi fundado em 1985 e, alguns anos mais tarde, eles foram exportados para os Estados Unidos.

TEMPERAMENTO

Os Beagles são cães de bom temperamento, ativos, felizes, que também podem ser teimosos e precisar de um controle mais rigoroso.

ANIMAL DE PESQUISA Infelizmente, por ser um animal de pequeno porte, o Beagle é comumente usado em pesquisas científicas, o que é uma pena para seus admiradores e para ele mesmo.

CAUDA Forte, de comprimento moderado e afinado na extremidade. Portada reta, mas sem ondular ao final.

PELAGEM Curta e densa, à prova d'água e resistente. Qualquer cor do Hound é aceita, exceto a cor em tom de fígado.

PATAS Arredondadas, com dígitos arqueados e bem definidos. Almofadas grandes e sólidas.

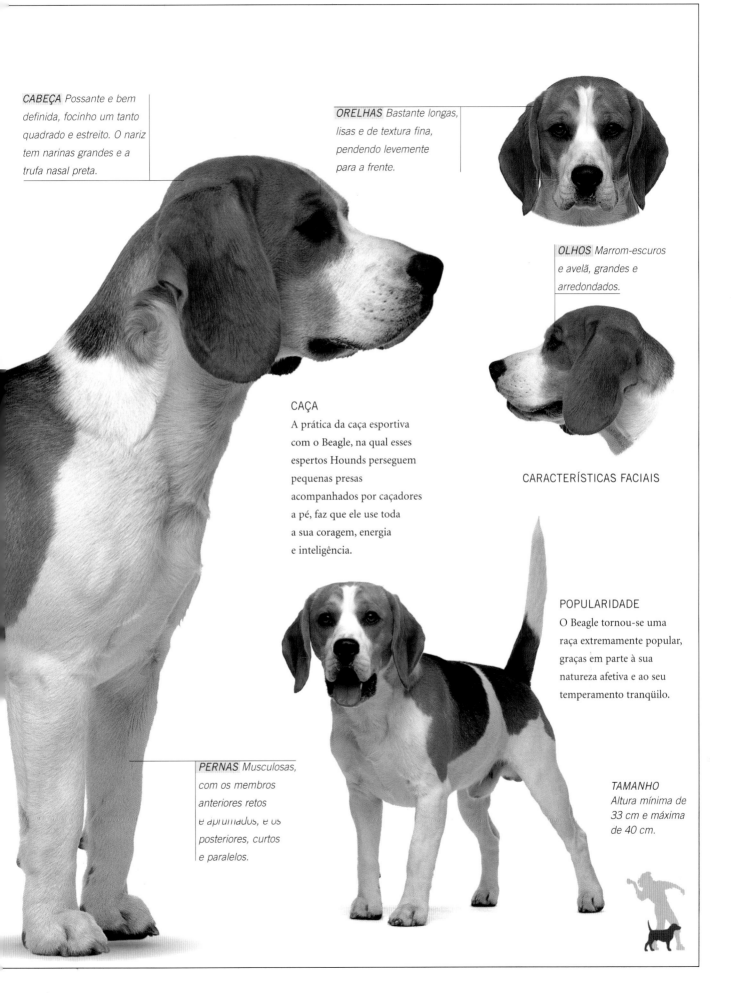

CABEÇA *Possante e bem definida, focinho um tanto quadrado e estreito. O nariz tem narinas grandes e a trufa nasal preta.*

ORELHAS *Bastante longas, lisas e de textura fina, pendendo levemente para a frente.*

OLHOS *Marrom-escuros e avelã, grandes e arredondados.*

CARACTERÍSTICAS FACIAIS

CAÇA

A prática da caça esportiva com o Beagle, na qual esses espertos Hounds perseguem pequenas presas acompanhados por caçadores a pé, faz que ele use toda a sua coragem, energia e inteligência.

POPULARIDADE

O Beagle tornou-se uma raça extremamente popular, graças em parte à sua natureza afetiva e ao seu temperamento tranqüilo.

PERNAS *Musculosas, com os membros anteriores retos e aprumados, e os posteriores, curtos e paralelos.*

TAMANHO *Altura mínima de 33 cm e máxima de 40 cm.*

Coonhound Preto e Castanho

Os Coonhounds, caçadores extremamente especializados na caça aos racoons, são raças americanas das quais o Redbone Coonhound, o Bluelick Coonhound e, o mais comum de todos, o Coonhound Preto e Castanho fazem parte. Assim como todos os Coonhounds, o preto e castanho persegue o racoon pelo cheiro, acua sua presa e dá o sinal para o caçador alterando o tom de sua voz e latindo de maneira distinta. Forte e destemido, capaz de trabalhar nas mais difíceis condições, em todas as estações e em várias condições climáticas, este corajoso cão é também capaz de caçar o veado, o urso e o puma simplesmente pelo cheiro.

HISTÓRIA

A raça pode ter tido suas origens a partir do velho Talbot Hound do século XII. Certamente, entre seus antepassados estão o Bloodhound (*ver págs. 32-33*), o Foxhound (*ver págs. 42-43*), o Kerry Beagle Irlandês (Pocadon) e, no século XVIII, o Foxhound da Virgínia.

TEMPERAMENTO

Equilibrado, alerta, amigo e obediente, este é essencialmente um forte cão de trabalho que exige muita atividade e que de modo algum vive em apartamento nos grandes centros.

POUCA ATENÇÃO CONCENTRADA De todos os Coonhounds de caça ao racoon, o preto e castanho parece ser o que mais facilmente se distrai na presença de uma outra caça em potencial. Tende a se animar em uma onda de excitação sempre que um esquilo ou um coelho cruzam o seu caminho, o que faz que fujam de seu alvo.

PELAGEM Curta e densa, tende a se renovar durante o ano e, portanto, precisa ser escovada regularmente. A cor é o preto retinto com destacadas marcações em castanho.

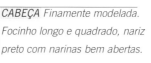

CABEÇA Finamente modelada. Focinho longo e quadrado, nariz preto com narinas bem abertas.

PATAS Compactas, com dígitos bem arqueados e almofadas espessas.

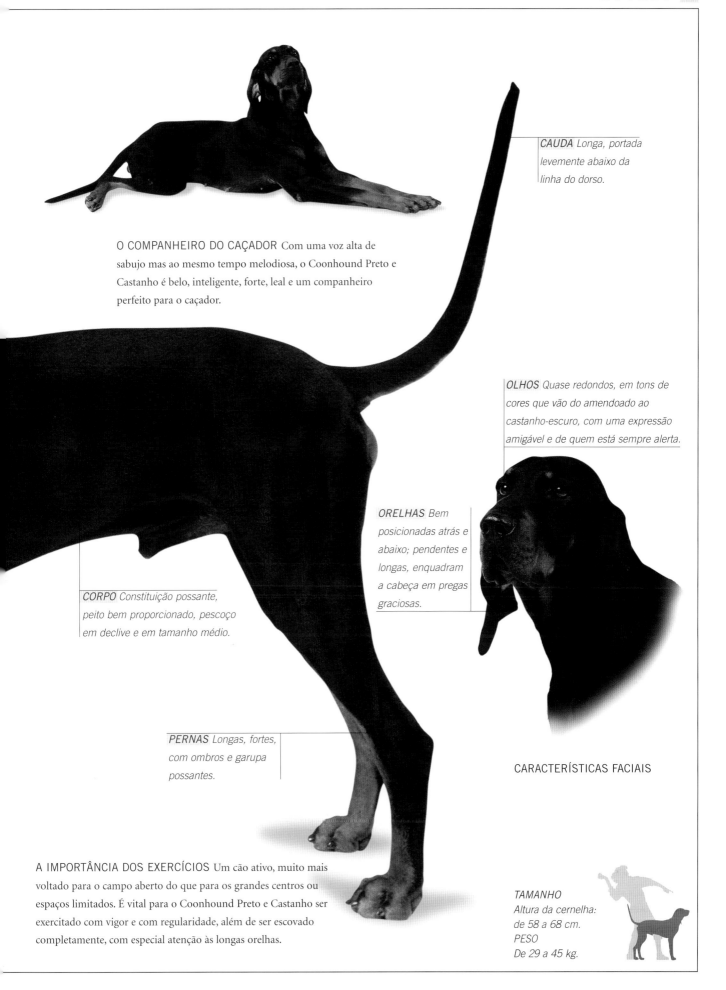

CAUDA *Longa, portada levemente abaixo da linha do dorso.*

O COMPANHEIRO DO CAÇADOR Com uma voz alta de sabujo mas ao mesmo tempo melodiosa, o Coonhound Preto e Castanho é belo, inteligente, forte, leal e um companheiro perfeito para o caçador.

OLHOS *Quase redondos, em tons de cores que vão do amendoado ao castanho-escuro, com uma expressão amigável e de quem está sempre alerta.*

ORELHAS *Bem posicionadas atrás e abaixo; pendentes e longas, enquadram a cabeça em pregas graciosas.*

CORPO *Constituição possante, peito bem proporcionado, pescoço em declive e em tamanho médio.*

PERNAS *Longas, fortes, com ombros e garupa possantes.*

CARACTERÍSTICAS FACIAIS

A IMPORTÂNCIA DOS EXERCÍCIOS Um cão ativo, muito mais voltado para o campo aberto do que para os grandes centros ou espaços limitados. É vital para o Coonhound Preto e Castanho ser exercitado com vigor e com regularidade, além de ser escovado completamente, com especial atenção às longas orelhas.

TAMANHO *Altura da cernelha: de 58 a 68 cm.* **PESO** *De 29 a 45 kg.*

Bloodhound

Este famoso cão sabujo, da criminologia real e fictícia, é agradável, bem-educado e bastante reservado. Seu nome provavelmente deriva do seu fantástico sentido do olfato para localizar a caça, quando está sangrando, ou por pertencer a uma raça de "sangue azul" da aristocracia.

HISTÓRIA

Além de estar entre as raças mais puras, esta criatura de aparência sombria é um dos sabujos mais antigos. Suas origens nos levam de volta para o século VIII, na Bélgica, na floresta de Ardennes, onde Santo Humberto, o santo padroeiro da caça, cuidava de um grupo de sabujos (sendo denominados, posteriormente, Santo Humberto). Estes cães se tornaram a raça predileta dos reis franceses, e Guilherme, o Conquistador, os levou para a Inglaterra em 1066. No decorrer dos séculos, a criação seletiva na Inglaterra transformou o Santo Humberto no Bloodhound que conhecemos hoje.

TEMPERAMENTO

O Bloodhound é tímido, gentil e bastante solene. Após baixar o nariz, não consegue prestar atenção em nada, nem mesmo na voz de seu dono!

PERNAS Fortes e robustas, com ossatura arredondada e coxas musculosas.

O FAVORITO DAS CRIANÇAS

Os Bloodhounds podem se tornar animais de estimação bastante afeiçoados, e são muito populares em especial entre as crianças. Entretanto é importante ressaltar que precisarão sempre de bastante espaço e exercícios.

PELAGEM Curta, com pêlos densos sobre o corpo; os pêlos que cobrem a cabeça e as orelhas são macios e refinados. As cores devem ser o preto e castanho, o fígado e castanho ou o vermelho. Um pouco de branco no peito, na pata e, às vezes, na ponta da cauda.

CAUDA Longa, grossa e afinando, portada baixa.

CABEÇA Grande, longa e estreita, com um leve afinamento em direção ao focinho. A pele da testa e das bochechas é enrugada. Narinas grandes e abertas. Os dentes superiores se sobrepõem aos inferiores ("mordedura em tesoura").

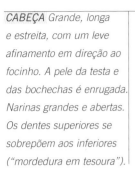

OLHOS Marrom-escuros ou castanho-claros, tamanho médio e em formato ovalado.

ORELHAS Muito longas, com textura refinada, sedosa e portadas baixo.

CORPO Largo, dorso musculoso, peito largo e profundo, lombo muito forte e sólido.

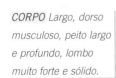

CARACTERÍSTICAS FACIAIS

UM GRANDE SENTIDO DO OLFATO Esta raça é reconhecida por ter um entusiasmo incansável para farejar. Ao encontrar a presa, é provável que, em vez de matá-la, tentará fazer amizade com ela!

BARBELA A papada do Bloodhound, a dobra de pele solta e enrugada pendente abaixo da garganta, é particularmente pronunciada.

PATAS Redondas e fortes, com juntas bem desenvolvidas.

TAMANHO
Machos: de 63 a 69 cm;
fêmeas: de 58 a 63 cm.

Borzói

A palavra *borzói*, que em russo significa "andorinhão", deu a este elegante e atlético cão o seu nome. Os czares e a aristocracia pré-revolucionária russa o utilizaram no cerimonial de caça ao lobo. Também conhecido como Wolfhound russo, o Borzói é um caçador veloz e impetuoso por natureza, e muitas vezes precisa de treinamento de obediência para controlar seus instintos.

HISTÓRIA

O Borzói é um cão que provavelmente se originou do Oriente Médio como um "cão lebréu" de pêlo curto e que caçava pela visão. Levado para as ilhas do norte, foi cruzado com um cão do tipo Collie russo, de pernas longas, para que pudesse ganhar maior audácia e uma pelagem longa mais bem adaptada a um clima frio. Sua ligação com a realeza o tornou um tradicional presente real.

Os Borzóis foram presenteados pela primeira vez à rainha Vitória, em 1842, e então à rainha Alexandra (esposa de Eduardo VII) pelos czares. Os cães pertencentes à rainha Alexandra eram mantidos na residência real de Sandringham, em Norfolk, e cruzados com Collies locais para que se produzisse um novo e refinado Collie de pelagem dura, na cor branca e de focinho longo e elegante. Os Borzóis foram exportados pela primeira vez para os Estados Unidos em 1889.

TEMPERAMENTO

São cães fortes, geralmente reservados, às vezes teimosos, mas também tranqüilos e carinhosos com seus amigos.

PELAGEM Longa, sedosa, franjada ou ondulada no corpo, curta e macia na cabeça, nas orelhas e nos membros anteriores. Peito e membros anteriores bem emplumados. Combinação de todas as cores, menos com o azul, o marrom (chocolate) e todos os derivados dessas cores. Todas as cores podem ser uniformes ou separadas em manchas sobre o fundo branco.

UM CÃO EXIGENTE O Borzói requer muita atenção em relação à forma de escovação, a exercícios e ao lidar com sua personalidade razoavelmente complexa.

CORPO Dorso visivelmente arqueado, mais nos machos que nas fêmeas, de boa ossatura, com o lombo moderadamente estreito.

CABEÇA Longa, delgada, ossuda e afinando em distinto formato cuneiforme. Os dentes superiores se sobrepõem aos inferiores. A trufa é preta.

ORELHAS Pequenas, finas, estreitas, terminadas em ponta, repousando para trás e portadas para cima. Os pêlos nas orelhas são longos.

OLHOS Amendoados, escuros, com orlas pretas.

CARACTERÍSTICAS FACIAIS

ELEGÂNCIA CANINA Adornado com uma guarnição franjada em seu pescoço e bem emplumado no peito, pernas e cauda, o Borzói combina elegância com uma constituição física alta e impositiva.

PERNAS Longas, retas e paralelas; coxas bem desenvolvidas.

CAUDA Longa, fixada baixo, em forma de foice e bem emplumada.

TAMANHO Machos: de 75 a 85 cm; fêmeas: de 68 a 78 cm.

PATAS Ovaladas e estreitas, com almofadas fortes e espessas, e dígitos juntos e bem arqueados.

Dachshunds

Apesar de ser conhecido como o levado "cão salsicha", o Dachshund é uma criatura destemida e corajosa, além de ser um excelente corredor. A palavra Dachshund em alemão significa "cão texugo". Embora tenha um ótimo nariz, parece ser mais um Terrier do que um sabujo, feliz por ter de entrar nas tocas para caçar coelhos, raposas e texugos.

DACHSHUND PÊLO DE ARAME Esta personalidade carinhosa e bastante convencida porta uma pelagem áspera, reta e curta, exceto nas orelhas, sobrancelhas, mandíbula e bochechas, com uma barba e subpelos densos, sobrancelhas cerradas e cristas proeminentes sobre os olhos.

HISTÓRIA

Cães de corpos longos e pernas curtas estão descritos nas paredes dos templos do antigo Egito. Estátuas de cães semelhantes em pedra e argila foram encontradas, como prova de sua antiga presença, no México, Grécia, Peru e China. Existem seis raças distintas de Dachshunds: pêlo liso, pêlo longo, pêlo duro, padrão e os tamanhos em miniatura. As características básicas das seis raças são as mesmas, diferindo apenas em tamanho e tipos de pelagem. As primeiras miniaturas de cães teckels foram obtidas pelo cruzamento entre Terriers e Pinschers com os Dachshunds mais leves e menores.

TEMPERAMENTO

Todos os Dachshunds são ativos e inteligentes, mas, às vezes, são um pouco encrenqueiros.

EXCELENTES CAÇADORES Os Dachshunds têm um excelente olfato e são conhecidos por seguir rastros de javalis feridos durante até dois dias.

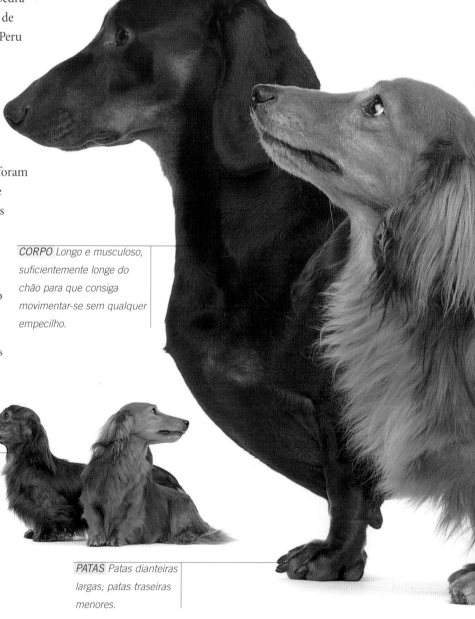

CORPO Longo e musculoso, suficientemente longe do chão para que consiga movimentar-se sem qualquer empecilho.

CORES Unicolor: vermelho, amarelo avermelhado ou amarelo, sendo preferível o vermelho. Pequenas manchas brancas não o desqualificam, mas são altamente indesejáveis. Bicolor: preto profundo ou marrom com marcas em castanho ou amarelas. Arlequim (tigrado manchado, manchado): a cor básica é sempre escura (preto, vermelho, cinza).

PATAS Patas dianteiras largas; patas traseiras menores.

CABEÇA *Longa e afinando, com um crânio levemente arqueado e mandíbulas possantes. O focinho é preto ou marrom de acordo com a cor da pelagem.*

CARACTERÍSTICAS FACIAIS

OLHOS *De tamanho médio e escuro, mosqueado, do castanho avermelhado ao castanho preto, e um dos olhos pode ser, no todo ou em parte, azul-claro.*

ORELHAS *Movem-se livremente, moderadamente longas, amplas e de inserção alta.*

QUESTÕES DE SAÚDE Todos os Dachshunds são propensos às "hérnias de disco", problemas de coluna, uma tendência que se agrava pela compulsão alimentar que os torna obesos à medida que envelhecem. Embora não precisem de muitos exercícios, brincadeiras regulares e uma dieta controlada são essenciais para a manutenção da saúde.

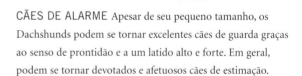

PERNAS *Membros anteriores musculosos. Os membros posteriores, quando vistos por trás, encontram-se paralelos.*

PELAGEM *Pêlo longo: sedoso, plano, reto ou levemente ondulado, plumado abundantemente atrás das pernas.*

CÃES DE ALARME Apesar de seu pequeno tamanho, os Dachshunds podem se tornar excelentes cães de guarda graças ao senso de prontidão e a um latido alto e forte. Em geral, podem se tornar devotados e afetuosos cães de estimação.

CAUDA *Levemente curvada em prolongamento à linha do dorso.*

TAMANHO E PESO
Teckel standard – circunferência no peito: 35 cm. Peso máximo: 9 kg. Teckel miniatura – circunferência no peito: de 30 a 35 cm, medido com no mínimo 15 meses. Kaninchen – circunferência no peito: até 30 cm, com idade de no mínimo 15 meses. Obs.: é mais importante a medida da circunferência no peito do que o peso, com exceção do standard, cujo peso não deve ser mais do que 9 kg.

Elkhound

Os ventos frios, a neve e o gelo não conseguem deter este que é um dos mais persistentes cães, por ser, acima de tudo, um verdadeiro escandinavo. Além de serem treinados para puxar trenós, os Elkhounds também podem se tornar animais de estimação de primeira linha. Um verdadeiro membro da família dos Spitz que permaneceu imutável por milhares de anos.

CAUDA Espessa e peluda, de inserção alta, bem enrolada no dorso.

HISTÓRIA

Antigos esqueletos fossilizados de cães semelhantes ao Elkhound foram encontrados na Noruega. Esses registros comprovam que este cão já trabalhava com caçadores nórdicos por volta de mil anos antes de Cristo, tendo mais tarde acompanhado os guerreiros vikings em suas travessias pelo mar. Entre suas presas tradicionais encontram-se coelhos, veados, linces, ursos e alces. Ele chegou à Grã-Bretanha logo após a Primeira Guerra Mundial, tendo sido posteriormente reconhecido pelo Clube Americano Kennel em 1935. Embora não seja usado como um cão de caça fora de sua terra, esta criatura nórdica ainda é usada para capturar a presa em algumas regiões da Escandinávia.

TEMPERAMENTO

Uma raça independente, corajosa e civilizada, o Elkhound é um cão particularmente determinado, uma vez que, após encurralar a presa, tem de ser firme o bastante para evitar as pancadas mortais da pata de um urso ou a ponta afiada dos chifres dos alces.

COMUNICAÇÃO VOCAL Esta raça tem uma variedade de sons característicos, na comunicação com o caçador, que varia desde um simples suspiro, um uivo, um latido breve e comum de Vira-latas a uma variedade de latidos significativos. Na caça, o Elkhound sinaliza para seu dono que localizou a presa ao expressar um uivo ou lamento em particular.

CORPO Curto, compacto e vigoroso.

TAMANHO
Machos: 52 cm;
fêmeas: 49,5 cm.

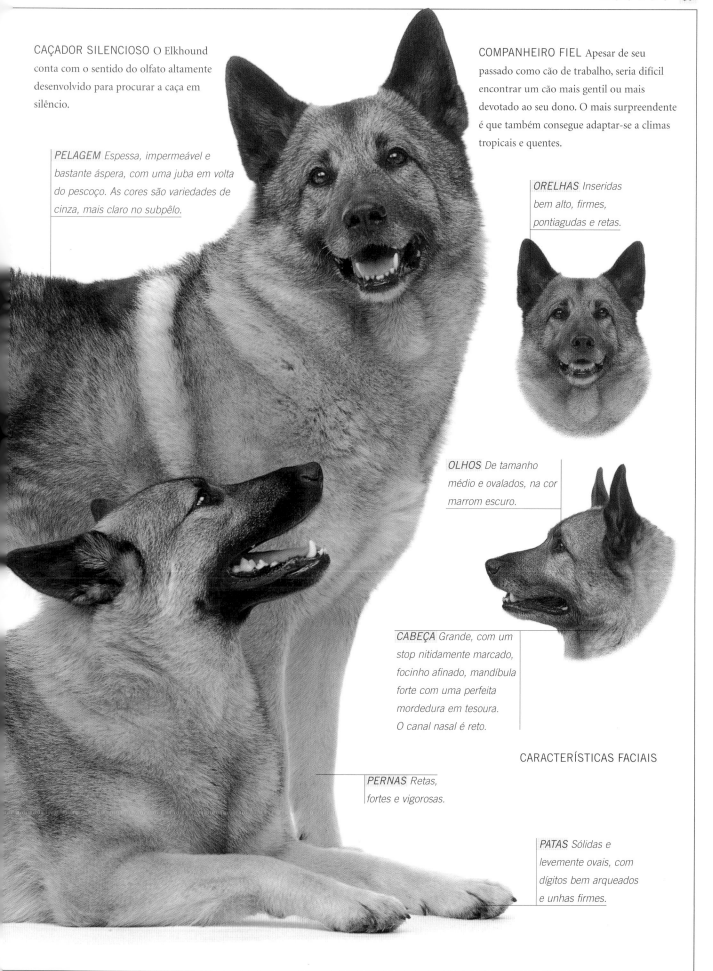

CAÇADOR SILENCIOSO O Elkhound
conta com o sentido do olfato altamente
desenvolvido para procurar a caça em
silêncio.

COMPANHEIRO FIEL Apesar de seu
passado como cão de trabalho, seria difícil
encontrar um cão mais gentil ou mais
devotado ao seu dono. O mais surpreendente
é que também consegue adaptar-se a climas
tropicais e quentes.

*PELAGEM Espessa, impermeável e
bastante áspera, com uma juba em volta
do pescoço. As cores são variedades de
cinza, mais claro no subpêlo.*

*ORELHAS Inseridas
bem alto, firmes,
pontiagudas e retas.*

*OLHOS De tamanho
médio e ovalados, na cor
marrom escuro.*

*CABEÇA Grande, com um
stop nitidamente marcado,
focinho afinado, mandíbula
forte com uma perfeita
mordedura em tesoura.
O canal nasal é reto.*

CARACTERÍSTICAS FACIAIS

*PERNAS Retas,
fortes e vigorosas.*

*PATAS Sólidas e
levemente ovais, com
dígitos bem arqueados
e unhas firmes.*

Spitz Finlandês

O Spitz Finlandês é um dos cães mais populares em sua terra natal, a Finlândia, onde é chamado de Suomenpystykorva. Ele foi usado até o início do século XX para perseguir e encurralar o urso marrom, além de vários outros tipos de caça. Hoje em dia, o Spitz Finlandês é sobretudo um cão cheio de entusiasmo que se diverte em provocar a revoada de galos silvestres nos arvoredos, indicando o paradeiro de um pássaro ao latir alto e rapidamente.

HISTÓRIA

Os antepassados desta raça antiga provavelmente acompanharam o misterioso povo ugro-finês, que partiu da costa sul do Golfo da Finlândia para estabelecer os primeiros povoados por volta do ano 100 d.C. No decorrer dos séculos, houve muitos cruzamentos com outros cães escandinavos. Devido a esse fato, até a metade do século XIX a raça havia se deteriorado seriamente. Os finlandeses reuniram esforços para localizar qualquer Spitz de sangue puro ao norte do país, estabeleceram programas de criação e, no ano de 1892, definiram um padrão para a raça. Desse modo, o Spitz Finlandês foi salvo da extinção e do esquecimento.

Além da Finlândia, o Spitz Finlandês é extremamente popular na Suécia e cada vez mais conhecido na Grã-Bretanha e nos Estados Unidos.

TEMPERAMENTO

Inteligente, ativo, herói e amigo, o Spitz Finlandês é um dos mais leais e protetores companheiros. Pode ser um tanto quanto insistente quando deseja receber atenção e um pouco arredio com pessoas estranhas, mas com paciência logo se torna o animal número um da família, gentil com as crianças e com outros animais.

CORPO O corpo deste animal de porte médio é quadrado, com um peito profundo.

CAÇADOR DE PASSÁROS Como um cão de trabalho, o Spitz Finlandês é hoje essencialmente um cão caçador de pássaros, usado com freqüência para espantar os galos silvestres com um latido em som crescente.

CORES DA PELAGEM A cor dos Spitz Finlandeses é vermelho brilhante, marrom dourado no dorso, mais clara na parte interna das orelhas, nas bochechas, garganta, peito e abdômen, no interior dos membros, parte posterior das coxas e na cauda. O subpêlo é mais claro em sua tonalidade.

CABEÇA De tamanho médio, testa ligeiramente arqueada, focinho estreito e trufa nasal preta.

OLHOS Amendoados, escuros e com uma expressão de quem está sempre alerta.

CAUDA Emplumada, recurvada sobre o lombo e sobre a coxa.

ORELHAS Pequenas, pontiagudas, inserção bem acima e sempre eretas.

CARACTERÍSTICAS FACIAIS

PELAGEM Pelagem dupla relativamente longa, rígida ou semi-rígida no corpo; mais rígida no pescoço e no dorso, longa e áspera nos ombros, longa e densa na parte de trás das coxas e na cauda curta, e rente na cabeça e na parte dianteira dos membros. Subpêlo macio e curto.

PERNAS Membros anteriores vigorosos.

PATAS Pequenas e arredondadas, com almofadas pretas e pêlos densos e isolantes nos lados.

TAMANHO
Altura da cernelha: de 38 a 51 cm.
PESO
De 14 a 16 kg.

Foxhound

Ao descrever o Foxhound, quem poderia ser mais poético do que Shakespeare? Em *Sonhos de uma Noite de Verão* ele escreve: "Meus sabujos são de uma linhagem espartana, de um castanho bem claro, na cor da areia; partem de suas cabeças orelhas que varrem o orvalho da madrugada; de cotovelos tão redobrados como os bulbos da Tessália; lentos na corrida, mas de bocas grandes como o sino".

FOXHOUND AMERICANO O Foxhound americano é mais leve, tem um peito mais estreito e porta orelhas mais longas do que as de seu primo inglês. Nos Estados Unidos, a raça é usada em exposições competitivas.

HISTÓRIA

A história do Foxhound nos remete ao século XIII, quando a caça organizada à raposa tornou-se oficial na Inglaterra. Parece provável que em sua linhagem encontram-se o agora extinto Santo Humberto (um ancestral do Bloodhound, *ver págs. 32-33*) e o Talbot Hound, junto com o terrier, Bulldog (*ver págs. 122-123*) e o sangue Greyhound (*ver págs. 44-45*). Na década de 1770, George Washington desempenhou um papel importante na criação de uma raça americana distinta de Foxhounds ao introduzir sabujos franceses em seu grupo de Foxhounds ingleses. Posteriormente, cruzamentos com sabujos irlandeses e ingleses gradualmente refinaram a raça para que se produzisse um tipo americano mais rápido.

TEMPERAMENTO

Os Foxhounds são amigos, ativos, fortuitos e confiantes, mas também podem se tornar teimosos e desobedientes. Eles requerem um treinamento voltado à obediência e um manejo firme. Não se recomenda o Foxhound como um cão para a família e muito menos para viver em grandes centros urbanos.

PATAS Compactas, redondas e semelhantes às patas de um gato. Almofadas bem desenvolvidas, com dígitos distintamente arqueados e com unhas fortes.

CORPO Peito profundo, ombros longos, dorso nivelado e muito musculoso, que se estende suavemente para o lombo.

DEFINITIVAMENTE UM ANIMAL DE MATILHA Esta raça
fisicamente atraente tem muita energia e uma habilidade
especial para destruir coisas, o que não qualifica seus
elementos como animais de estimação. Os defensores da caça
geralmente levam os Foxhounds para casa em seu primeiro
ano de vida para familiarizá-los com o tráfego das estradas e
com a convivência nos rebanhos, mas, ao final do período, são
devolvidos à matilha com satisfação!

*CABEÇA Crânio largo, bem
proporcionado e afinando,
com testa pronunciada.
Focinho longo e quadrado
com narinas abertas.*

*PELAGEM Firme, brilhante e de
tamanho médio. A cor pode ser
qualquer uma das cores do sabujo.*

*ORELHAS Inseridas
baixo, pendentes,
próximas às bochechas.*

*OLHOS Grandes,
castanho-claros,
ou marrons.*

*PERNAS Retas,
com boa ossatura
e musculosas.*

CARACTERÍSTICAS FACIAIS

*CAUDA Afinando, com uma franja de pêlos na
superfície inferior, inserida alto, portada em sabre,
mas sem ser enrolada sobre o dorso.*

TAMANHO
*Machos: 58,5 cm;
fêmeas: um pouco
menores.*

Greyhounds

Uma das raças mais antigas, os Greyhounds são cães que têm o corpo em forma de arco e, na caça, usam mais a visão que o faro, por isso são também denominados "Galgos da visão". O nome "Greyhound" nada tem a ver com a cor, sendo proveniente da palavra *grei*, que significa "refinado" ou "belo" em saxão antigo.

HISTÓRIA

A raça provavelmente teve origem no Oriente Médio, e supõe-se que tenha chegado à Europa com os primeiros navios do comércio fenício. O Greyhound em sua versão em miniatura, o Greyhound italiano, tornou-se mais popular na Europa durante os primórdios da Idade Média, quando era o favorito da realeza. De fato, ele é um dos cães heráldicos mais comuns encontrados nos brasões de armas de Carlos V da França e Henrique VIII da Inglaterra. Por causa de sua grande força de aceleração (chegam a alcançar 65 km/h), os Greyhounds foram bem-sucedidos como caçadores de pequenas presas como a lebre.

TEMPERAMENTO

Os Greyhounds são sensíveis, amáveis, bem comportados e, em particular, carinhosos com as crianças.

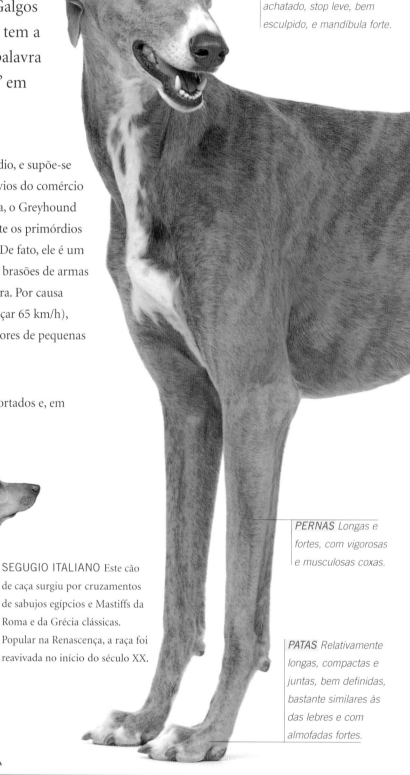

CABEÇA Longa, mas larga entre as orelhas; crânio achatado, stop leve, bem esculpido, e mandíbula forte.

PERNAS Longas e fortes, com vigorosas e musculosas coxas.

PATAS Relativamente longas, compactas e juntas, bem definidas, bastante similares às das lebres e com almofadas fortes.

SEGUGIO ITALIANO Este cão de caça surgiu por cruzamentos de sabujos egípcios e Mastiffs da Roma e da Grécia clássicas. Popular na Renascença, a raça foi reavivada no início do século XX.

OLHOS
Preferencialmente escuros, brilhantes e ovalados, com uma expressão inteligente e ativa.

CARACTERÍSTICAS FACIAIS

ORELHAS *Pequenas, dobradas, finas e voltadas para trás.*

CORPO *Dorso largo e quadrado, ventre ligeiramente erguido, o peito é profundo, o que dá espaço adequado para o coração. O lombo é arqueado e vigoroso.*

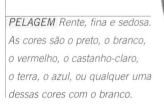

PELAGEM *Rente, fina e sedosa. As cores são o preto, o branco, o vermelho, o castanho-claro, o terra, o azul, ou qualquer uma dessas cores com o branco.*

GREYHOUND ITALIANO Um perfeito Greyhound em miniatura, o Greyhound italiano é forte, gracioso e, ainda assim, trabalha muito bem no campo como caçador de pássaros. Na Itália do século XVI, gozou de uma imensa popularidade que lhe deu esse nome. Atualmente, destaca-se em elegância e placidez, como um animal de companhia.

CAUDA *Longa, refinada e afinando, de inserção baixa, com leve curvatura.*

NÃO É APENAS UMA MÁQUINA DE CORRIDA
Os Greyhounds podem se tornar animais de estimação de primeira linha e também de exposição, mas é compreensível que precisem de bastante alimento e exercício.

*TAMANHO
Machos: de 71 a 76 cm;
fêmeas: de 68 a 71 cm.*

Wolfhound Irlandês

Esta criatura vigorosa, admirada pela sua docilidade
e coragem, quase se tornou extinta no século XIX. Seu
futuro foi assegurado após a contribuição de outras
raças e, em especial, do Deerhound Escocês.

HISTÓRIA

O ancestral do Wolfhound Irlandês era um cão
de pelagem emaranhada e áspera, usado na
perseguição aos lobos, ao alce e ao javali. Além
disso, também era denominado cão Cu. Os
Wolfhounds Irlandeses eram oferecidos como
presentes da realeza, prática que se tornou tão
difundida a ponto de fazer com que
Oliver Cromwell interrompesse a
exportação deles para a Grã-
Bretanha. Com a morte dos
últimos lobos na Escócia, no
início do século XVIII, e o
processo de desaparecimento
das espécies na Irlanda desde
1766, o grande cão que as
caçava também entrou em
declínio. A raça foi
posteriormente reavivada
na segunda metade do século XIX,
principalmente por um oficial das Forças
Armadas britânicas, o Capitão George Graham.

TEMPERAMENTO

O Wolfhound Irlandês é confiável, tem
temperamento doce, é inteligente e pode ser
agradável com as crianças.

CORPO Dorso bastante
longo, peito profundo e
lombo arqueado.

PELAGEM Áspera e dura,
de cores cinza, cinza aço,
rajado, vermelho, preto,
completamente branco,
castanho-claro e cor de trigo.

CAUDA Longa, moderadamente
espessa, levemente curvada.

TAMANHO
Altura média –
Machos: 79 cm;
fêmeas: 71 cm.

ORELHAS *Aveludadas, pequenas, inseridas de maneira a estar como se achatadas, e de cor escura.*

OLHOS *Escuros e ovalados com pálpebras pretas.*

CARACTERÍSTICAS FACIAIS

UM CÃO IMPONENTE Estas criaturas musculosas e dominantes precisam de muito espaço para suas travessuras, mas certamente não precisarão de mais exercícios do que as raças pequenas. Os criadores atuais tentam produzir Wolfhounds de tamanhos maiores, o que significa atingir entre 81 e 86 cm.

ORGULHO IRLANDÊS Esta raça é o orgulho nacional da Irlanda, também conhecido como Wolfdog, Greyhound Irlandês e Grande Cão da Irlanda.

CABEÇA *Longa, não muito larga, com focinho levemente afinado, ossos frontais na testa pouco salientes, com trufa nasal e lábios pretos.*

PERNAS *Os membros anteriores são retos e fortes; os membros posteriores são longos e musculosos.*

PATAS *Grandes e arredondadas, com dígitos arqueados pronunciados.*

Rhodesian Ridgeback

Embora seja surpreendente, a terra natal deste sabujo bem proporcionado é a África do Sul e não a Rodésia (hoje Zimbábue). O termo *ridgeback* ("crista dorsal") refere-se à sua única característica – a nítida linha em formato de crista ao longo de seu dorso, formada pelo pêlo que cresce no sentido inverso do restante.

CABEÇA Longa, mandíbulas bastante fortes, crânio plano, bastante longo, e um focinho longo e profundo. A trufa nasal é preta ou marrom, dependendo da cor dos olhos.

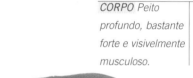

HISTÓRIA

Nos séculos XVI e XVII, colonizadores europeus levaram raças como Bloodhounds (*ver págs. 32-33*), Mastiffs e vários Terriers para a África do Sul. Esses cães, posteriormente, foram cruzados com raças locais, como o cão de caça africano meio selvagem, o Hottentot, para criar a raça que conhecemos hoje. Os Rhodesian Ridgebacks são excelentes cães de caça e, por terem muita energia, conseguem ficar sem água por mais de 24 horas, o que lhes proporciona as condições necessárias para suportar as extremas mudanças de temperatura da savana africana. Quando reunidos, trabalham na caça ao leopardo, ao búfalo, ao antílope, podendo também perseguir o leão com tanto sucesso que hoje a raça passou também a ser conhecida como Cão Leão da Rodésia.

TEMPERAMENTO

O Rhodesian Ridgeback é um cão amigo e de personalidade bastante sagaz, o que o torna um animal de estimação bastante popular. Embora seja um formidável lutador quando instigado, ele tem essencialmente um temperamento tranqüilo e raramente late.

O RHODESIAN RIDGEBACK O "cão com uma serpente nas costas" é um feroz e indomável caçador que, geralmente, trabalha em uma matilha de três e ataca até mesmo um grupo de cinco leões.

CORPO Peito profundo, bastante forte e visivelmente musculoso.

UM SABUJO PARA VÁRIOS PROPÓSITOS
O Rhodesian Ridgeback é um caçador, um guardião, um amigo. Um cão que precisará sempre de muito espaço e apreciará exercícios físicos vigorosos.

*TAMANHO
Machos: de 63 a 67 cm;
fêmeas: de 61 a 66 cm.*

PELAGEM Curta, densa e brilhante. As cores variam em tons que vão do trigo claro ao trigo avermelhado.

OLHOS Em tom âmbar ou marrom-escuro, com bordas pretas.

ORELHAS Em tamanho médio, inseridas bastante alto e portadas contra a cabeça.

CARACTERÍSTICAS FACIAIS

CAUDA Bastante longa, forte na inserção, vai diminuindo para a extremidade. Quando em movimento, é portada com ligeira curva para cima.

PERNAS Fortes, com músculos bastante definidos.

PATAS De tamanho médio, com dígitos que são distintamente pronunciados.

Saluki

Este esbelto e gracioso cão é extremamente rápido e ágil. Os beduínos do sul da Arábia ainda usam os Salukis e os falcões para capturar presas como gazelas e abertadas. O Saluki caça pelo sentido da visão e não pelo olfato. Graças à sua aceleração fulminante, pode se tornar um cão apto a realizar qualquer tipo de caça.

HISTÓRIA

As antigas origens do Saluki se encontram no Oriente Médio. Seu nome provém da cidade árabe de Saluk, hoje soterrada pelas areias. Usados por vários povos nômades do deserto, os Salukis se espalharam do Mar Cáspio até o deserto do Saara. Seus registros na História são representados por pinturas de cães semelhantes a eles nas porcelanas persas, datando de 4200 a.C., e por restos mumificados de um Saluki descobertos nos túmulos egípcios.

Os caçadores mulçumanos medievais denominavam o Saluki de "o presente sagrado de Alá". Essa relação com a religião permitiu aos mulçumanos comerem a carne da caça realizada pelo Saluki, a qual seria considerada impura se realizada por outro cão. O Saluki é também conhecido como Hound da Gazela, Hound Árabe ou Greyhound Persa, e, como sugere sua aparência, ele provavelmente foi relacionado a uma outra raça antiga, o Afghan Hound.

TEMPERAMENTO

O Saluki é um cão equilibrado, leal e sensível, com uma aparência aristocrática. Pode ser que precise de um treinamento com enfoque em obediência para controlar seu instinto de caçador profundamente enraizado.

PELAGEM Sedosa, macia e delicada. Entre suas cores estão o branco, o creme, o castanho-claro, o vermelho dourado, o grisalho, o preto e castanho e o tricolor (nas cores branco, preto e castanho), e as várias combinações dessas cores.

CORPO Fino, modelado e musculoso, dorso largo, peito longo e moderadamente estreito.

O SALUKI EMPLUMADO Há duas variedades de Saluki: o de pêlo emplumado e o de pêlo macio. O Saluki de pêlo emplumado apresenta uma plumagem clara e sedosa na parte de trás de suas pernas e coxas.

PERNAS Longas e finas, com coxas bem musculosas.

PATAS Bastante alongadas, dígitos bem arqueados e com bastante pêlo.

CABEÇA Longa, estreita, com um espaçamento razoavelmente amplo entre as orelhas. A trufa nasal é preta ou fígado. Os dentes superiores sobrepõem-se exatamente aos inferiores.

OLHOS Grandes, ovalados, nas cores que variam do castanho-claro ao marrom-escuro.

ORELHAS Longas, cobertas por pêlo sedoso e plumoso, bem solto, e mantidas achatadas sobre as bochechas.

CARACTERÍSTICAS FACIAIS

CAUDA Longa, de inserção baixa, docilmente curvada e emplumada, com pêlos longos na parte inferior.

UM CÃO DE PRESENTE Existe uma tradição antiga, entre os povos mulçumanos, de que o Saluki jamais é vendido, mas apenas oferecido como um presente ou como homenagem a um superior.

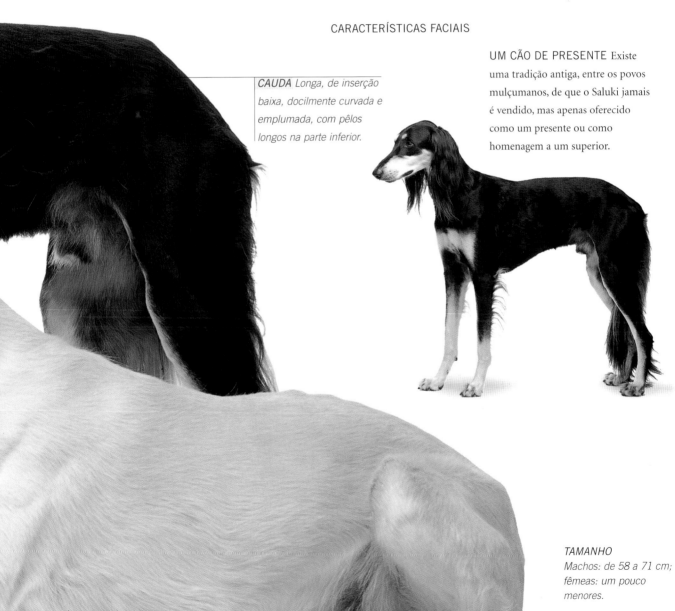

TAMANHO
Machos: de 58 a 71 cm; fêmeas: um pouco menores.

Whippet

Assim como seu ancestral, o Greyhound (*ver págs. 44-45*), o Whippet é elegante, gracioso e de traços finos. Além disso, possui sangue terrier em sua linhagem, especialmente o dos Bedlingtons (*ver págs. 88-89*) e dos Manchesters (*ver págs. 104-105*). Embora aprecie toda espécie de agitação, também se sente feliz com uma vida confortável em família, o que o torna um excelente animal de estimação.

HISTÓRIA

No período vitoriano, os mineiros das minas de carvão do nordeste da Inglaterra cruzaram terriers locais com Greyhounds pequenos para usá-los em "provas de snap racing" (caça ao coelho e à lebre em espaço e percurso limitados).

Essas provas, por causa de suas condições de crueldade, tornaram-se ilegais e logo se transformaram no "rag racing", esporte que consistia em incitar os Whippets a correrem a toda a velocidade na direção de seus donos que lhes acenavam com um pedaço de pano. Conseqüentemente, os Whippets passaram a se chamar carinhosamente "rag dogs" (cães dos trapos).

TEMPERAMENTO

Este é um dos melhores cães que alguém gostaria de ter – gentil, amável e leal. Sente-se feliz em morar em uma casa ou em um apartamento, mas necessita de exercícios físicos diários.

CORPO Peito profundo com dorso largo, musculoso e forte, lombo vigoroso formando um contorno suave e gracioso.

O CÃO QUE TREME O Whippet tem o hábito de tremer, o que não indica necessariamente que está amedrontado ou com frio. Requer algum tipo de proteção contra condições climáticas desfavoráveis e não deve ser exposto a climas secos.

OLHOS *De cor escura, brilhantes e alertas, ovalados, com um distanciamento considerável entre eles.*

PELAGEM *Muito fina, curta e rente, podendo apresentar qualquer cor, ou uma mistura de cores; este Whippet apresenta uma pelagem cinza rajada.*

CABEÇA *Longa e fina com um crânio achatado. O focinho apresenta um stop leve. A mandíbula é forte, com uma perfeita mordedura em tesoura.*

ORELHAS *Pequenas, finas e em forma de rosa.*

CARACTERÍSTICAS FACIAIS

PERNAS *Os membros posteriores são grandes, bem musculosos na região das coxas e de inserção bem abaixo do corpo. Os membros anteriores são retos e não tão grandes.*

O WHIPPET Embora o Whippet pareça frágil, em virtude de ser uma criatura tão pequena, ele é surpreendentemente forte e apresenta uma incrível aceleração.

CAUDA *Longa e afinada, com uma leve curva.*

PATAS *Com dígitos bem espaçados e com almofadas espessas.*

TAMANHO
Machos: de 47 a 51 cm;
fêmeas: de 44 a 47 cm.

Cães de aponte

O grupo de cães de aponte, também denominados *sporting dogs* nos Estados Unidos, compreende uma ampla variedade de raças desenvolvidas para agir como assistentes do caçador – principalmente para caçar e apanhar a caça. São cães que se agitam logo que sentem o cheiro da caça.

SPANIELS

A maior subdivisão dos cães de aponte é a tribo dos Spaniels. Esses inteligentes cães de porte médio não estão muito longe do chão. Eles têm um focinho bem desenvolvido, um nariz preciso e ouvidos protegidos por longas orelhas em abas – todas as sensíveis características necessárias para animais que devem trabalhar em terrenos mais difíceis e irregulares. A palavra "spaniel" provavelmente provém da palavra *espaignol*, que significa "cão espanhol" no francês antigo, e acredita-se que os irlandeses, o primeiro povo a usar os Spaniels, obtiveram suas matrizes da Península Ibérica.

AS RAÇAS QUE COMPÕEM O GRUPO DOS SPANIELS

Os Spaniels podem ser divididos entre raças que caçam e buscam, raças que apenas buscam e, finalmente, os Spaniels em miniatura ou Toy Spaniels, que atualmente não caçam, sendo, portanto, considerados os cães toy. A maioria dos Spaniels de aponte caminha pouco à frente do caçador, mas ainda assim permanece próximo da arma, entre 20 e 65 metros, em que o cão espanta ou faz voar a caça, cuja distância o tiro alcança. Considera-se de péssimos modos um cão perseguir uma caça que ele espantou sem a interferência do caçador ou por conta própria. Se a caça já está abatida, o Spaniel é enviado para pegá-la.

POINTERS E SETTERS

Os Pointers e os Setters aparecem na segunda subdivisão dos cães de aponte. Diferentes dos Spaniels, movem-se bem à frente do caçador, por vezes até fora do campo de visão. Quando os Pointers captam o cheiro, permanecem parados, rígidos, com o focinho esticado (apontado) na direção da presa e geralmente com uma das patas dianteiras levantada. Eles permanecem nessa posição até a chegada do caçador. Assim como os Pointers, os Setters têm o mesmo procedimento logo que encontram seu alvo para em seguida realizar o "set" (ato de paralisar a presa e aguardar o caçador).

RETRIEVERS

Terceiro grupo dos cães de aponte, os Retrievers são especialistas em caça. Cães bem constituídos, fortes e de temperamento amigável, eles são especializados em buscar e devolver a caça, tendo sido com freqüência usados em conjunto com os "flushing spaniels" (cães que localizam a caça).

SETTER INGLÊS (*acima e à direita*)

Tendo encontrado a presa, os Setters e os Pointers bem treinados ficam imóveis como estátuas. Se necessário, esperam por uma hora ou mais pelo próximo comando do caçador.

WEIMARANER (*à direita e abaixo*)

Fora dos três grupos há outros cães de aponte como o Weimaraner, que é um cão versátil, com muitas habilidades, capaz de capturar presas pequenas e grandes.

RETRIEVER DA BAÍA DE CHESAPEAKE (*à esquerda*)

Um cão disposto, herói e inteligente, o Retriever da Baía de Chesapeake é um caçador natural com um excelente focinho, uma paixão pelo trabalho na água e em qualquer tipo de clima, uma memória incrível, capaz de recordar-se da localização das caças abatidas.

Pointers

Os Pointers figuram entre os mais antigos cães de aponte, usados por muitos séculos para "apontar" a caça ao caçador. Os vários tipos têm diferentes características, porém a mais comum entre eles é a postura clássica de apontarem a caça com a cauda, a pata dianteira levantada e a cabeça estendida em direção à presa.

HISTÓRIA

Os primeiros Pointers, assim como as codornas e as perdizes, participavam da caça aos pássaros com o uso de redes. No início do século XVIII, atirar em pássaros com arma de caça tornou-se prática constante, e, assim, o Pointer espanhol logo entrou na Inglaterra. Ele era um cão pesado e lento que mantinha o focinho no chão. Para melhorar a velocidade e o olfato (*ver págs. 44-45*), foi cruzado com o Greyhound e com o Foxhound Inglês (*ver págs. 42-43*). O resultado desses cruzamentos foi o Pointer inglês, que a partir de então foi introduzido em todo o mundo e hoje é conhecido simplesmente como Pointer. Um outro tipo de Pointer foi desenvolvido na Alemanha, no século XVII, pelo cruzamento entre uma linhagem de sabujos alemães com os Pointers espanhóis e os Bloodhounds (*ver págs. 32-33*). Ele era um cão mais forte do que o atual Pointer alemão de pêlo curto, que apareceu no século XIX quando o sangue de Pointers Ingleses foi incorporado à raça.

POINTER ALEMÃO DE PÊLO DURO
Desenvolvido no início do século XX, o Pointer alemão de pêlo duro combina todas as qualificações que um cão de aponte versátil deve ter com seu pêlo duro dos terriers resistente às muitas variações climáticas.

UM ESPECIALISTA NA ARTE DA CAÇA O Pointer alemão de pêlo curto não é apenas um especialista em todas as modalidades de caça, mas também um excelente guarda e um ótimo animal de estimação.

CORPO Peito longo, com um dorso curto e retilíneo, lombo forte, pescoço longo, musculoso e levemente arqueado.

PERNAS Membros anteriores retos, fortes e esguios; membros posteriores musculosos.

TAMANHO
Machos: de 58 a 64 cm; fêmeas: de 53 a 58 cm.

CABEÇA *Elegante, com o crânio levemente arredondado e focinho longo. A trufa nasal é preta ou marrom, de acordo com a cor da pelagem, e as narinas, amplas.*

ORELHAS *Inseridas muito alto, colocadas contra a cabeça.*

CARACTERÍSTICAS FACIAIS

OLHOS *Tamanho médio, com expressão doce e inteligente.*

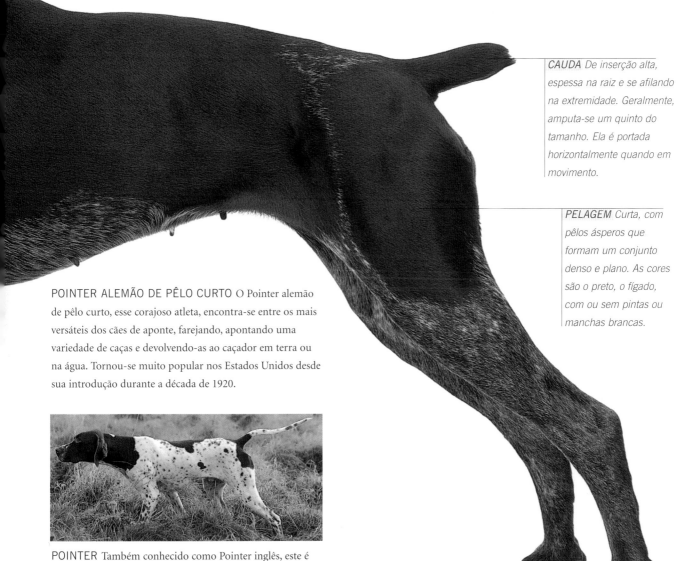

CAUDA *De inserção alta, espessa na raiz e se afilando na extremidade. Geralmente, amputa-se um quinto do tamanho. Ela é portada horizontalmente quando em movimento.*

PELAGEM *Curta, com pêlos ásperos que formam um conjunto denso e plano. As cores são o preto, o fígado, com ou sem pintas ou manchas brancas.*

POINTER ALEMÃO DE PÊLO CURTO O Pointer alemão de pêlo curto, esse corajoso atleta, encontra-se entre os mais versáteis dos cães de aponte, farejando, apontando uma variedade de caças e devolvendo-as ao caçador em terra ou na água. Tornou-se muito popular nos Estados Unidos desde sua introdução durante a década de 1920.

POINTER Também conhecido como Pointer inglês, este é um elegante cão de aponte de tamanho médio, reconhecido por sua velocidade, inteligência e entusiasmo. Trabalha melhor em terra, onde suas habilidades como rastreador e como cão de aponte são legendárias, entretanto nem sempre se espera que ele devolva a caça.

PATAS *Compactas, de redondas a ovais, com dígitos arqueados, almofadas duras e unhas fortes.*

Bracco Italiano

Indiscutivelmente uma das raças
de caça mais antigas da Europa,
o Bracco Italiano – ou Sabujo
Italiano – é um cão atlético,
amante de lugares abertos
e amplos e do contato com
a natureza.

HISTÓRIA

Os registros da História marcam a presença
do Bracco Italiano desde o século V a.C.
Desenvolvido naquele período, pelo
cruzamento de Mastiffs originários da
Mesopotâmia (atual Iraque) com cães mais
leves, os ágeis sabujos de corrida e caça egípcios
devem ser a linhagem da qual o Pointer
espanhol e todos os outros Pointers da Europa
provavelmente derivam (*ver págs. 56-57*).
Inicialmente, o Bracco Italiano conviveu com
caçadores medievais e falcoeiros para,
posteriormente, tornar-se um cão de aponte
por excelência.

TEMPERAMENTO

Sensível, quase a ponto de ser
excessivamente sério, o Bracco
é ponderado mas muito
amigável. Em virtude de não
ser, por natureza, um cão dos
grandes centros, ele precisa de
espaços amplos e abertos,
exercícios e, principalmente,
devido as suas longas e
enrugadas orelhas, de bastante
carinho, afeto e atenção da
parte de seus donos.

POINTER FRANCÊS É provável que o Pointer
francês tenha sido desenvolvido no século XVII,
possivelmente usando-se o Bracco Italiano e o
Pointer espanhol. Ele é um caçador forte, ativo
e talentoso. A raça tem duas variedades: a da
"Gasconha" e a dos "Pireneus", a menor.
Geralmente são denominados Bracco Carlos X,
raça que foi numerosa na França até o século
XIX, mas que posteriormente deu
lugar às outras raças de
Pointers e Setters.

TAMANHO
Altura de 55 a
67 cm.

CABEÇA Longa e estreita, com um crânio bem definido e bochechas bem formadas. O focinho pode ser retilíneo ou um pouco curvo.

CORPO Peito amplo, profundo, bem descido, dorso largo e musculoso, ombros fortes e oblíquos.

PELAGEM Curta, com um brilho especial, completamente branco, ruão ou branco marcado ou pintado com laranja e branco.

PERNAS Longas, musculosas e bem balanceadas.

PATAS Bem formadas, com dígitos nitidamente arqueados.

OLHOS *Não são nem tão profundos nem proeminentes, nas cores amarelo, laranja ou marrom.*

CARACTERÍSTICAS FACIAIS

ORELHAS *Inseridas atrás, bem desenvolvidas e em pêndulos, enrugadas e particularmente sensíveis ao toque.*

CAUDA *Forte na raiz e geralmente curta.*

UM SABUJO POPULAR Embora outros Pointers europeus tenham superado o Bracco Italiano em popularidade, a raça ainda é alvo de muito carinho.

O CÃO DOS REIS Uma raça que sempre teve amigos ilustres, o Bracco foi personagem das cortes francesas de Luís XII e Francisco I.

POINTING GRIFFON DE PÊLO DURO
Também é chamado de Griffon Korthals, em homenagem ao esportista holandês que recriou o antigo Griffon Hound por meio de reprodução seletiva no final do século XIX. Este é um dedicado caçador que aponta e recolhe a caça, um cão que leva em sua criação o sangue de Setters, Spaniels, Otterhounds, Pointers alemães, bem como o do antigo Griffon.

Golden Retriever

O Golden Retriever, um cão corajoso e trabalhador, foi desenvolvido para a caça de aves aquáticas, fato que explica a razão de estarem sempre prontos para nadar em qualquer estação climática. Atualmente, são cães bem afeitos ao convívio familiar, além de continuarem os favoritos dos caçadores.

HISTÓRIA

As origens do Golden Retriever ainda são controvertidas, porém a raça deve muito aos esforços de Lorde Tweedmouth na metade do século XIX, que incorporou os genes do Retriever de pêlo liso (*ver pág. 61*), do Bloodhound (*ver págs. 32-33*) e do Spaniel d'Água a um misterioso cão denominado rastreador russo. O resultado obtido foi um cão com a habilidade instintiva dos Retrievers de buscar e trazer a caça, além de um olfato preciso em relação às suas aptidões como rastreador. Ele foi reconhecido pelo Clube Kennel do Reino Unido em 1913.

TEMPERAMENTO

O Golden Retriever é um cão de natureza gentil, independente e com um senso de lealdade bem desenvolvido. Extremamente paciente com as crianças, ele é também o cão ideal para a família, desde que esteja sujeito a exercícios regulares.

A SIMPLES PERFEIÇÃO A genética do Golden Retriever o torna o cão ideal para o trabalho ou lazer em climas muito úmidos e frios.

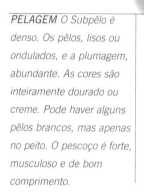

PELAGEM O Subpêlo é denso. Os pêlos, lisos ou ondulados, e a plumagem, abundante. As cores são inteiramente dourado ou creme. Pode haver alguns pêlos brancos, mas apenas no peito. O pescoço é forte, musculoso e de bom comprimento.

OLHOS *Bem afastados, marrom-escuros, e com bordas escuras nas pálpebras.*

CABEÇA *Crânio grande, com stop bem marcado, focinho potente e trufa nasal preta. Mandíbulas fortes e com perfeita mordedura em tesoura.*

CARACTERÍSTICAS FACIAIS

ORELHAS *De tamanho médio, fixadas aproximadamente na altura dos olhos.*

CAUDA *Portada no nível do dorso, sem ser arqueada sobre ele nem enrolada na extremidade.*

CORPO *Bem equilibrado; peito profundo, com um dorso retilíneo e lombo musculoso.*

PERNAS *Membros anteriores retos, fortes e musculosos; membros posteriores retos.*

RETRIEVER DE PÊLO LISO Apesar de não ser tão popular hoje, como nas primeiras décadas do século XX, o Retriever de pêlo liso ainda é muito apreciado como cão de caça em concursos e exposições, além de ser um ótimo cão de companhia, apesar de ativo e brincalhão.

PATAS *Redondas, compactas, semelhantes às do gato, e fartas almofadas plantares.*

UMA PREFERÊNCIA GLOBAL
A população do Golden Retriever tem aumentado constantemente desde a sua primeira aparição em 1908. Atualmente é uma raça bem estabelecida e favorita em todo o mundo.

TAMANHO
Machos: de 56 a 61 cm; fêmeas: de 51 a 56 cm.

Labrador Retriever

O mais popular de todos os Retrievers, o Labrador tornou-se reconhecido por sua versatilidade, pois é considerado eficiente tanto como cão policial e guia de cegos quanto excelente cão de aponte fora e dentro da água, além de ser animal de estimação bastante confiável.

HISTÓRIA

Esta raça teve origem na costa da ilha de Terra Nova (pertencente à província hoje denominada Terra Nova e Labrador, no Canadá), onde eram treinados para trazer as redes de pesca atravessando águas congeladas. No século XIX, os pescadores de Terra Nova vieram para as terras do oeste inglês a fim de comercializarem peixes, e alguns foram persuadidos a vender seus cães também. A raça logo se tornou um sucesso como cão de aponte, tendo sido reconhecida pelo Clube Kennel Inglês em 1903. A raça foi denominada Labrador pela primeira vez pelo Conde de Malmesbury em 1887.

TEMPERAMENTO

O labrador é gentil, equilibrado, leal e inteligente, além de ser excepcionalmente confiável em sua relação com as crianças e um excelente guarda. A raça é mais apropriada para uma vida no campo do que na cidade grande.

RETRIEVER DA BAÍA DE CHESAPEAKE

Essa raça tem uma pelagem densa e oleosa, patas alongadas, dígitos muito juntos, olhos amarelos ou âmbar. O Retriever da Baía de Chesapeake foi desenvolvido nos Estados Unidos, no início do século XIX, a partir de dois cães: o Canton e o Sailor, que acreditava-se serem Terranovas (*ver págs. 162-163*) e que chegaram a Maryland após sobreviver a um naufrágio. Os referidos cães foram cruzados com os Retrievers de pêlo liso (*ver pág. 61*), de pêlo ondulado e também com o Otterhound.

CABEÇA *Crânio largo, stop marcado, focinho grande e bem desenvolvido. As mandíbulas, potentes, e os dentes, perfeitamente sobrepostos aos inferiores.*

PELAGEM *Curta, sem ondulação e densa, não macia ao toque e excepcionalmente impermeável. As cores são totalmente preto, amarelo ou fígado chocolate.*

TAMANHO
Machos: de 56 a 57 cm; fêmeas: de 54 a 56 cm.

PATAS *Compactas e redondas, com dígitos bem arqueados e vastas almofadas plantares. Unhas que combinam com a pelagem.*

ORELHAS *Recuadas, portadas rente à cabeça.*

OLHOS *De tamanho médio, marrons ou castanho-claros, com uma expressão inteligente.*

CARACTERÍSTICAS FACIAIS

FOCINHO PRECISO Dotados de um excelente focinho, os Labradores foram úteis em ambas as Guerras Mundiais para detectar minas e, atualmente, como cães policiais em atividades diárias que incluem farejar drogas.

RETRIEVER DE PÊLO ENCARACOLADO
Singular em seu pêlo quase encaracolado, nas cores marrom ou preto, o Retriever de pêlo ondulado destacou-se no século XIX nas tarefas de recolher aves aquáticas e outras caças em qualquer tipo de clima. Em sua linhagem provavelmente se encontram o Labrador e o Spaniel d'Água.

CORPO *Bem constituído, com um peito grande e profundo, dorso retilíneo e lombo largo.*

DONOS FAMOSOS Bing Crosby e François Mitterand estão entre os famosos donos de Labrador Retriever.

PERNAS *Membros posteriores vigorosos, e membros anteriores retos desde o cotovelo.*

CAUDA *"Cauda de lontra", bem definida, coberta por uma pelagem densa, grossa na base e afinando-se para a extremidade.*

Setters

Os cães da raça Setter, naturalmente voltados para a vida no campo, figuram entre os mais graciosos, e há muito tempo têm sido usados na caça. Os Setters irlandeses, britânicos e Gordons são semelhantes na forma e na postura, mas têm uma variedade de cores diferentes em suas pelagens.

HISTÓRIA

Provenientes de uma variedade de Spaniels, Setters e Pointers, o Setter irlandês era inicialmente um cão vermelho e branco, com pernas mais curtas que as das raças atuais. No século XIX, Sir Edward Laverack desenvolveu o belo e equilibrado Setter inglês, que passou a ser conhecido como Laverack Setter. O Setter Gordon foi cuidadosamente desenvolvido pelos duques de Gordon em sua propriedade na Escócia, devendo sua coloração preto-castanho a um ancestral Collie.

TEMPERAMENTO

Os Setters são geralmente carinhosos, efusivos e cheios de vitalidade. Alguns são difíceis de serem treinados, provavelmente por terem personalidade independente, mas, com exercícios constantes, podem se adaptar muito bem.

SETTER IRLANDÊS O Setter irlandês teve seu nome finalmente registrado pelo Ulster Irish Setter Club em 1876. Conhecido há muito tempo em sua terra natal, a Irlanda, como o Spaniel vermelho, hoje a raça também é chamada de Setter irlandês vermelho. Ganhou três vezes como o melhor da exposição no Crufts na década de 1990 (1993, 1995 e 1999).

UM CÃO PRESIDENCIAL

Harry S. Truman, então ex-presidente dos Estados Unidos, tinha um Setter irlandês que se chamava Mike.

SETTER GORDON O Setter Gordon, o maior e o mais forte dos Setters, é uma raça com muita energia e que possui a capacidade de trabalhar por longos períodos sem beber água. Ele tem um temperamento mais calmo do que o dos outros Setters e caça vagarosa e metodicamente.

CABEÇA Longa, seca, com focinho bastante quadrado na ponta. O topo do crânio e o topo do focinho são paralelos e de distância igual. A trufa nasal é marrom-escura ou preta, com narinas grandes.

OLHOS Em formato de amêndoa, em posição nivelada, na cor castanho-claro ou marrom-escuro.

CARACTERÍSTICAS FACIAIS

ORELHAS De inserção baixa e tamanho moderado, portadas bem para trás, pendentes e próximas à cabeça.

CORPO Profundo, peito bastante estreito, dorso reto e lombo arqueado.

CAUDA De tamanho médio, inserção baixa, afinando para a extremidade, portada retilineamente ou abaixo da linha do dorso.

PERNAS Membros posteriores longos e musculosos; os anteriores são retos e vigorosos.

PELAGEM De tamanho médio, pêlos lisos e sedosos, com plumagem no abdômen, cauda e na parte detrás das pernas. A tonalidade da pelagem é de um marrom profundo de cor de castanha.

SETTER INGLÊS Este é um cão confiável em todos os tipos de terreno, porém sua pelagem longa tende a atrair sementes e carrapichos.

PATAS Bastante pequenas, com dígitos arqueados com muitos pêlos entre eles.

TAMANHO
Machos: de 61 a 66 cm; fêmeas: um pouco menores.

Cocker Spaniel

Este excelente cão de aponte afugenta galinhas, faisões e perdizes, recolhendo-os tanto da terra quanto da água. Entretanto, atualmente, o Cocker Spaniel talvez seja bem mais conhecido como um cão de concursos e exposições, tendo ganho mais no Crufts do que qualquer outra raça.

HISTÓRIA

Conforme o nome sugere (ver pág.54), a família dos Spaniels pode ter seu início na Espanha do século XIV. Em meados de 1600, muitos tipos de Spaniel eram usados como cães de aponte na Europa ocidental, e, por volta do século XVIII, dois membros dessa família deixaram suas marcas na Grã-Bretanha: o Springer Spaniel (ver págs. 72-73) e o Cocker Spaniel. A raça que conhecemos hoje foi definitivamente estabelecida no final do século XIX.

TEMPERAMENTO

O Cocker Spaniel é um cão muito ativo, brincalhão, inteligente, mas que às vezes também pode ser bastante voluntarioso. Sua natureza entusiástica é demonstrada pela cauda que abana freneticamente na maioria das vezes em que está animado ou a trabalho no campo.

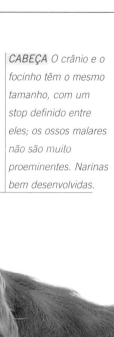

CABEÇA O crânio e o focinho têm o mesmo tamanho, com um stop definido entre eles; os ossos malares não são muito proeminentes. Narinas bem desenvolvidas.

CORPO Cheio, peito profundo, costelas bem arqueadas, lombo curto e largo.

PATAS Patas de gato e compactas, almofadas plantares espessas, e as unhas combinam com a cor da pelagem.

TAMANHO Machos: de 39 a 41 cm; fêmeas: de 38 a 39 cm.

VÁRIAS OPÇÕES O Cocker se apresenta em 17 cores, bicolores e tricolores. Um dos mais populares é o preto-e-branco.

CLUMBER SPANIEL

O troncudo Clumber foi desenvolvido na França e tem vestígios do Basset Hound em sua linhagem. Ele é um cão reconhecido por sua atuação furtiva e silenciosa quando em ação no campo.

ORELHAS Longas, de inserção baixa, niveladas na altura dos olhos e cobertas por pêlos lisos e sedosos.

PELAGEM Chata, sedosa, em várias cores, com plumagem nas pernas e no abdômen.

OLHOS Grandes, marrom-escuros ou castanho-escuros, com uma expressão amiga e inteligente.

CARACTERÍSTICAS FACIAIS

CAUDA Fixada baixa, geralmente amputada.

PERNAS Membros posteriores muito musculosos; membros anteriores de boa ossatura e retos.

ESCOVAÇÃO E EXERCÍCIOS Os cães dessa raça podem se tornar companheiros fiéis, mas em troca precisarão de muita atenção! A escovação regular é necessária, assim como a tosa higiênica dos pêlos entre os dígitos e nas orelhas. Uma boa quantidade de exercícios se faz necessária para que se evite a obesidade.

Cocker Spaniel Americano

Embora seja hoje um cão de concursos
e exposições, o Cocker Spaniel Americano tem
um passado como caçador, como demonstra sua
natureza inteligente e ativa. O nome *cocker* provém
da palavra inglesa *woodcocker*, que significa "o que
caça a galinha-d'angola".

HISTÓRIA

Os Cockers Spaniels Ingleses (*ver págs.
66-67*) foram introduzidos na América
na década de 1880, bem antes,
portanto, de uma nova raça distinta ser
desenvolvida para atender às
necessidades de esportistas americanos.
Em meados de 1930, esses dois tipos de
cão foram distinguidos de modo
significativo e na década de 1940
oficialmente reconhecidos como duas
raças distintas.

TEMPERAMENTO

Um cão corajoso, esperto, inteligente e
devotado ao trabalho, o Cocker Spaniel
Americano é igualmente ideal para
uma vida como cão de aponte ou
como um animal de estimação.

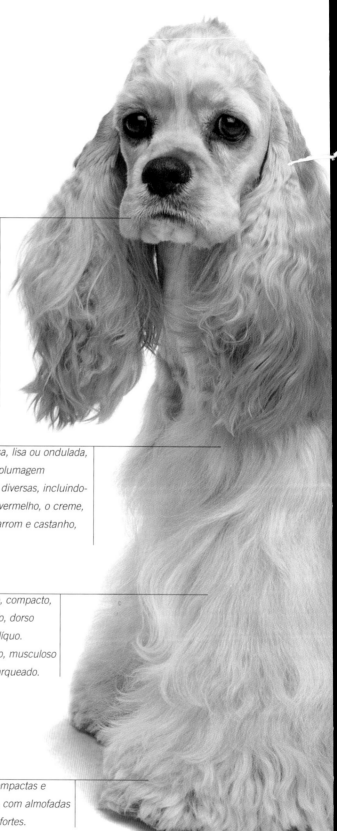

*CABEÇA Crânio
arredondado, com focinho
largo e profundo, trufa
nasal e narinas pretas
ou marrons e bem
desenvolvidas. Os dentes
superiores sobrepõem-se
precisamente aos dentes
inferiores em uma
mordedura em tesoura.*

*PELAGEM Densa, sedosa, lisa ou ondulada,
em bom tamanho, com plumagem
proeminente. Tem cores diversas, incluindo-
se o preto, o marrom, o vermelho, o creme,
o preto e o castanho, marrom e castanho,
bicolores e tricolores.*

*CORPO Curto, compacto,
peito profundo, dorso
levemente oblíquo.
Pescoço longo, musculoso
e levemente arqueado.*

*PATAS Compactas e
redondas, com almofadas
plantares fortes.*

COCKER SPANIEL AMERICANO PRETO Tem corpo
menor e pernas mais longas do que as de seu primo inglês.

OLHOS *Os olhos têm aparência ligeiramente amendoada, e suas cores vão do avelã-escuro ao preto, com o foco de visão voltado para a frente.*

CARACTERÍSTICAS FACIAIS

ORELHAS *Longas, com bastante pêlo, fixadas embaixo.*

CAUDA *Geralmente amputada em três quintos de seu tamanho, mantida horizontalmente ou um pouco acima do dorso.*

COCKER SPANIEL AMERICANO
Forte e atlético e precisa de muitos exercícios e escovação com regularidade.

PERNAS *Membros posteriores fortes e paralelos; membros anteriores retos e musculosos.*

TAMANHO
Machos: 38 cm; fêmeas: 36 cm. Machos acima de 39,5 cm e fêmeas acima de 37 cm serão desqualificados. Um macho adulto com menos de 37 cm de altura ou uma fêmea adulta inferior a 34,3 cm deverão ser penalizados.

Spaniel Bretão

O extraordinário e versátil cão de aponte é o menor e o mais conhecido de todos os Spaniels franceses. Os Spaniels geralmente espantam a caça para colocá-la na mira das armas, e deixam para os Pointers e Setters localizarem a presa caída. O Bretão é capaz de realizar as duas tarefas, o que faz com que alguns acreditem que ele tem em sua linhagem o sangue de Setters. Além de trabalhador e inteligente, é ativo em qualquer situação climática, além de estar sempre atento e disposto a obedecer.

HISTÓRIA

O francês Chien d'Oysel ("cão de pássaros"), do século XIV, foi provavelmente um dos primeiros ancestrais do Bretão. Durante o século XIX, o sangue do Setter inglês (*ver pág. 65*) e do Pointer (*ver págs. 56-57*) produziu um cão maior, com um nariz mais sensível, e, ao cruzarem com o Spaniel Francês, o Épagneul Fougères, podem ter contribuído para o refinamento da linhagem.

TEMPERAMENTO

O Bretão é um Spaniel afável, inteligente, cooperativo e disposto, porém bastante cauteloso e desconfiado com estranhos.

CORPO Curto ou que se inscreve em um quadrado, dorso reto e curto, ombros oblíquos e musculosos.

CÃO DE APONTE EM ALTO ESTILO Um cão caçador versátil, corajoso e sensível, o Bretão aponta a caça de modo estilizado e próprio, além de buscá-la se for instigado.

OLHOS *Expressivos, mas não protuberantes; nas cores âmbar ou marrom.*

CABEÇA *Redonda, com stop médio, focinho amplo com boas narinas.*

CARACTERÍSTICAS FACIAIS

ORELHAS *Curtas em formato de folha, inseridas bem acima do nível do olho.*

CAUDA *Sempre curta, no máximo de 10 cm, o que poderá ser uma característica natural ou resultado de amputação.*

CARACTERÍSTICAS VARIADAS
O Bretão é do tamanho de um Spaniel, provavelmente originado como as raças do Setters, e trabalha como um Pointer. Quanto ao nome, tem-se dado preferência a Bretão em lugar de Spaniel Bretão.

PELAGEM *Densa, ondulada ou lisa, mas nunca crespa ou sedosa. As cores reconhecidas são o laranja-escuro e o branco, ou o fígado e branco, sem nenhum vestígio da cor preta.*

PERNAS *Musculosas. Membros posteriores com as juntas dos joelhos bem curvadas; membros anteriores retos.*

TAMANHO
Altura do 46 a 52 cm.
PESO
De 13 a 15 kg.

PATAS *Cerradas e compactas com poucos pêlos.*

Springer Spaniel Inglês

O versátil Springer Spaniel Inglês sobressai como um dos mais robustos Spaniels de caça, além de ser um confiável cão de guarda. Com sua afetividade, paciência e personalidade obediente, ele se enquadra muito bem como um cão de companhia, mas precisa de bastante exercícios físicos. É um dos mais velhos da linhagem e provavelmente o ancestral da maioria das raças dos Spaniels e de outras raças de aponte. Seu nome deriva do inglês *springer*, que significa "aquele que levanta a caça", ou "aquele que afugenta a caça na mira do caçador". Eficiente tanto na terra quanto na água, ele não se deixa abater pelo mau tempo e é capaz de procurar a presa através de um focinho supersensível.

CÃO INIGUALÁVEL Como um cão de aponte, o Springer Inglês - originalmente conhecido por Springing Spaniel - é um cão sem igual em velocidade e força pelo fato de sua energia ser bem maior que a da maioria dos outros Spaniels.

HISTÓRIA

Desde os primórdios da Idade Média, este tipo de cão permanece na Inglaterra. A criação seletiva para desenvolver as características do Springer começou no início do século XIX e, em meados de 1850, a raça conforme conhecemos hoje já se encontrava estabelecida, tendo sido reconhecida na Grã-Bretanha em 1902 e nos Estados Unidos e Canadá em 1907.

TEMPERAMENTO

Um cão extremamente amigo, sempre pronto a agradar, de rápido aprendizado, obediente, dócil e que pode ser bastante reservado na presença de estranhos.

AS CORES DO SPRINGER As cores do Springer podem ser fígado e branco, preto e branco ou ainda qualquer uma dessas duas combinações de cores com marcações em castanho (tricolores).

CAUDA Bem emplumada, portada para baixo, com muita atividade de abanos, e a preferência atual de não amputá-la.

PERNAS Membros posteriores musculosos, com coxas grandes e quadril arredondado amplamente posicionado; membros anteriores retos e bem emplumados.

PATAS Arredondadas, levemente ovais, compactas e bem arqueadas, com almofadas espessas e com bastante pêlos entre os dígitos.

SPRINGER SPANIEL GAULÊS Semelhante ao Springer Inglês, o Springer Spaniel Gaulês, de um vermelho escuro e branco e de tamanho menor, é um cão que pertence a uma raça antiga, como se pode observar em uma obra de 1680 do pintor Van Dyck, em que retrata um cão de aparência muito próxima.

PERDIGUEIRO HOLANDÊS Um caçador versátil, esta é uma raça proveniente da Holanda, que pouco mudou desde o século XVII. Ele é parte Spaniel e parte Setter e pode ter representado um papel importante na formação de outras raças de aponte. Além de suas qualidades de caçador, ele também é um ótimo cão de companhia.

PELAGEM Assentada, reta, nunca grosseira, resistente às intempéries, à prova d'água, às condições climáticas e espinhos.

CABEÇA De tamanho médio, testa grande, stop moderado dividido por uma linha superficial. Focinho de cor marrom ou fígado, e trufa nasal com narinas bem desenvolvidas.

CORPO Forte, nem muito longo nem muito curto, bem proporcionado e compacto.

OLHOS De tamanho médio, inseridos bem distantes um do outro, moderadamente profundos em suas órbitas, com uma expressão gentil e de alerta.

ORELHAS Longas e grandes, pendentes sobre as bochechas, inseridas no nível da linha dos olhos, não muito para trás.

CARACTERÍSTICAS FACIAIS

TAMANHO
Aproximado de 51 cm.

PESO
Machos: de 20 a 25 kg;
fêmeas: de 18 a 23 kg.

Spaniel d'água Americano

Este cão de aparência áspera e grosseira é trabalhador e dedicado quanto a espantar e a trazer a caça, além de ser um companheiro talentoso e versátil. Uma das poucas raças originárias dos Estados Unidos, ainda é pouco comum em sua terra natal e praticamente desconhecida no resto do mundo. O Spaniel d'Água Americano é o cão do Estado do Wisconsin.

HISTÓRIA

Registros confiáveis da raça datam apenas da metade do século XIX. É provável que o Retriver de pêlo encaracolado (*ver pág. 63*) e o Spaniel d'Água irlandês estejam entre os seus ancestrais. O reconhecimento da raça aconteceu em 1940.

TEMPERAMENTO

Muito amigo, inteligente, ativo e sempre tenta agradar seu dono.

PELAGEM Densa e impermeável, muito encaracolada ou ondulada, com subpêlo abundante. Nas cores fígado, marrom ou chocolate escuro, com um pouco de branco no peito e nos dígitos.

CAUDA Levemente curvada em S e de tamanho moderado.

PERNAS Moderadas em tamanho, fortes e emplumadas, com pêlos impermeáveis.

CAÇADOR, GUARDA E AMIGO Ele não é apenas um dos mais fortes cães de caça, com sua pelagem impermeável e grande versatilidade, mas também um eficiente cão de guarda e um excelente cão de companhia.

UMA RAÇA INCOMUM

Pertence a uma raça um tanto rara e completamente desconhecida fora dos Estados Unidos, onde pode ser mais encontrado na região dos Grandes Lagos.

CABEÇA Bem definida, de comprimento moderado e crânio largo.

OLHOS De tamanho médio, posicionados de maneira distante um do outro, em tom de marrom amarelado a marrom, avelã ou escuros.

CORPO Magro mas resistente, leve, musculoso e de constituição sólida.

ORELHAS Longas, de inserção levemente abaixo da linha dos olhos e bem encaracoladas.

CARACTERÍSTICAS FACIAIS

PATAS Sólidas e arredondadas, com dígitos bem juntos.

TAMANHO
Altura: de 38 a 45 cm.
PESO
De 11 a 20 kg.

Nova Escócia Duck Tolling Retriever

A raça canadense, também conhecida como Little River Duck Dog, assemelha-se um pouco ao Golden Retriever pequeno (*ver págs. 60-61*). O Nova Escócia Duck Tolling Retriever atrai patos selvagens para a área de mira dos caçadores e, em seguida, o cão busca e devolve a caça abatida. Essa habilidade em nadar para atrair os patos é própria da sua natureza e não resultado de treinamento.

HISTÓRIA

Os Tollers (cães que atraem a caça) foram desenvolvidos no Canadá no século XIX dos tão famosos cães de caça de pelagem vermelha, trazidos da Inglaterra para a Nova Escócia. Portanto, esses cães têm o sangue dos Retrievers e dos Spaniels de trabalho em suas veias. O Clube Kennel Canadense os reconheceu durante os anos 1950, porém o reconhecimento internacional pela FCI veio em 1985. Hoje eles são uma raça de aponte muito popular na América do Norte, com um número significativo de clubes da raça nos Estados Unidos.

TEMPERAMENTO

Inteligentes, carinhosos, brincalhões e pacientes, os Tollers também podem ser grandes companheiros e ótimos animais de estimação. Eles se relacionam muito bem com as crianças e com outros animais, mas são um pouco arredios com estranhos.

PATAS *Fortes, arredondadas e de tamanho médio.*

EXCELENTE CÃO DE COMPANHIA
O alegre Toller é um cão incrivelmente ativo, sempre pronto para brincar, qualidades que, aliadas a uma personalidade gentil e amiga, o tornam o cão ideal para as crianças.

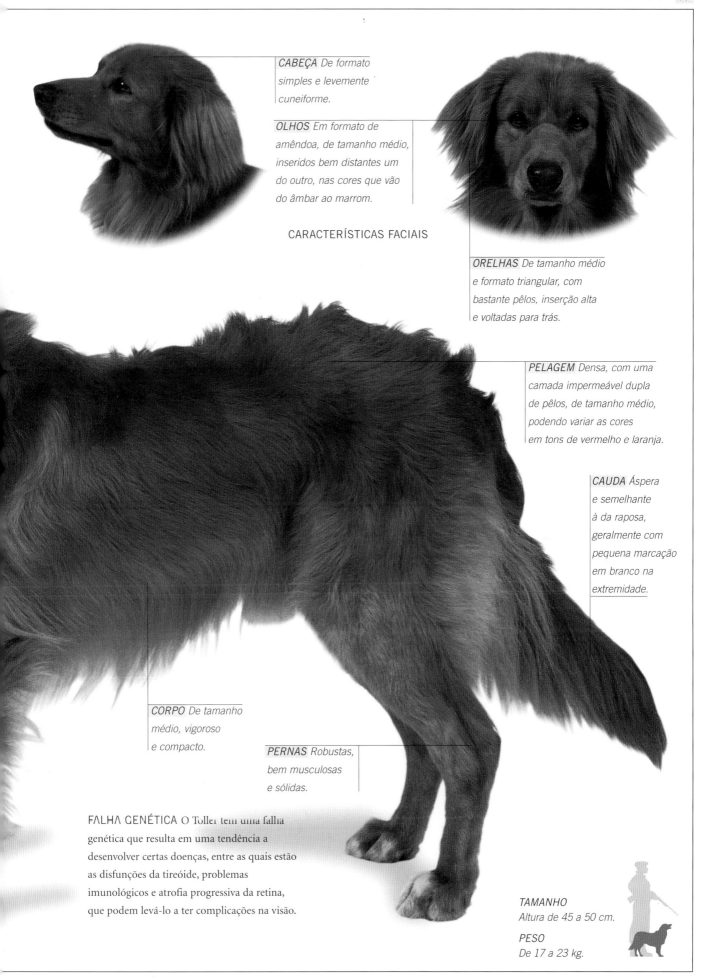

CABEÇA De formato simples e levemente cuneiforme.

OLHOS Em formato de amêndoa, de tamanho médio, inseridos bem distantes um do outro, nas cores que vão do âmbar ao marrom.

CARACTERÍSTICAS FACIAIS

ORELHAS De tamanho médio e formato triangular, com bastante pêlos, inserção alta e voltadas para trás.

PELAGEM Densa, com uma camada impermeável dupla de pêlos, de tamanho médio, podendo variar as cores em tons de vermelho e laranja.

CAUDA Áspera e semelhante à da raposa, geralmente com pequena marcação em branco na extremidade.

CORPO De tamanho médio, vigoroso e compacto.

PERNAS Robustas, bem musculosas e sólidas.

FALHA GENÉTICA O Toller tem uma falha genética que resulta em uma tendência a desenvolver certas doenças, entre as quais estão as disfunções da tireóide, problemas imunológicos e atrofia progressiva da retina, que podem levá-lo a ter complicações na visão.

TAMANHO Altura de 45 a 50 cm.

PESO De 17 a 23 kg.

Vizsla de pêlo curto

Esta é por natureza uma elegante raça de aponte com habilidades surpreendentes no campo. Os Vizslas são criados principalmente para rastrear, apontar, buscar e devolver a caça, mas também podem ser excelentes cães de companhia, desde que seus donos estejam preparados para muitos exercícios!

HISTÓRIA

A história do cão nacional da Hungria data dos primórdios da Idade Média e diz-se que seus ancestrais acompanharam as hordas de caçadores Magyar (húngaros) que há mais de mil anos se instalaram na região hoje chamada de Hungria. O Vizsla provavelmente se desenvolveu nas planícies húngaras, ricas em caça, onde se tornou o cão que conhecemos hoje em dia. A raça quase foi exterminada durante as duas grandes guerras mundiais, porém, na década de 1940, alguns Vizslas foram enviados para a Áustria, onde foram cuidadosamente desenvolvidos e posteriormente espalhados pelo mundo. Entre os mais famosos donos do Vizsla encontram-se o Papa Pio XII e a atriz húngara Zsa Zsa Gabor.

TEMPERAMENTO

Extremamente ativo, com personalidade gentil, inteligente, obediente e afetuoso. Tem muita energia e disposição, o que torna o seu treinamento fácil de ser realizado.

PELAGEM *Curta, lisa, brilhosa e oleosa ao toque. A cor é o dourado russet.*

CABEÇA *Magra e nobre. O crânio é grande e um pouco maior do que o focinho. A trufa nasal é marrom, as narinas bem desenvolvidas, os lábios são soltos, mas cobrem as mandíbulas completamente.*

CORPO *Atleticamente constituído, com um dorso curto e retilíneo, peito moderadamente largo, profundo e abdômen contraído. Os ombros são musculosos, e as coxas, levemente anguladas.*

RECONHECIMENTO NOS ESTADOS UNIDOS
O Clube Kennel Americano reconheceu o Vizsla oficialmente em 1960.

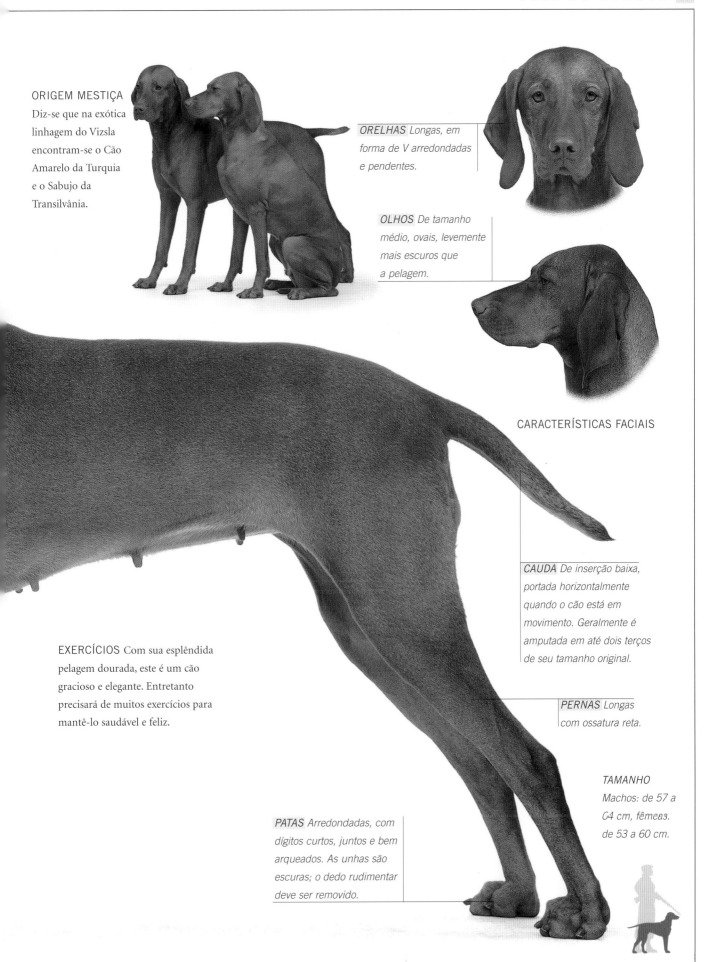

ORIGEM MESTIÇA
Diz-se que na exótica
linhagem do Vizsla
encontram-se o Cão
Amarelo da Turquia
e o Sabujo da
Transilvânia.

ORELHAS Longas, em
forma de V arredondadas
e pendentes.

OLHOS De tamanho
médio, ovais, levemente
mais escuros que
a pelagem.

CARACTERÍSTICAS FACIAIS

CAUDA De inserção baixa,
portada horizontalmente
quando o cão está em
movimento. Geralmente é
amputada em até dois terços
de seu tamanho original.

PERNAS Longas
com ossatura reta.

TAMANHO
Machos: de 57 a
64 cm, fêmeas.
de 53 a 60 cm.

EXERCÍCIOS Com sua esplêndida
pelagem dourada, este é um cão
gracioso e elegante. Entretanto
precisará de muitos exercícios para
mantê-lo saudável e feliz.

PATAS Arredondadas, com
dígitos curtos, juntos e bem
arqueados. As unhas são
escuras; o dedo rudimentar
deve ser removido.

Weimaraner

Grande e cinza, ele é reconhecido
por todas as suas habilidades como
caçador. Inicialmente, foi usado para
caçar animais maiores, como lobos, ursos
e javalis, tendo sido posteriormente adaptado
como farejador e também para buscar e trazer
pássaros abatidos na caça.

HISTÓRIA

Conhecido na Alemanha desde o século XVII, mas
só emergiu como raça distinta no início do século
XIX. Foi um cão desenvolvido pela nobreza do
Grão-Duque de Weimar, provavelmente como
resultado do cruzamento de Bloodhounds (*ver
págs. 32-33*) com uma variedade de cães de caça.
Seu excelente nariz é sem dúvida o resultado dessas
origens. Com o crescimento desenfreado da
civilização, a caça a animais maiores perdeu a
intensidade, e ele se transformou em cão de aponte
na caça às aves. Os Weimaraners eram estritamente
controlados e não era permitido tê-los fora da
Alemanha até 1930. A partir de então, a raça tem
conquistado um significante crescimento tanto na
Grã-Bretanha quanto nos Estados Unidos.

TEMPERAMENTO

Originalmente desenvolvido como cão de caça e
de companhia, o Weimaraner é ativo, de
personalidade marcante, inteligente, destemido e
precisa de muitos exercícios e rígido controle.

VARIEDADE A maioria dos Weimaraners tem pêlo curto,
mas há uma variedade de pêlo longo cuja pelagem é de 2,5
a 5 cm de comprimento, com plumagem na cauda, orelhas
e na parte detrás das pernas.
Tratando-se desse tipo,
apenas a extremidade
da cauda é amputada.

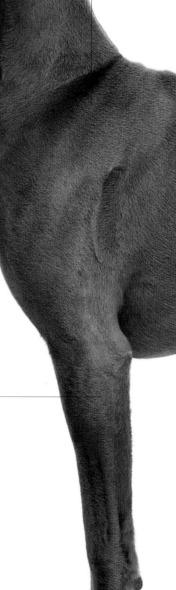

CORPO Possante,
peito profundo,
abdômen retraído,
garupa arredondada
e dorso retilíneo.

CABEÇA Longa, com
crânio e focinho de
tamanhos equivalentes,
e stop moderado. A trufa
nasal apresenta narinas
delicadas. O lábio superior
estende-se bem para baixo,
cobrindo a mandíbula. A
cabeça e as orelhas são de
um cinza mais claro em
relação ao resto do corpo.

PERNAS Membros
anteriores longos e
retos; coxas
musculosas nos
membros posteriores.

OLHOS *De tamanho médio, cinza azulado ou âmbar.*

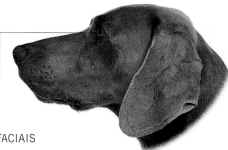

CARACTERÍSTICAS FACIAIS

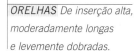

ORELHAS *De inserção alta, moderadamente longas e levemente dobradas.*

CAUDA *Portada em ângulo; geralmente amputada nos cães de trabalho e raramente em cães de companhia.*

PELAGEM *Pode ser de três tipos: curta (ideal), média ou longa. As cores são as nuanças do cinza, preferencialmente o cinza-prateado. São permitidas pequenas manchas brancas no peito e pequenas pintas nas patas.*

NOBRE INDIVÍDUO A cor cinza tão peculiar e a nobre personalidade têm feito do Weimaraner um cão amado por muitos praticantes da caça esportiva que procuram nessa raça singularidade e estilo.

UM CÃO DE GUARDA INTELIGENTE Além de especialistas em escape, os Weimaraners são excelentes cães de guarda.

TAMANHO
Machos: de 59 a 70 cm (ideal: de 62 a 67 cm); fêmeas: de 57 a 65 cm (ideal: de 59 a 63 cm).

PATAS *Compactas, com dígitos juntos e arqueados. As unhas são cinza ou âmbar.*

PURINA®
PROPLAN®
ALIMENTA E PROTEGE A SAÚDE

Terriers

Um grupo genuinamente "feito na Grã-Bretanha",
os terriers são cães com habilidades especiais para caçar
animais mais rudimentares, como texugos, raposas,
coelhos e ratos. Os romanos, quando encontraram esses
animais no trabalho diário da terra, deram-lhes o nome
de *terrarii*, que, em latim, significa "da terra".

TIPOS DE TERRIER

Em alguns casos, o trabalho do
terrier era o de encontrar e matar os
animais no subsolo; em outros, era
treinado para forçar a presa a sair de
sua toca para a superfície onde o
caçador pudesse lidar com elas. Os
terriers são em geral pequenos, com
pernas pequenas e dotados de
temperamentos ativos e alegres.
Trabalhadores dedicados, os terriers
se apresentam em amplas variedades,
que podem ser divididas em dois
tipos básicos de pelagem: os de pêlo
liso ou pêlo curto, como o Fox
Terrier de pêlo curto; ou os de pêlo
duro ou pêlo longo, como o Skye
Terrier ou o Terrier Escocês.

RAÇAS BRITÂNICAS

A Inglaterra produziu raças como o
Fox Terrier, o Airedale, o Bedlington
e o Bull Terrier. A Escócia nos deu o
Skye, o Cairn, o West Highland
White Terrier, bem como o Escocês.
A Irlanda foi a terra natal do Irlandês
e do Kerry Blue, e Gales nos deu o
Gaulês e o Sealyham.
Quase todas as regiões das ilhas
britânicas produziram sua própria
variedade de terrier; muitos desses
estão agora extintos, foram
absorvidos por outras raças ou
localizados de maneira limitada ou
imprecisa. Incluem-se entre eles os
terriers de Devon, de Poltalloch, de
Clydesdale, de Cheshire, de Aberdeen
e de Roseneath.

HERÓIS

É possível que nenhuma outra raça
tenha tido tantos heróis de guerra
declarados quanto os Terriers. Billy,
um Bull Terrier rajado, serviu com o
Regimento de Infantaria Real de
Ulster, denominado Royal Ulster
Rifles no Transvaal, durante a Guerra
de Bôer. Ele foi ferido e aprendeu a
se fingir de manco para conseguir
uma carona em algum cavalo do
pelotão de cavalaria. Assim como ele,
houve ainda no decorrer da história
terriers bem mais valentes.

Os terriers também representam um
papel importante na arte. Pinturas
de artistas importantes como Le
Nain, Brueghel e Landseer retratam
terriers.

CRIATURAS FORTES

Nenhum outro tipo de cão tem mais
coragem, tenacidade, autoconfiança
ou energia do que os terriers. Eles
são aqueles indíviduos dos quais se lê
a respeito sendo resgatados vivos
após muitos dias dentro de uma
mina desmoronada ou se
recuperando de ferimentos graves
provocados por uma briga com
outros cães ou com texugos em lutas
ilegais organizadas por proprietários
desprezíveis e bárbaros.

O WEST HIGHLAND WHITE TERRIER
(acima e à direita)

Um terrier de grandes qualidades, ele
apresenta todas as características de um
verdadeiro terrier por ser ativo, forte,
corajoso, brincalhão, além de ter muita
autoconfiança.

AIREDALE TERRIER (abaixo e à direita)

Um cruzamento entre o extinto Terrier preto
castanho e o Otterhound, o Airedale é o
maior de todos os Terriers. Ele foi
desenvolvido para atender a dois tipos de
caça: a da lontra e a do texugo. Entretanto
seu tamanho o impediu de continuar a
perseguir a caça em tocas ou no subsolo.

JACK RUSSELL TERRIER (à esquerda)

Um outro típico terrier de tamanho pequeno
é o Jack Russell Terrier. Um cão amável,
rápido, repleto de energia e vigor. Foi
originalmente desenvolvido para pegar ratos,
embora seja mais encontrado atualmente
como um afetuoso e leal cão de companhia.

Airedale Terrier

Originário da região de Yorkshire, mais precisamente do Vale do Aire, de onde recebeu o seu nome, ele foi desenvolvido para caçar lontras. O Airedale é um cão forte, cheio de energia e um bom nadador. Nada o deixa mais feliz do que se jogar na água para brincar e nadar.

HISTÓRIA

A raça foi desenvolvida no século XIX pelo cruzamento entre os Otterhounds com o extinto Terrier preto castanho e foi usada na caça aos ursos, aos lobos, ao javali, ao veado e à lontra. O Airedale foi uma das primeiras raças a ser recrutada pelo Exército Britânico na Primeira Guerra Mundial, tendo sido usado como guarda e mensageiro nas trincheiras da Flandres.

TEMPERAMENTO

São amigos leais, podem se tornar excelentes cães de companhia e ideais como cães de guarda. Entretanto podem se tornar às vezes um pouco desobedientes, o que exige de seus donos um manejo firme e, ao mesmo tempo, muito carinho.

CORPO *O peito é profundo, mas não largo; o dorso é curto, forte e retilíneo.*

PELAGEM *Dura, áspera, rente ao corpo. As cores são o cinza-escuro ou o preto, com a cabeça, as orelhas, as partes inferiores do corpo e as pernas em castanho cor de fogo.*

WELSH TERRIER Essa raça parece ser uma versão menor do Airedale. Entre seus ancestrais comuns encontra-se o Terrier preto e castanho, que é provavelmente o responsável pela semelhança.

AIREDALE TERRIER Não soltam muito pêlo. São cães bastante ativos e precisarão, portanto, de longas caminhadas diárias.

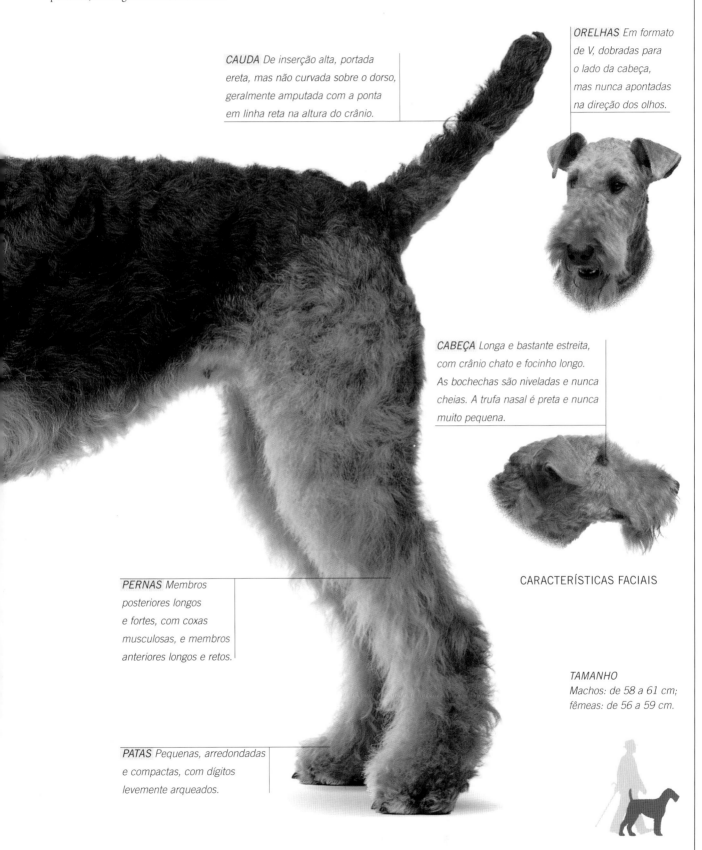

ORELHAS Em formato de V, dobradas para o lado da cabeça, mas nunca apontadas na direção dos olhos.

CAUDA De inserção alta, portada ereta, mas não curvada sobre o dorso, geralmente amputada com a ponta em linha reta na altura do crânio.

CABEÇA Longa e bastante estreita, com crânio chato e focinho longo. As bochechas são niveladas e nunca cheias. A trufa nasal é preta e nunca muito pequena.

CARACTERÍSTICAS FACIAIS

PERNAS Membros posteriores longos e fortes, com coxas musculosas, e membros anteriores longos e retos.

TAMANHO
Machos: de 58 a 61 cm; fêmeas: de 56 a 59 cm.

PATAS Pequenas, arredondadas e compactas, com dígitos levemente arqueados.

Terrier Australiano

Um dos poucos terriers desenvolvidos fora da Grã-Bretanha, o Terrier Australiano é forte e ativo e se enquadra muito bem aos terrenos irregulares e difíceis de sua terra natal. Desenvolvido pelos primeiros colonizadores para trabalhar em condições muitas vezes inóspitas, ele foi inicialmente usado no controle de ratos e para matar cobras venenosas, mas logo se descobriu que também podia ser um cão de companhia alegre e charmoso.

HISTÓRIA

É provável que os primeiros Terriers Australianos tenham sido criados na Tasmânia (Austrália) pelo cruzamento de vários tipos de terrier. Os primeiros híbridos eram ásperos ou de pêlo quebradiço. O primeiro terrier de pêlo duro, na cor preto castanho, foi apresentado em Melbourne em 1868; os primeiros padrões da raça foram obtidos um ano depois; e em 1889 a raça se tornou conhecida como o Terrier Australiano de Pêlo duro. Foi reconhecido pelo Clube Kennel Inglês em 1933 e pelo Clube Kennel Americano em 1960, tendo sido a primeira raça australiana a ser reconhecida por associações internacionais. Embora imensamente popular em seu país de origem, sua conquista de popularidade tanto na Grã-Bretanha como nos Estados Unidos e em outros lugares tem sido lenta.

TEMPERAMENTO

Charmoso, ativo e muito inteligente, o Terrier Australiano, além de um excelente cão de companhia, é também um destemido cão de guarda. Fácil de manter, muito adaptável, é o cão ideal para morar em um apartamento.

CORPO Longo, de aparência forte e com um peito profundo. Esse é um dos menores cães no grupo dos terriers.

PATAS Bastante semelhantes às patas de gato, de um castanho bem vivo.

VARIAÇÕES DAS CORES O Terrier Australiano pode apresentar a cor de areia ou o vermelho com a linha do dorso em variações mais claras; azul, azul-aço ou azul acinzentado escuro com marcações em cor de fogo. O topete é azul, prata ou mais pálido que a cor da cabeça.

ORELHAS *Pequenas, pontiagudas e retas.*

OLHOS *Pequenos e expressivos, na cor marrom-escura.*

CABEÇA *Longa, com focinho vigoroso e stop moderado, crânio levemente achatado.*

CARACTERÍSTICAS FACIAIS

CAUDA *Amputada e de inserção alta.*

PERNAS *Membros posteriores vigorosos, com as juntas dos jarretes bem anguladas; membros anteriores de boa ossatura e perfeitamente retos.*

TAMANHO
Machos: cerca de 25 cm; fêmeas: pouco menos.

PESO
Machos: em torno de 6,5 kg; fêmeas: pouco menos.

PELAGEM *Longa, com pelagem externa áspera sobre o corpo, com pêlos curtos em todas as regiões e uma macia subpelagem. Há uma juba bem definida em volta do pescoço e um tufo de pêlos no topete.*

MATADOR DE COBRAS Além de ser um terrier clássico, ele é também um verdadeiro australiano, com temperamento ativo, ações rápidas e bravura. Uma de suas especialidades é matar cobras, o que faz quando salta e as agarra por detrás e de surpresa.

Bedlington Terrier

Pode até parecer um carneiro, mas este cão fascinante é também bastante curioso e não faz corpo mole! Ele é forte, corajoso e rápido. O Bedlington Terrier é originário da região das minas de carvão de Northumberland, Inglaterra, onde foi desenvolvido para a caça de animais predadores, de lontras e até mesmo da raposa. Apesar da pelagem encaracolada e da forma incomum, o Bedlington é um lutador formidável, com mandíbulas muito fortes.

HISTÓRIA

Inicialmente conhecido como Terrier de Rothbury, o nome de seu lugar de origem, os primeiros Bedlingtons tinham um corpo mais pesado e pernas mais curtas. No final do século XVIII e início do século XIX, fez-se cruzamento com o Whippet (*ver págs. 52-53*), com o Dandie Dinmont (*ver págs. 96-97*) e possivelmente com cães do tipo Poodle (*ver págs. 132-133*), e, assim, uma raça mais alta, refinada e mais rápida emergiu, mantendo suas qualidades de resistência e coragem. O novo Bedlington era o sonho de todo caçador, e tornou-se conhecido como o cão cigano. Gradualmente a raça foi refinada até se tornar um excelente cão de companhia, e a arte da tosa e os cuidados deram o toque final à sua distinta aparência.

TEMPERAMENTO

Como reflexo de sua própria linhagem, o Bedlington toma a iniciativa nas brigas com outros cães, mas no geral ele é um cão de companhia charmoso e leal.

RAÇA QUE NÃO TROCA O PÊLO A escovação ou a preparação do Bedlington Terrier pode ser um processo bastante intrigante, e a primeira tosa deve ser sempre feita por um especialista. Por uma questão de capricho, a grande vantagem da raça é que não há a troca de pêlos.

CLUBE DA RAÇA O Clube do Bedlington Terrier foi fundado no Reino Unido em 1875.

UMA COORDENAÇÃO DE CORES Os olhos do Bedlington Terrier combinam com sua pelagem: tons escuros nos azuis, tons claros nos azuis e castanhos, e castanho-claro em cães na cor de areia ou fígado.

ORELHAS De tamanho moderado, em formato de amêndoa, inserção baixa, pendentes, rentes às bochechas. São esbranquiçadas e dispostas em franjas sedosas.

OLHOS Pequenos e brilhantes, inseridos fundo. O olho tem forma triangular.

CARACTERÍSTICAS FACIAIS

CABEÇA Em forma de pêra, com crânio estreito, sem stop; o topete é quase branco, e o nariz "romano" forma uma linha contínua com o crânio.

CORPO Musculoso, gracioso e flexível, peito profundo e costelas chatas. Dorso curvado e lombo arqueado.

CAUDA De tamanho médio, afinando para a extremidade, com uma curva moderada e leve plumagem, portada para baixo, jamais sobre o dorso ou na horizontal.

PELAGEM As cores são o azul, o azul e castanho, o marrom, o marrom e castanho, o areia e o areia e castanho.

PERNAS De tamanho médio, leves e musculosas. Membros posteriores parecem ser mais longos que os anteriores, por causa da curvatura dorsal e lombar.

TAMANHO Cerca de 41 cm.

PATAS Longas, na aparência de lebre e com almofadas plantares espessas.

Border Terrier

A acidentada e remota região de fronteira entre a Escócia e a Inglaterra produziu uma raça útil e valente, conhecida como Border Terrier. Sua pelagem áspera e densa foi ideal para os dias úmidos e longos de suas caminhadas, nas quais seguiam os caçadores em perseguição à raposa, e para entrar nas tocas e encontrar seus adversários ao final de uma perseguição.

HISTÓRIA

O primeiro Border Terrier surgiu no final do século XVII, dividindo uma linhagem comum com outros terriers da região, entre eles o Lakeland, o Dandie Dinmont (*ver págs. 96-97*), o Bedlington (*ver págs. 88-89*) e o extinto Redesdale todo branco. Antes de 1880, quando seu nome foi finalmente estabelecido, ele era geralmente chamado de Reedwater ou Coquetdale Terrier. O Clube do Border Terrier foi fundado no Reino Unido em 1920.

TEMPERAMENTO

Como cão de companhia, é ativo, afetuoso e leal. Ele se adapta muito bem em casas ou apartamentos nos grandes centros urbanos, mas precisa de exercícios constantes para gastar seu excesso de energia.

CABEÇA Assemelha-se à da lontra, com crânio grande e focinho curto. A trufa nasal é preta. O pescoço, moderadamente longo.

PELAGEM Pelagem externa dura e áspera, com subpelagem curta e densa. As cores são o cinza-azulado e castanho, o azul e castanho, o vermelho ou fogo, aceitando-se um pouco de branco no peito.

CORPO Longo, estreito, profundo e lombo forte.

CAUDA Bastante curta, grossa e afinando para a extremidade, de inserção alta e portada no topo quando em atividade.

CAÇADOR AMIGO Embora tradicionalmente tenaz e hostil quando em perseguição à raposa, o Border Terrier é sempre uma criatura amiga e afetuosa.

RAPIDEZ Esta é uma raça marcante, reconhecida por sua vitalidade. Diz-se ser capaz de acompanhar as passadas de um cavalo.

ORELHAS Em forma de V, pequenas, caídas para a frente, rentes às bochechas.

OLHOS Escuros, com uma expressão de alerta.

CARACTERÍSTICAS FACIAIS

PERNAS De ossatura não muito pesada, os membros anteriores são retos, e os posteriores, com coxas arredondadas.

PESO
Machos: de 5,9 a 7 kg; fêmeas: de 5,2 a 6,4 kg.

PATAS Pequenas, com almofadas plantares espessas.

Bull Terrier

Apesar da aparência intimidadora
e da cara de mau, o Bull Terrier é
muito bom com as pessoas e gentil
especialmente com as crianças.
No entanto precisa de um pulso firme
pelo fato de ser extremamente forte
e poder ser perigoso com outros cães.

HISTÓRIA

No século XVII, Bulldogs (*ver págs. 122-123*) foram
cruzados com cães do tipo terrier para que se
criassem cães de luta, o "Bull e o Terrier". O sangue de
terriers e Whippets (*ver págs. 52-53*) foi incorporado à
linhagem dos Bulldogs para dar-lhes agilidade e rapidez.
Em meados de 1860, James Hinks, um vendedor de cães
de Birmingham, refinou a raça ao adicionar-lhe
características do Terrier branco inglês, possivelmente de
Dálmatas (*ver págs. 126-127*) e de Pointers espanhóis, o que
produziu um cão branco, bem musculoso, com cabeça de
linhas suaves e pernas mais curtas que as de seus
antepassados. Na década de 1920, para evitar uma tendência
genética à surdez, associada a todas as raças de pelagem
completamente branca, outras cores foram associadas à
pelagem do cão.

TEMPERAMENTO

Embora receba estranhos com desconfiança e agrida outros
cães com ferocidade, pode se tornar animal de estimação
devotado se tratado com atenção e exercícios físicos.

TAMANHO
Ideal: de 35 a 45 cm,
mas não há limites para
peso e altura. O cão,
porém, deve dar a
impressão de máxima
substância para seu
tamanho, em coerência
com suas qualidades e sexo.

CAMPEÃO NA ELIMINAÇÃO DE RATOS. Em
1865, um Bull Terrier rajado de nome Pinscher
marcou um recorde surpreendente: 500 ratos
mortos em 36 minutos e 26,5 segundos.

UM CÃO DE JOGADORES
E APOSTADORES
Na segunda metade do século
XIX, os Bull Terriers brancos
se tornaram moda entre as
classes de jogadores.

CORPO Curto, bem
musculoso, com peito
grande e profundo.

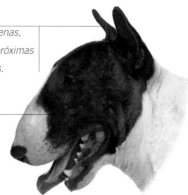

BULLTERRIER DE STAFFORDSHIRE

O Bull Terrier de Staffordshire foi inicialmente desenvolvido para os esportes sangrentos de lutas com touros e ursos. Embora seja hoje reconhecido como um animal de estimação fiel, confiável e afetuoso, ainda aprecia uma boa luta.

ORELHAS Pequenas, finas, inseridas próximas e portadas eretas.

CABEÇA Longa, forte, ovóide, com suave perfil curvo convexo. A trufa nasal se inclina sobre o lábio, e narinas bem desenvolvidas.

OLHOS Triangulares, oblíquos e de inserção profunda. Nas cores preto ou marrom-escuro.

CARACTERÍSTICAS FACIAIS

CAUDA Curta, afinando-se para a extremidade, de inserção baixa, portada horizontalmente.

PERNAS Retas e em paralelo, com ossatura forte e coxas vigorosas.

PELAGEM Curta, dura e lisa, com um leve brilho. As cores são o branco puro, vermelho, fulvo, preto tigrado ou o tricolor.

PATAS Redondas e compactas, com dígitos arqueados.

STAFFORDSHIRE TERRIER AMERICANO

O Bull Terrier de Staffordshire cruzou o Atlântico no século XIX, fazendo surgir uma versão mais forte, de ossatura maior, e que hoje é reconhecida como uma raça distinta, conhecida como o Staffordshire Terrier Americano.

Cairn Terrier

Um dos menores terriers de trabalho, o nome Cairn Terrier se originou da palavra gaélica *cairn*, que significa "um monte de pedras". A paisagem das terras altas escocesas é marcada por vários montes de pedras empilhadas que, acredita-se, indicam o local de sepultura dos antigos romanos. A especialidade do Cairn Terrier era caçar um tipo de presa que normalmente se refugiava nessas pilhas de pedras, como roedores, doninhas, raposas e, ocasionalmente, o feroz e selvagem gato escocês.

HISTÓRIA

A história desse sempre apegado e ativo terrier nos remete a um passado de pelo menos 500 anos. Ele foi desenvolvido na ilha de Skye, tendo outros ancestrais em comum com cães montanheses, como o Terrier Escocês (*ver pág. 112*) e o West Highland White Terrier (*ver págs. 112-113*). Quando não era usado para caçar predadores, o Cairn Terrier perseguia coelhos, desenterrava toupeiras e era levado para a água em perseguição à lontra. Os Cairn Terriers foram oficialmente reconhecidos pelo Clube Kennel Inglês em 1912. Entretanto alguns criadores estavam cruzando-os com os West Highland White Terrier e registrando os filhotes mais claros como West Highland White Terrier e os mais escuros como Cairns. Em 1924, em uma tentativa de manter distintas as raças, o Clube Kennel Inglês recusou-se a registrar os descendentes desses cruzamentos. A raça foi reconhecida pela primeira vez no Clube Kennel Americano em 1913.

TEMPERAMENTO

Além de excelente cão de companhia, ele é inteligente, leal, amigo e charmoso.

RAÇA BRINCALHONA

Os Cairns são fáceis de serem treinados e gostam de aprender novas brincadeiras e truques. Sem esse tipo de estimulação mental, facilmente se entediam e podem agir de maneira destrutiva ou latir incessantemente.

CORPO *Forte e compacto, com um peito profundo e dorso retilíneo.*

ORELHAS Pontiagudas, eretas, de inserção distante uma da outra.

OLHOS De inserção profunda, bem separados um do outro e na cor castanho-escuro.

CABEÇA Proporcional ao corpo, crânio com um stop bem definido que se aproxima de um focinho possante. A trufa nasal é preta e há uma nítida reentrância entre os olhos.

CARACTERÍSTICAS FACIAIS

PELAGEM Bastante resistente às variações climáticas, a pelagem externa cobre uma sedosa subpelagem. As cores são o vermelho, o cinza, o creme, o fulvo e o quase preto. A trufa nasal e as orelhas são geralmente mais escuras.

CAUDA Curta, peluda e portada reta.

ESCOVAÇÃO CUIDADOSA

Tanto a espessa pelagem externa quanto a delicada subpelagem do Cairn necessitam de cuidados regulares.

PERNAS De tamanho médio, ossatura forte, retas e com coxas musculosas.

TAMANHO
Altura de 28 a 31 cm.

PESO
De 6 a 7,5 kg.

PATAS Patas posteriores menores que as anteriores, podendo ser ligeiramente voltadas para fora. As almofadas são grossas.

Dandie Dinmont Terrier

Este pequeno terrier, cujo nome foi tirado de um personagem chamado Dandie Dinmont, fazendeiro do livro *Guy Mannering,* de Sir Walter Scott, foi originalmente um caçador bem-sucedido de predadores, coelhos, lontras e texugos. Ele é hoje um dos cães mais valorizados por sua aparência peculiar e por seus dotes como cão de companhia.

HISTÓRIA

Originário da fronteira entre a Inglaterra e a Escócia, o Dandie Dinmont Terrier pode ser considerado uma raça definida desde os primórdios do século XVII. Seu dorso é longo e arqueado, e a cauda é de inserção diferenciada em relação a outros terriers. Em sua origem pode ser que exista o sangue de ancestrais terriers, como o Otterhound, o Basset Hound (*ver págs. 26-27*), do Skye (*ver abaixo*), do Border (*ver págs. 90-91*), do Cairn (*ver págs. 94-95*), do Escocês (*ver pág.112*) e do Bedlington Terriers (*ver págs. 88-89*).

TEMPERAMENTO

O Dandie Dinmont é amigo, brincalhão e leal. Pode se tornar um cão de guarda alerta que tem um latido surpreendemente alto.

SKYE TERRIER Alguns afirmam que o Skye Terrier deve suas origens a um naufrágio de um galeão espanhol do século XVII, na costa de Skye nas ilhas escocesas. Outros dizem que foram os cães malteses que cruzaram com os habitantes caninos da ilha para produzir estes pequenos e charmosos terriers de hoje.

PERNAS De boa ossatura e musculosas; os membros anteriores são um pouco mais curtos que os posteriores.

OLHOS Grandes e arredondados, inseridos bem abaixo e na cor castanho-escuro.

ORELHAS Longas, pendentes, próximas às bochechas, inseridas distantes uma da outra e bem para trás.

CABEÇA Bastante grande, crânio bem largo, vasto topete na cor pimenta ou mostarda, mandíbulas fortemente desenvolvidas e trufa nasal preta. Possui uma expressão comovedora e emotiva.

CARACTERÍSTICAS FACIAIS

TOPETE EXIGENTE DO DANDIE Uma escovação cuidadosa e regular é necessária para os cães de exposição e concursos, dando-se particular atenção ao topete.

BOA ALIMENTAÇÃO E EXERCÍCIOS

Para mantê-lo nas condições físicas ideais, o Dandie Dinmont precisará de caminhadas diárias e de uma dieta de controle de peso.

CORPO Peito profundo, dorso longo e forte, levemente arqueado na região do lombo.

PELAGEM Moderadamente longa em uma combinação de pêlos duros e sedosos. As cores são do preto ao cinza-claro ("pimenta") ou do marrom avermelhado ao fulvo ("mostarda").

CAUDA Bastante espessa na raiz e afinando para a extremidade. A parte de baixo é elegantemente emplumada. Curvada e portada acima do nível do corpo, porém perpendicular quando está em atividade.

PESO De 8 a 11 kg.

Fox Terriers

Estes são os clássicos terriers ingleses, cheios de energia, fortes e brigões. Especialistas divergem sobre qual das raças é a mais antiga, se a dos terriers de pêlo duro ou a dos terriers de pêlo liso, mas ambos possuem as mesmas características, exceto pela textura da pelagem.

HISTÓRIA

O Fox Terrier de pêlo duro foi originalmente desenvolvido para a caça da raposa no início do século XIX. Ele leva o sangue de vários terriers, incluindo o do Terrier preto e castanho de pêlo áspero, enquanto as variedades de pelagens mais sedosas descendem dos Terriers preto e castanho de pelagem lisa com uma mistura do sangue dos Beagles (*ver págs. 28-29*), do Bulldog (*ver págs. 122-123*) e do Greyhound (*ver págs. 44-45*).

Tanto o Fox Terrier de pêlo liso quanto o de pêlo duro foram exportados da Inglaterra para todo o mundo, e sua popularidade relativamente tem sido oscilante no decorrer dos anos. O Fox Terrier de pêlo duro ultrapassou o seu rival, alcançando seu pico de popularidade em 1920.

TEMPERAMENTO

Como um cão de companhia, o Fox Terrier é afetuoso e protetor, mas precisa de um manejo firme para que seu instinto de caçador seja devidamente domado.

FOX TERRIER DE PÊLO LISO O Fox Terrier de pêlo liso tem uma pelagem lisa e chata. Originalmente era um cão rateiro por excelência, tendo sido reconhecido como raça em 1860.

CORPO *Curto, dorso retilíneo, peito profundo levemente arqueado e lombo musculoso.*

PELAGEM *Pelagem externa densa e dura, com uma subpelagem mais fina. A cor é principalmente o branco. As marcações são pretas, pretas e castanho, ou castanho mas não rajado, vermelhas ou fígado.*

TAMANHO *Machos: até 39 cm; fêmeas: um pouco menores.*

PRONTIDÃO

Essa raça tem excelente equilíbrio, sempre pronta para entrar em ação.

PELAGEM SEMELHANTE À FIBRA

O Fox Terrier de pêlo duro às vezes é comparado à fibra do coco.

O FAVORITO DA FAMÍLIA

Este elegante cão é certamente o favorito da família.

CABEÇA Chata, crânio bastante estreito, o focinho vai adelgando-se em direção à trufa, e as bochechas jamais são cheias. Pescoço relativamente longo, musculoso e alargando-se na região do ombro.

CAUDA Reta e ereta, não curvada sobre o dorso e geralmente amputada.

ORELHAS Em forma de V, pequenas, dobradas para a frente e rentes às bochechas.

OLHOS Pequenos, redondos e de cor escura.

PERNAS De ossatura forte, retas e paralelas.

CARACTERÍSTICAS FACIAIS

O FOX TERRIER DE PÊLO DURO

Esse cão apareceu no circuito das competições em 1872. Atualmente, é mais popular que a variedade de pêlo liso.

PATAS Redondas, bem definidas, compactas e com dígitos moderadamente arqueados.

Jack Russell Terrier

O apelo essencial deste exuberante animal é a sua personalidade cheia de inteligência, entusiasmo e tenacidade. A maioria dos clubes de cães do mundo se recusa a aceitar o Jack Russell como uma raça oficial, mas alguns aficionados aprovam o fato de que suas excelentes e práticas qualidades não foram sacrificadas em benefício dos circuitos de exposições e concursos caninos. O único cão a ter visitado o Pólo Norte e o Pólo Sul foi um Jack Russell Terrier.

HISTÓRIA

O reverendo Jack Russell, da cidade de Devon, estabeleceu a raça no início do século XIX e também deu a ela o seu nome. O reverendo era um entusiasmado caçador de raposa e precisava de um cão mais ativo, com um espírito de luta aguçado o bastante para poder acompanhar os Hounds e ter a coragem necessária para encarar uma caça nas tocas e embaixo da terra.

Quando o Jack Russell não está em perseguição à raposa, geralmente fica bastante feliz em poder agir como um especialista em exterminar pequenos animais predadores.

TEMPERAMENTO

O Jack Russell Terrier é brincalhão, leal e pode ser um ótimo cão de guarda.

PELAGEM Existem dois tipos de pelagem: uma curta e lisa, e a outra mais longa e mais áspera. A cor é predominantemente branca com preto, castanho ou marcações em preto e castanho ou totalmente castanho.

CORPO Forte, dorso retilíneo, lombo levemente arqueado e peito mais profundo do que largo.

CAUDA Curta e portada ereta quando em movimento.

CÃO CORAJOSO Apesar de sua pequena estatura, o Jack Russell é um cão corajoso que desconhece o medo, a ponto de enfrentar cães bem maiores que ele.

ORELHAS *Em formato de V, pequenas e caídas para a frente.*

CABEÇA *Chata, crânio bastante alongado, focinho levemente se afinando em direção à trufa nasal e um stop bem definido, mas não pronunciado demais. A trufa nasal e os lábios são pretos.*

OLHOS *Marrom-escuros, em formato de amêndoa, com expressão ativa e esperta.*

CARACTERÍSTICAS FACIAIS

EXERCÍCIO FÍSICO É UMA PRIORIDADE Esta é uma raça dotada de muitas reservas de energia, mas está propensa a perder sua bela forma física se não praticar exercício físico com vigor.

PERNAS *Retas, com coxas musculosas.*

TAMANHO
Ideal: de 25 a 30 cm.

PATAS *Compactas, com os dígitos moderadamente arqueados.*

Kerry Blue Terrier

Às vezes denominado Terrier Azul Irlandês, ou Kerry Blue, é o cão nacional da República da Irlanda. De origem incerta, a ele também é atribuída uma relação com o consideravelmente grande Wolfhound Irlandês (*ver págs. 46-47*).

HISTÓRIA

Alguns acreditam que o Kerry Blue é simplesmente um cão nativo da Irlanda e que no século XVIII foi usado na Ilha Esmeralda como um cão de luta, de rebanho e de guarda. A partir de então, provavelmente recebeu uma contribuição dos sangues dos Dandie Dinmonts (*ver págs. 96-97*) e dos Bedlingtons Terriers (*ver págs. 88-89*). Os Kerry Blues fizeram sua primeira aparição na Inglaterra em 1922 e foram reconhecidos pelo Clube Kennel Americano dois anos mais tarde.

TEMPERAMENTO

Ele é um animal equilibrado, ativo e leal, embora com uma tendência à teimosia. Pode vir a ser um excelente cão de companhia, mas requer um manejo firme.

CABEÇA Longa e bem proporcionada em relação ao corpo. O crânio é chato com leve stop. A barba é cerrada, e o bigode, abundante.

MUDANÇA DE COR Ao nascerem, os Kerry Blues são pretos; sua pelagem geralmente muda para a cor azul-cinza da raça dentro de um período de 18 meses.

SEM TROCA DE PÊLO
O Kerry Blue é um cão muito limpo e não tem troca de pêlos.

ESCOVAÇÃO COMO PRIORIDADE
Nas exposições ou nos concursos, necessita de uma elaborada tosa e de uma excelente escovação.

OLHOS *Em tamanho médio e de cor escura.*

CAUDA *De tamanho médio, inserção alta, portadas eretas e geralmente amputadas.*

ORELHAS *Em forma de V, pendentes para a frente e rentes às bochechas.*

CARACTERÍSTICAS FACIAIS

PELAGEM *Muito espessa, lisa, sedosa e encaracolada. As cores são o azul-cinza, às vezes com áreas em pêlos mais escuros.*

PERNAS *De tamanho médio, os membros posteriores são vigorosos; os membros anteriores são retos.*

CORPO *Curto, peito profundo, bem arqueado, e dorso retilíneo.*

PATAS *Moderadamente pequenas, arredondadas e compactas, com unhas pretas.*

TAMANHO
Machos: de 46 a 48 cm; fêmeas: um pouco menores.

Manchester Terrier

Originalmente desenvolvido para o duplo propósito da caça ao coelho em espaço restrito e para eliminar ratos (cão rateiro), o Manchester Terrier era um cão de caça irritado e intrépido. Essas características foram eliminadas de modo gradual de sua linhagem, mas, felizmente, o sentido de alerta e vivacidade que lhe são tão peculiares foi mantido.

HISTÓRIA

Este é mais um entre os cães que têm entre os seus ancestrais o extinto Terrier preto e castanho. Um cão esperto e um poderoso rateiro, o Terrier preto e castanho foi cruzado com o Whippet (*ver págs. 52-53*) por um criador de Manchester no século XVIII, chamado Jonh Hulme, o que deu origem ao primeiro Manchester Terrier.
O sangue do West Highland White Terrier (*ver págs. 112-113*) pode ter sido introduzido posteriormente.

TEMPERAMENTO

Embora seja uma raça pouco popular, o Manchester Terrier tem admiradores devotados, entusiastas, e é, sem dúvida, um cão de companhia ativo, belo e afetuoso.

RELAÇÃO COM O DOBERMAN

Considerando-se as similaridades nas texturas de ambas as pelagens, é muito provável que o Manchester Terrier tenha participado na formação do Doberman.

CAUDA *Moderadamente curta e afinando-se para a extremidade, portada abaixo da linha dorsal.*

MARCAÇÕES CORRETAS As marcações do Manchester Terrier nas cores preto retinto e mogno são claramente definidas nas exposições e nos concursos de cães, o que não ocorre com o castanho presente na parte externa dos membros posteriores.

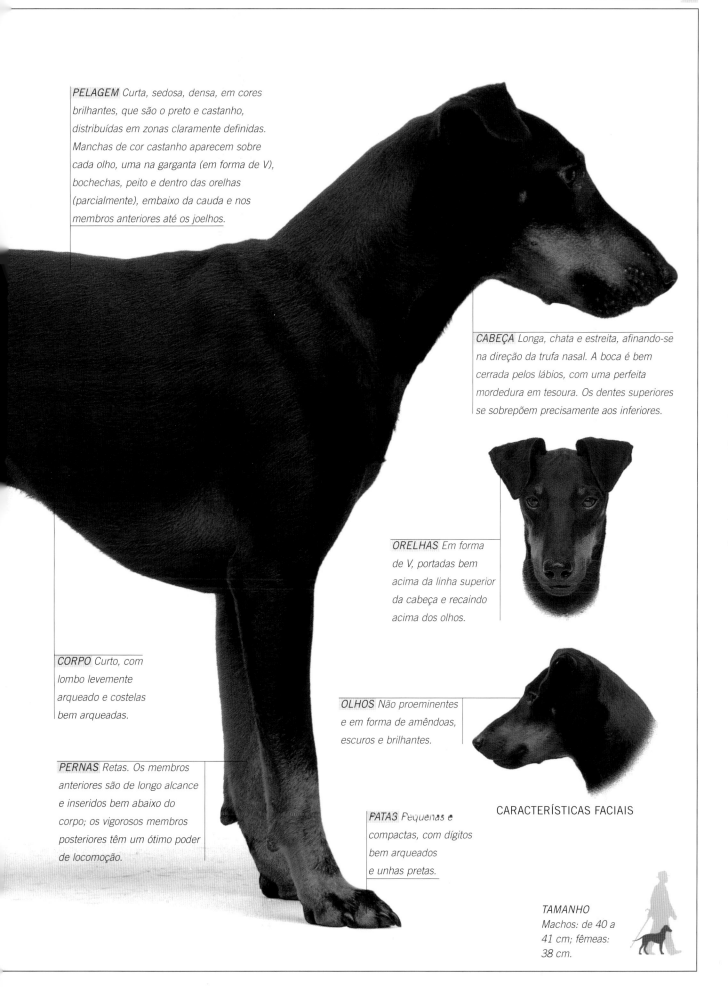

PELAGEM Curta, sedosa, densa, em cores brilhantes, que são o preto e castanho, distribuídas em zonas claramente definidas. Manchas de cor castanho aparecem sobre cada olho, uma na garganta (em forma de V), bochechas, peito e dentro das orelhas (parcialmente), embaixo da cauda e nos membros anteriores até os joelhos.

CABEÇA Longa, chata e estreita, afinando-se na direção da trufa nasal. A boca é bem cerrada pelos lábios, com uma perfeita mordedura em tesoura. Os dentes superiores se sobrepõem precisamente aos inferiores.

ORELHAS Em forma de V, portadas bem acima da linha superior da cabeça e recaindo acima dos olhos.

CORPO Curto, com lombo levemente arqueado e costelas bem arqueadas.

OLHOS Não proeminentes e em forma de amêndoas, escuros e brilhantes.

PERNAS Retas. Os membros anteriores são de longo alcance e inseridos bem abaixo do corpo; os vigorosos membros posteriores têm um ótimo poder de locomoção.

PATAS Pequenas e compactas, com dígitos bem arqueados e unhas pretas.

CARACTERÍSTICAS FACIAIS

TAMANHO
Machos: de 40 a 41 cm; fêmeas: 38 cm.

Norwich Terrier

Os terriers de Norfolk e Norwich foram
as contribuições da Ânglia do Leste para
a variedade de terriers britânicos. Dois cães
muito parecidos, a não ser pelas orelhas, eles
foram reconhecidos recentemente como
duas raças distintas pelo Clube Kennel
dos Estados Unidos e da Grã-Bretanha.

HISTÓRIA

A linhagem do Norwich Terrier é incerta, porém é provável
que a raça contenha em sua árvore genealógica o sangue de
outros cães, como o Border (*ver págs. 90-91*), o Cairn
(*ver págs. 94-95*) e o Terrier irlandês. Desenvolvido para caçar
animais predadores, nocivos à vida no campo, ele se tornou
muito popular no meio estudantil da Universidade de
Cambridge na Era Vitoriana e, conseqüentemente, era chamado
de Cantab Terrier (aquele que é de Cambridge ou estudante da
referida universidade). Após a Primeira Guerra Mundial, a raça
cruzou o Atlântico e tornou-se conhecido como Jones Terrier,
uma homenagem a Frank Jones, um dos primeiros
e importantes criadores.

O Terrier de Norwick foi reconhecido pela primeira vez em
1932, no Reino Unido, sendo aceitas as duas variedades: os de
orelhas eretas e os de orelhas caídas. Entretanto, em 1965, a versão
de orelha caída foi renomeada como Norfolk Terrier (*ver abaixo*).
Nos Estados Unidos, as duas raças foram separadamente
reconhecidas em 1979.

TEMPERAMENTO

Estes dois Terriers de Ânglia do Leste são corajosos, espertos, leais,
não criam problemas e são cães de companhia ideais.

CORPO Curto e
compacto, com
dorso retilíneo.

PATAS Redondas,
com almofadas
plantares espessas.

TAMANHO
De 25 a 26 cm.

NORFOLK TERRIER Diferente do Norwich, as
orelhas do Norfolk são de tamanho médio, em
forma de V e levemente arredondadas nas pontas..

CABEÇA Crânio largo e ligeiramente arredondado, com stop bem definido e com a cana nasal cuneiforme. Os bigodes e as sobrancelhas são bem pronunciados. O pescoço é forte.

MARCAS DAS BATALHAS

Padrões da raça americanos e britânicos permitem que esse destemido cão tenha "as cicatrizes de honra inerentes à sua vida de lutas e aos desgastes do dia-a-dia".

PELAGEM Dura, de arame, lisa, assentada, longa e áspera no pescoço e ombros, curta e macia no crânio. As cores são o preto e o castanho, cor de trigo, o grisalho, ou nos tons de vermelho, preferencialmente sem quaisquer marcações em branco.

ORELHAS De inserção bem afastadas entre si, eretas e pontiagudas.

CAUDA Amputada ou afinando-se para a extremidade, portada elegantemente, ou amputada à metade de seu tamanho original e portada ereta.

OLHOS Em forma ovóide, pequenos e de cor escura.

CARACTERÍSTICAS FACIAIS

PERNAS Curtas, sólidas e musculosas.

POUCOS CUIDADOS

Este é um animal ideal como cão de companhia, por ter um pêlo rente, não se sujar nem precisar de tosa, a não ser do mínimo de escovação necessário para mantê-lo bem cuidado.

Sealyham Terrier

O Sealyham Terrier, com sua magnífica barba, foi desenvolvido para acompanhar os sabujos em perseguição à lontra, ao texugo e à raposa. Portanto era necessário que tivesse energia, pernas ágeis, combatividade para seguir sua presa nas tocas subterrâneas e, sobretudo, determinação e resistência para lutar até o fim.

HISTÓRIA

O Sealyham foi desenvolvido entre 1850 e 1891 mediante um programa especial de cruzamentos seletivos reaiizados por uma única pessoa, o capitão John Edwardes, de Sealyham, em uma propriedade rural em Gales, sem, porém, deixar registro algum de seu trabalho. Entretanto, é bastante provável que tenha usado o Bull Terrier (*ver págs. 92-93*), o West Highland White Terrier (*ver págs. 112-113*), o Dandie Dinmont (*ver págs. 96-97*) e talvez o Pembroke Corgi (*ver págs. 192-193*). A primeira aparição do Sealyham deu-se em 1903, em sua terra natal, na cidade de Haverfordwest, em Gales. A raça foi reconhecida pelo Clube Kennel do Estados Unidos e da Grã-Bretanha em 1911, e o Clube Americano do Sealyham Terrier foi fundado em 1913, cinco anos após a fundação do clube inglês correlativo da raça.

TEMPERAMENTO

Um típico terrier com bastante coragem, além de companheiro afetuoso.

PELAGEM Longa, dura, pelagem externa de arame que recobre uma subpelagem resistente às intempéries, macia e densa. As cores são o branco, ou branco com limão, com marcações em castor ou marrom na cabeça ou nas orelhas.

CORPO De tamanho médio, forte e com dorso retilíneo. Peito profundo e largo.

PERNAS Membros anteriores fortes e retos; membros posteriores mais longos e de ossatura mais leve.

TAMANHO Altura máxima de 31 cm.

AMIGO PELUDO
Um cão de barbas, corajoso, autêntico e amigo.

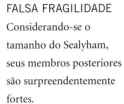

FALSA FRAGILIDADE
Considerando-se o tamanho do Sealyham, seus membros posteriores são surpreendentemente fortes.

OLHEM PARA MIM!
Um animal cheio de vivacidade, muito bem proporcionado e em uma pose bem particular, o Sealyham Terrier tem todos os atributos de um verdadeiro artista.

CABEÇA Longa, grande e forte, com trufa nasal preta, mandíbula quadrada, e pescoço grosso e musculoso.

CAUDA Portada ereta, geralmente amputada.

ORELHAS De tamanho médio, com as orlas arredondadas, dobradas em nível com o topo da cabeça, com as bordas da frente rentes às bochechas.

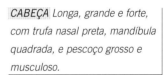

OLHOS Arredondados e muito escuros, de inserção profunda e bastante separados um do outro.

CARACTERÍSTICAS FACIAIS

PATAS Grandes, compactas e redondas, com dígitos bem arqueados apontados para a frente.

Soft-Coated Wheaten Terrier

Embora seja um dos terriers mais antigos, nativos
da Irlanda, atualmente tem maior número nos Estados
Unidos. Seu nome deriva diretamente de sua pelagem,
a cor do trigo maduro.

HISTÓRIA

Acredita-se que, em sua árvore genealógica, os Terriers preto
e castanho, o irlandês e o Kerry Blue estejam presentes (*ver págs.
102-103*). Originalmente ele era um terrier utilizado no trabalho
na fazenda, adestrado para o arrebanho de gado, ou como cão
de guarda e caçador de texugos, ratos, coelhos e até mesmo
de lontras. Na década de 30, a quantidade desses cães diminuiu
alarmantemente, porém uma criação cuidadosa assegurou sua
segurança. O Soft-Coated Wheaten Terrier foi reconhecido
pelo Clube Kennel Inglês em 1943 e apesar
de ter cruzado o Atlântico, em 1946, só foi
oficialmente reconhecido pelo Clube Kennel
Americano em 1973.

TEMPERAMENTO

Dono de uma personalidade inteligente
e alegre, é também um excelente cão de
companhia que adora exercícios ao ar livre.

IRLANDÊS DA GEMA Como não poderia deixar de ser,
o Soft-Coated Wheaten fez sua primeira aparição no dia de Saint
Patrick, santo padroeiro da Irlanda, em Dublin, no ano de 1937.

*CABEÇA De tamanho médio, a extremidade
do crânio é chata, com stop marcado. O focinho
tem formato quadrado, a trufa nasal é grande
e preta, o pescoço, forte e musculoso.*

*PATAS Fortes, compactas,
com unhas pretas. Os
dígitos rudimentares nas
patas posteriores podem
ser removidos.*

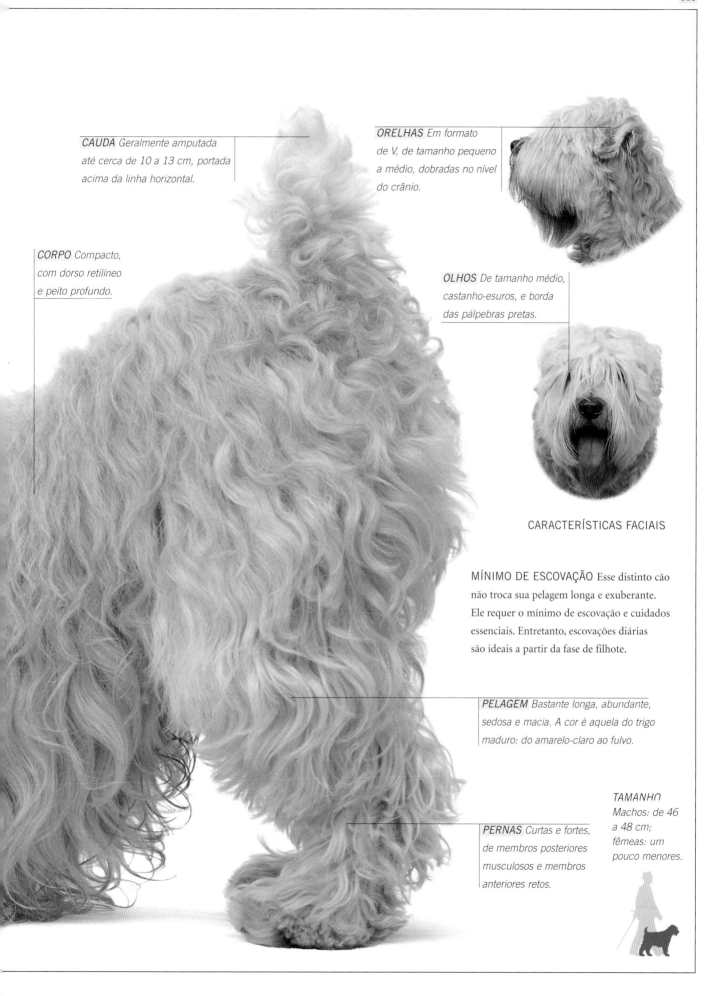

CAUDA *Geralmente amputada até cerca de 10 a 13 cm, portada acima da linha horizontal.*

ORELHAS *Em formato de V, de tamanho pequeno a médio, dobradas no nível do crânio.*

CORPO *Compacto, com dorso retilíneo e peito profundo.*

OLHOS *De tamanho médio, castanho-esuros, e borda das pálpebras pretas.*

CARACTERÍSTICAS FACIAIS

MÍNIMO DE ESCOVAÇÃO Esse distinto cão não troca sua pelagem longa e exuberante. Ele requer o mínimo de escovação e cuidados essenciais. Entretanto, escovações diárias são ideais a partir da fase de filhote.

PELAGEM *Bastante longa, abundante, sedosa e macia. A cor é aquela do trigo maduro: do amarelo-claro ao fulvo.*

TAMANHO *Machos: de 46 a 48 cm; fêmeas: um pouco menores.*

PERNAS *Curtas e fortes, de membros posteriores musculosos e membros anteriores retos.*

West Highland White Terrier

Considerado por todos os seus aficionados como um dos cães mais atraentes dos terriers escoceses, este é também um cão audacioso e tenaz. Ele precisa de um manejo firme e bastante atenção por parte de seus donos.

HISTÓRIA

Criado para caçar lontras e animais predadores, tem os mesmos ancestrais dos terriers, como o escocês (*ver abaixo*), o Cairn (*ver págs. 94-95*) e o Dandie Dinmont (*ver págs. 96-97*). O cruzamento seletivo de todos os cães brancos, no século XIX, estabeleceu os padrões característicos que conhecemos hoje. O "Westie" também já foi chamado de Poltalloch Terrier e de Roseneath Terrier, este último, uma alusão à propriedade rural em Dumbartonshire do duque de Argyll, um famoso aficionado da raça.

TEMPERAMENTO

O Westie tem uma personalidade afetuosa, confiante e atrevida. Embora de pequeno porte, é corajoso e está sempre alerta, o que o torna um bom cão de guarda.

CAUDA *Cerca de 13 a 15 cm de tamanho, reta sem plumagem, portada elegantemente, mas sem ser empinada ou curvada sobre o dorso.*

PELAGEM *Pelagem externa áspera e lisa que cobre uma subpelagem curta e macia. A cor é o branco puro.*

PERNAS *Curtas e musculosas.*

CORPO *Compacto e forte, com peito profundo e dorso retilíneo.*

TERRIER ESCOCÊS O Terrier escocês já foi conhecido por muitos nomes, tais como West Highland e Aberdeen, talvez pelo seu velho e confuso passado celta. O cão que conhecemos hoje foi desenvolvido no final do século XIX.

SEM ODOR O Westie requer escovação regular por soltar pêlos quase que continuamente, precisando também aparar muito pouco os pêlos para fins de exposições e concursos. Por outro lado, eles têm uma pele seca, sem o característico "cheiro de cachorro".

CAÇADOR VÍSIVEL Uma das razões para a criação seletiva do Westie é a sua pelagem de um branco puro, que o distingue entre as folhagens escuras, o que facilita localizá-lo durante a caçada.

ORELHAS Pequenas, eretas, pontiagudas e revestidas por pêlos sedosos.

CABEÇA Com pêlos bastante espessos, portada no ângulo certo ou inferior ao pescoço. O crânio é levemente arredondado, com stop moderado, bem posicionado e sobrancelhas abundantes. A trufa nasal é preta e grande.

OLHOS De tamanho médio, aguçados, o mais escuro possível, inseridos bem distantes um do outro.

PATAS Redondas, as anteriores são maiores que as posteriores, cobertas por pêlo duro e áspero, almofadas plantares espessas e unhas preferencialmente pretas.

CARACTERÍSTICAS FACIAIS

TAMANHO
Cerca de 28 cm.

Terrier Brasileiro

Conhecida também como Fox Paulistinha, essa raça une energia e agilidade a uma grande capacidade de aprendizado. Um cão inteligente precisa ser bem adestrado para saber quem manda, mas, ensinado, torna-se um ótimo cão de companhia, de guarda e até mesmo um caçador de pequenos animais.

HISTÓRIA

No século XIX e início do século XX houve um grande trânsito de jovens brasileiros que foram completar seus estudos na Europa. No retorno ao Brasil, muitos desses jovens, já com família formada, traziam na bagagem um cão do tipo Terrier. Dos cruzamentos ocorridos entre esses exemplares europeus e os cães de fazenda brasileiros surgiu o Terrier Brasileiro. O padrão da raça foi se fixando em poucas gerações. Com a migração das elites agrícolas para a cidade, o pequeno cão sofreu uma nova mudança de ambiente, adaptando-se à vida citadina.

CABEÇA De forma triangular, mais larga na base, com orelhas bem afastadas, estreita-se bastante dos olhos à trufa. De perfil, tem a linha superior levemente ascendente da ponta da trufa ao stop, em especial entre os olhos. Arqueia-se, então, até o osso occipital.

TEMPERAMENTO

Alerta, ativo e esperto, muitas vezes é tido como um cão incansável. Costuma ser amigável e gentil com amigos e desconfiado com estranhos. É um cão facilmente adestrável, sendo usado em apresentações caninas com freqüência.

CORPO Corpo de aparência quadrada, bem equilibrada, com estrutura firme, mas não muito pesada.

COR Fundo predominantemente branco, com marcações pretas, azuis ou castanhas. Sempre deve ter marcações castanhas acima dos olhos, no focinho e nas bordas das orelhas.

OLHOS *Bem separados, direcionados para a frente, arredondados, vivos e com uma expressão inteligente. Tão escuros quanto possível. Na variedade azul, os olhos são cinza-azulados. A variedade marrom apresenta olhos marrons, verdes ou azuis.*

CAUDA *Tem inserção baixa, cortada entre a segunda e a terceira vértebras caudais.*

ORELHAS *Em formato de V, pequenas e caídas para a frente.*

CARACTERÍSTICAS FACIAIS

PERNAS *Anteriores: retos, moderadamente afastados, mas alinhados com os posteriores. Posteriores: bem musculosos, coxas bem desenvolvidas.*

PELAGEM *O pêlo deve ser curto, liso, fino (sem ser macio). Não se deve ver pele através do pêlo.*

TAMANHO
*Machos. de 35 a 40 cm
Fêmeas: de 33 a 38 cm*

PATAS *Compactas, os dois dedos do meio são mais longos. As traseiras são mais longas do que as dianteiras.*

Cães de Utilidade

Embora componham um grupo variado, de certa forma esquecido quando comparado a outros grupos tão bem divididos em suas funções e atividades, esses cães não são menos importantes. O grupo abrange de muitas maneiras os mais interessantes e extraordinários cães. Todos foram seletivamente criados para um propósito estético ou para uma função específica. Alguns desses animais figuram entre as raças mais antigas de que se tem registro.

OCUPAÇÕES INCOMUNS

Um bom exemplo de atuação prática, porém incomum de um cão, é o caso do Dálmata: descendente de algum tipo de cruzamento do Pointer, tinha a função de correr acompanhando as carruagens e, desse modo, afugentar os salteadores das estradas. O Chow Chow, por sua vez, criado inicialmente na Mongólia há 3 mil anos para ser usado na guerra, foi mais tarde desenvolvido na China e nos países vizinhos como uma fonte de carne e pele.

RAÇAS DE DISTINÇÃO

O Poodle, hoje considerado um animal de utilidade e um elegante cão de companhia, descendeu do Pudel, um cão alemão de aponte que buscava a caça na água e a entregava ao caçador. Um dos mais famosos e talvez o mais britânico desse grupo é o Bulldog, um animal atraente e surpreendentemente equilibrado que teve um longo histórico de exploração feita pelo homem nas práticas bárbaras, como as do *bull-baiting*, que remontam ao século XVI, atividade esportiva em que esses animais lutavam contra touros às vezes até a morte.

Uma das raças mais recentemente desenvolvidas é o Terrier de Boston, que pertence a uma das poucas raças oriundas dos Estados Unidos e que teve seu início na metade do século XIX.

CÃES CAMPEÕES

Os cães de utilidade não podem ser considerados um grupo secundário entre as outras raças. Quatro deles – o Shih Tzu, o Lhasa Apso, o Schnauzer miniatura e o Dálmata – estiveram entre os vinte cães mais populares no Reino Unido em 2001. De igual modo, o Terrier de Boston, o Bulldog, o Keeshond e o Poodle, todos cães de utilidade, são os cães de orgulho nacional dos Estados Unidos, da Grã-Bretanha, da Holanda e da França respectivamente.

ANIMAIS FAMOSOS

Entre os donos ilustres dos cães de utilidade, figuram Sigmund Freud, que tinha um Chow chamado Jo-Fi; John Steinbeck, que possuía um Poodle de nome Charley; e Eugene O'Neill, cujo Dálmata se chama Blemie.

POODLE (acima e à direita)
Os Poodles já foram bem grandes (Poodles padrão), usados como cães de busca para trazer as aves abatidas e caídas na água. Atualmente, como os Poodles toy e os em miniatura são mais comumente vistos, o Poodle se aposentou do trabalho para tornar-se um animal de estimação divertido, equilibrado e inteligente.

BULLDOG (abaixo e à direita)
Há séculos o Bulldog foi um cão lutador tenaz e heróico, colocado para lutar em arenas contra touros, texugos e, às vezes, ursos e outros cães. Felizmente, essa prática foi esquecida, e, atualmente, vemos Bulldogs afetuosos, leais e donos de um temperamento doce e amigo.

BOSTON TERRIER (à esquerda)
Atualmente, um cão de utilidade que não se destina à caça, mas que no passado foi usado como cão rateiro. Filho nativo da Nova Inglaterra, ele é bonito, forte, divertido, elegante e um ótimo cão de companhia.

Akita

Membro da família dos Spitz, o Akita é uma raça atlética e forte, cujo nome é derivado da província japonesa de Akita, na ilha de Honshu. Em sua terra natal, o Akita foi usado inicialmente como cão de guarda e policial, mas também se tornou um animal de companhia bastante popular em todo o mundo.

CABEÇA Grande e larga, com um stop bem definido. O focinho é obtuso, a trufa nasal e os lábios são pretos.

HISTÓRIA

O Akita é o maior dos três tipos de cão Spitz do Japão, e essa raça permaneceu praticamente inalterada por mais de trezentos anos. Reconhecido no passado como um cão caçador de javali e até mesmo de urso, por centenas de anos, o Akita também foi conhecido por seu êxito como cão de rinha para lutar com outros cães, prática considerada ilegal no Japão. A devoção à raça é lendária – na estação de Shibuya, em Tóquio, há uma estátua em homenagem ao cão chamado Hachiko pelos nove anos que permaneceu, no referido lugar, em vigílias diárias à espera de seu dono que morrera.

PELAGEM Áspera, com pelagem externa de pêlos arrepiados e subpelagem macia e densa. Cores vermelho-fulvo, sésamo (pêlos vermelhos com as pontas pretas), tigrado e branco. Exceto o branco, obviamente, todos devem apresentar o "urajiro" (pelagem esbranquiçada nas laterais do focinho sob o queixo, pescoço e ventre, na face inferior da cauda e na face interna dos membros).

TEMPERAMENTO

Renomado por sua força e coragem, o Akita é afetuoso, leal e fácil de ser treinado.

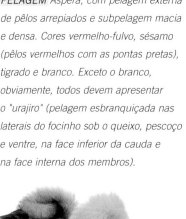

GRANDE CAÇADOR

Hábil como cão de caça e de busca, principalmente na neve e na água.

ORELHAS *Bem eretas, triangulares e pequenas, com as pontas levemente arredondadas.*

CAUDA *Espessa, de inserção alta, portada arqueada sobre o dorso.*

CORPO *Bem musculoso, alongado, com peito largo, profundo, dorso retilíneo e ombros vigorosos.*

OLHOS *Na cor marrom, ovóides, com as bordas das pálpebras escuras.*

CARACTERÍSTICAS FACIAIS

PRESTÍGIO

A raça é muito bem conceituada em sua terra natal. Desde 1931, o governo japonês declarou oficialmente os Akitas campeões como tesouros nacionais.

PERNAS *Membros posteriores com coxas musculosas; membros anteriores de boa ossatura, retos quando vistos de frente.*

PATAS *Espessas, compactas, com almofadas plantares duras.*

TAMANHO *Machos: 67 cm; fêmeas: 61 cm (tolerância de cerca de 3 cm).*

Terrier de Boston

Ativo, inteligente e corajoso, uma das
poucas raças desenvolvidas nos Estados
Unidos, é um excelente cão de companhia
e requer poucos cuidados especiais.

HISTÓRIA

O Terrier de Boston foi criado como um cão
de briga em rinhas. Uma prática que
acontecia, inicialmente, em Boston no século
XIX. Os primeiros Terriers de Boston foram
produzidos a partir do cruzamento de
Bulldogs (*ver págs. 122-123*), embora mais
tarde tenham sido substancialmente
modificados pela prática de cruzamentos
seletivos entre aparentados (endogamia)
e também pelo cruzamento com Bulldogs
franceses (*ver pág. 123*). Em 1891 o Clube
Americano do Bull Terrier em Boston
candidatou-se ao reconhecimento da raça,
que foi prontamente recusado até que o
nome "Bull Terrier" fosse alterado. A partir
do conhecimento do Clube
Americano do Terrier de Boston, em
1893, a raça se tornou uma das mais
populares nos Estados Unidos tanto
como cão de exposição quanto de
companhia.

TEMPERAMENTO

Inteligente, impetuoso e afetivo,
sem nenhuma sombra das
tendências à agressividade
de seus ancestrais.

NASCIMENTO DIFÍCIL

A maioria nasce de cesariana por
causa da estrutura da cabeça.
Esse tipo de intervenção tem um
custo elevado e faz com que a
reprodução se limite apenas
àqueles exemplares que melhor
se enquadram a ela.

PELAGEM *Macia e brilhante,
composta de pêlos curtos e finos.
A cor é referencialmente o rajado
com marcações brancas.*

QUESTÃO DE PESO

Existem três categorias de peso reconhecidas do Terrier
de Boston: peso leve, abaixo de 6,8 kg; peso médio,
de 6,8 a 9,1 kg; e peso pesado, de 9,1 a 11,4 kg.

CABEÇA *Proporcional ao tamanho do cão, quadrada, chata no alto da cabeça e com focinho curto. Os lábios cobrem completamente os dentes quando a boca está fechada.*

ORELHAS *Finas e eretas, inseridas bem no canto do crânio.*

OLHOS *Grandes, escuros, bem separados e redondos, com uma expressão inteligente de quem está sempre alerta.*

CARACTERÍSTICAS FACIAIS

CAUDA *Curta, de inserção baixa, reta ou em formato de saca-rolhas, sempre portada abaixo da horizontal.*

CORPO *Musculoso, compacto, com peito largo e profundo, dorso curto e garupa um pouco arredondada e recurvando-se ligeiramente.*

PERNAS *Coxas bem musculosas, membros posteriores fortes e anteriores retos.*

CIDADÃO DE BOSTON O ancestral dessa elegante raça atendia pelo nome de Hooper's Judge. O primeiro Terrier de Boston foi o resultado do cruzamento entre o Bulldog e o Terrier inglês.

PATAS *Compactas e arredondadas, com dígitos claramente arqueados.*

PESO Não deve exceder a 11,4 kg.

Bulldog

Apesar da aparência terrível, de quem
impõe medo, o Bulldog é uma
criatura gentil, afetuosa e leal.
Essas qualidades, aliadas à sua
coragem e obstinação, levaram
os ingleses a adotá-lo como o cão
nacional, bem como a preservar
a raça mesmo após a proibição
das rinhas de cães (*bull-baiting*).

HISTÓRIA

A prática que consistia em atiçar os cães para
atacar os touros, para fins de entretenimento
público, tinha se estabelecido na Inglaterra
havia mais de 600 anos antes de ser finalmente
declarada ilegal em 1835. Até meados do
século XVII, os cães usados nesse esporte
haviam sido denominados Bulldogs, tinham
pernas maiores e eram certamente mais
agressivos que a raça que conhecemos
na atualidade. É provável que essa
característica venha a refletir a linhagem
do Bulldog pelo fato de terem sido
provavelmente derivados de um cão do tipo
Mastiff (*ver págs. 160-161*) introduzido na
Grã-Bretanha pelos fenícios no século VI a.C.

TEMPERAMENTO

O Bulldog de hoje, bem diferente
de seus antepassados, é um animal
afetuoso, confiável e gentil,
especialmente com as crianças,
porém reconhecido
por sua coragem
e por ser excelente
cão de guarda.

DIFERENÇAS NOS GRUPOS
O Bulldog é classificado como um cão de utilidade
no Reino Unido, não lhe sendo atribuída a classificação
de cão de aponte nos Estados Unidos e na Austrália.

OLHOS Bem escuros, redondos,
inseridos distantes um do outro
e bem posicionados no crânio.

CORPO Cheio, mas
estreito na região
da garupa. Os ombros
são largos e levemente
arqueados, o peito é
amplo e cilíndrico.

CABEÇA Grande, larga e quadrada. As bochechas são bem arredondadas com dobras e rugas. Os lábios superiores recobrem as mandíbulas inferiores particularmente nos lados e se junta ao lábio inferior na frente, cobrindo completamente os dentes.

PELAGEM Fina, curta e macia. As cores são o rajado, o branco, o vermelho e o castanho-claro, alguns com máscara preta ou trufa nasal preta. Também malhado, com áreas brancas em qualquer uma das cores.

CAUDA De tamanho médio, arredondada e afinando-se, projeta-se reta para fora, mas depois dobra-se para baixo.

ORELHAS Pequenas, finas, de inserção alta e bem separadas. A orelha em formato de rosa expõe a cor rosa da parte interior.

CARACTERÍSTICAS FACIAIS

O BULLDOG FRANCÊS Provavelmente derivado, em parte, de exemplares menores do Bulldog inglês, o Bulldog francês é um cãozinho musculoso, ativo, de natureza afetuosa e confiável.

ATAQUE DIRETO Esse pugilista do mundo canino ganhou um lugar especial no coração dos ingleses sobretudo por sua coragem; ele rejeitaria qualquer ataque cuja abordagem não fosse a frontal.

PERNAS Retas e musculosas; membros posteriores mais longos que os anteriores.

PATAS Compactas e redondas, com as patas anteriores levemente viradas para fora. Os dígitos são bastante espaçados.

PESO
Machos: 25 kg;
fêmeas: 27,7 kg.

Chow Chow

O Chow Chow é um cão exótico, tem duas características anatômicas únicas – a boca e a língua na cor violeta escura e um andar pomposo, cheio de estilo, que se explica pela ausência de angulação dos membros posteriores.

HISTÓRIA

Também conhecido como Cão Tártaro, Cão dos Bárbaros e Spitz Chinês, o Chow Chow provavelmente se originou na Mongólia, tendo sido considerado nos primórdios da história o guardião dos templos contra as influências dos espíritos malignos. Posteriormente, após sua introdução na China, tornou-se bem mais um cão de guarda contra invasores do que contra as forças do mal, além de um cão de caça de imperadores e aristocratas. Mais tarde, a raça tornou-se infelizmente uma fonte de alimento pelo fato de sua carne ser considerada uma iguaria fina em muitas partes da Ásia, assim como a pele que servia como vestuário. A pelagem do Chow Chow pode ser áspera ou macia. Entretanto, a pelagem áspera é mais comum e apresenta uma juba bem definida em volta do pescoço e na parte de trás das coxas (culotes). No geral, apresenta pêlos abundantes, espessos e densos, que sobressaem no corpo.

TEMPERAMENTO

Bastante independente e de natureza calma, o que muitas vezes contrasta com suas características de lealdade e afeição que demonstra ao seu dono.

TAMANHO
Machos: de 48 a
56 cm; fêmeas:
de 46 a 51 cm.

PELAGEM Densa e abundante. As cores são o preto, o azul, o creme, o branco, o vermelho ou o castanho-claro. Geralmente apresenta nuanças mais claras no dorso e nas coxas e embaixo da cauda.

CÃO URSO
Na China, a aparência do Chow Chow deu-lhe o nome de *hsiung kon*, que significa "cão urso".

CAUDA De inserção alta e arqueando-se sobre o dorso.

PERNAS Membros posteriores musculosos e quase retos; membros anteriores longos e de boa ossatura.

AS APARÊNCIAS ENGANAM
Com sua juba de leão, a cabeça mais parecida à de um urso e a expressão carrancuda, tem-se a impressão de que o Chow Chow é uma criatura aterradora, porém é pouco provável que ataque alguém, a menos que seja provocado.

ORELHAS Pequenas e espessas, inseridas de maneira ereta e bem separadas uma da outra.

OLHOS Amendoados, pequenos e geralmente escuros.

CARACTERÍSTICAS FACIAIS

CABEÇA Grande, com a extremidade mais alta do crânio achatada, e o stop, pequeno. O focinho é largo e quadrado, a boca e a língua na cor violeta escura ou preta.

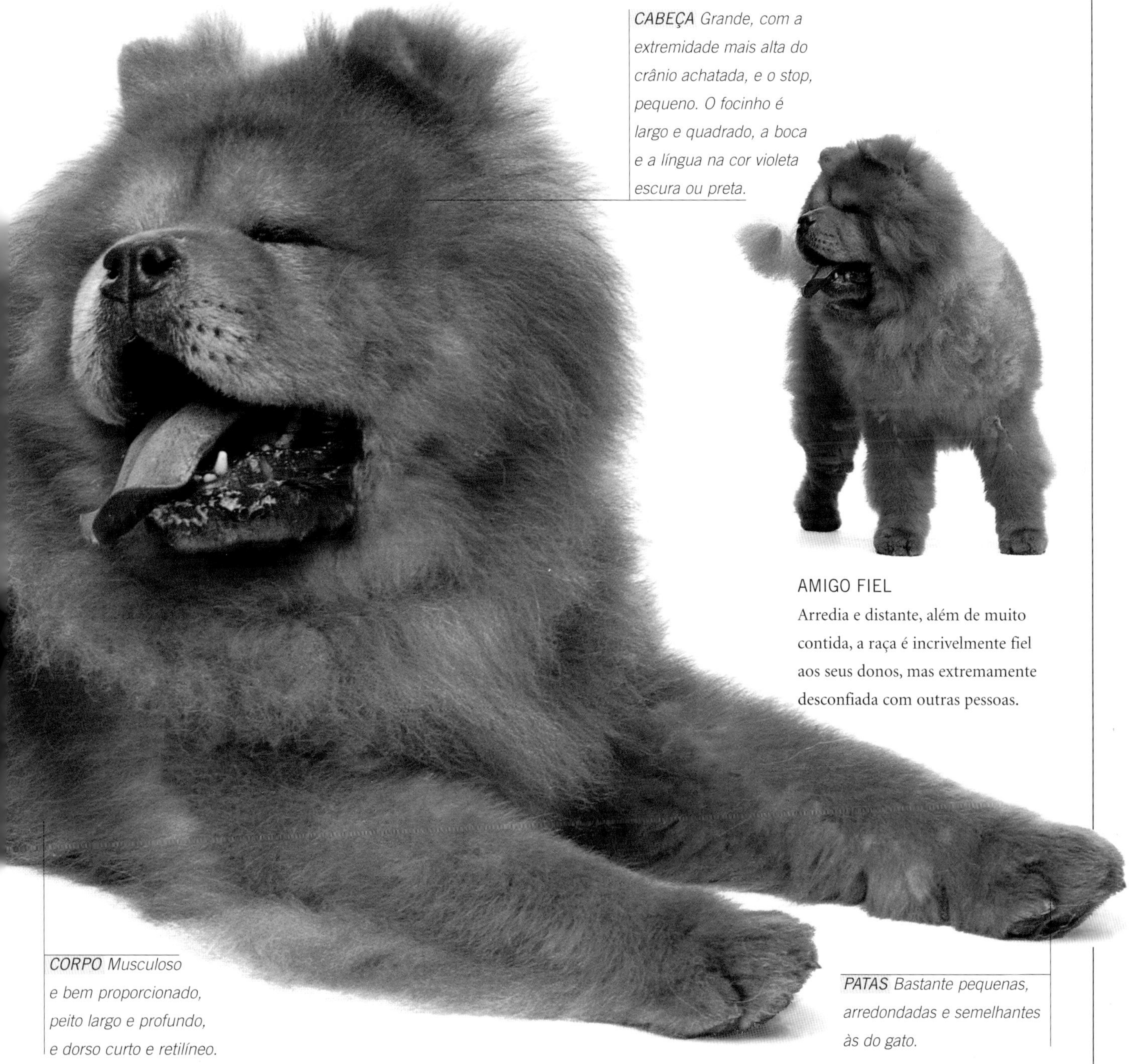

AMIGO FIEL

Arredia e distante, além de muito contida, a raça é incrivelmente fiel aos seus donos, mas extremamente desconfiada com outras pessoas.

CORPO Musculoso e bem proporcionado, peito largo e profundo, e dorso curto e retilíneo.

PATAS Bastante pequenas, arredondadas e semelhantes às do gato.

Dálmata

Com sua pelagem de fundo branco, cheia de manchas em forma de moedas pretas que lhe dão um maravilhoso efeito decorativo, o Dálmata é uma das raças mais elegantes e que desperta admiração. Na Europa do século XIX e, em particular, na Grã-Bretanha, ele trotava lado a lado com as carruagens supostamente para proteger os passageiros dos saqueadores das estradas.

CABEÇA *Sem rugas, crânio longo, com topo achatado e stop moderado. O focinho é longo e vigoroso.*

HISTÓRIA

Embora o Dálmata sempre tenha sido considerado um cão inglês, sua história permanece como tema de muitos debates. Alguns afirmam que sua história se iniciou no norte da Índia e que a raça chegou à Europa por meio das viagens nas caravanas dos ciganos na Idade Média, via Dalmácia e Iugoslávia, de onde surgiu o seu nome. Outros, entretanto, declaram que sua origem poderia vir do Egito ou da Grécia. Também é conhecido como o cão do corpo de bombeiros nos Estados Unidos, pelo fato de ter sido usado, em 1800, para puxar e colocar em ordem os carros de bombeiros junto com os cavalos. Exceto pelas manchas, o Dálmata assemelha-se ao Pointer (*ver págs. 56-57*), estando provavelmente relacionados.

PELAGEM *Brilhante, com pêlos finos, de cor branca com manchas pretas ou marrons.*

TEMPERAMENTO

Ativo, extrovertido, inteligente, amigo e favorito das crianças, o Dálmata aprecia exercícios regulares por ter muita energia.

DE CINEMA

O desenho animado de Walt Disney de 1961, *Os 101 Dálmatas*, bem como a versão seguinte, *Os 102 Dálmatas*, de 2000, contribuíram para a continuidade da popularidade da raça.

PERFEIÇÃO FÍSICA A raça tem uma constituição física muito bem proporcionada.

MUDANÇAS COM A IDADE Diferentes dos leopardos, os Dálmatas passam por mudanças quanto às manchas. Ao nascerem, são completamente brancos, na fase de filhotes começam a surgir discretas manchas que vão se tornando mais escuras e distintas à medida que envelhecem.

OLHOS De formato redondo, na cor preta se as manchas da pelagem forem pretas, e âmbar se as manchas forem marrons. As bordas das pálpebras são escuras e sempre combinam com as manchas da pelagem.

ORELHAS De inserção alta, portadas contra a cabeça.

CORPO Peito profundo, mas não tão amplo, lombo bem musculoso.

CARACTERÍSTICAS FACIAIS

PERNAS Coxas bem desenvolvidas; membros posteriores arredondados e anteriores retos.

CAUDA Levemente curvada e longa. Deverá ser idealmente manchada.

PATAS Redondas e compactas, com dígitos arqueados. As unhas são brancas ou combinam com a cor das manchas.

TAMANHO Machos: de 58,4 a 61 cm; fêmeas: de 55,9 a 58,4 cm.

Keeshond

O nome desta raça do tipo Spitz poderia ser derivado de Jan Kees, um nome holandês bastante comum, ou de dois patriotas chamados Kees de Witt e Kees de Gyselaer. Usado por muito tempo como cão de guarda nos barcos holandeses, veio a receber o nome de Cão Holandês da Barca, embora na Inglaterra Vitoriana tenha sido indelicadamente chamado de Pomerânia gordo!

HISTÓRIA

Na Holanda do Século XVIII, o Keeshond era chamado de "cão do povo". Ele simbolizava a resistência ao poder reinante, e um dos líderes patriotas efetivamente possuiu um destes cães. Os ancestrais do Keeshond permanecem bastante obscuros, mas ele pode ter derivado dos primeiros Spitz – por exemplo, o Wolf Spitz.

TEMPERAMENTO

De personalidade brilhante e amiga, sempre muito alerta, de fácil aprendizado, o Keeshond pode se tornar um excelente cão de guarda.

CABEÇA Arredondada, semelhante à da raposa na parte superior, com uma grande juba; o canal nasal é médio e escuro, e a trufa nasal, preta.

CORPO Curto, compacto e vigoroso, com peito profundo e bem arredondado.

PELAGEM Cinza pálido, densa, com subpelagem macia em conjunto com uma pelagem externa longa, dura e cinza que sobressai no corpo. A pelagem requer escovação e cuidados diários.

O GRÃO SPITZ
O mais antigo e experiente dos cães do norte que compõem o grupo dos Spitz, esta raça difere do Keeshond e do Wolf Spitz, sendo de certo modo menor e apresentando uma pelagem preta, marrom ou branca.

KEESHOND Embora seja um cão de porte grande, o Keeshond não toma muito espaço na casa e, assim como seus ancestrais nas barcas na Holanda, ele se encaracola para liberar o espaço e a passagem.

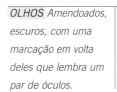

CAUDA De tamanho moderado, inserção alta e uma extremidade preta, portada de maneira apertada sobre o dorso e, às vezes, com uma segunda dobra.

OLHOS Amendoados, escuros, com uma marcação em volta deles que lembra um par de óculos.

ORELHAS Pequenas, de inserção alta, aveludadas e eretas.

CARACTERÍSTICAS FACIAIS

PERNAS Membros posteriores musculosos; os anteriores, retos e de boa ossatura.

PARA UMA VIDA INTEIRA
Os Keeshonds tendem a ser o animal de apenas uma pessoa e costumam usufruir uma vida muito longa.

PATAS Na cor creme e compactas, com unhas pretas. Pêlos curtos e macios sobre os dígitos e na parte inferior das pernas.

TAMANHO De 43 a 46 cm.

Lhasa Apso

Antes do século XX, este cão raramente era visto fora de sua terra natal. As origens exatas de seu nome permanecem obscuras – Lhasa foi provavelmente tirada da capital do Tibete, mas Apso poderia ter derivado das palavras tibetanas *abso seng kye*, que significa "cão sentinela que late", ou rapso, que significa "cabra", provavelmente uma alusão à longa e dura pelagem da raça.

HISTÓRIA

Este cão foi criado, durante pelo menos 2 mil anos, apenas no Tibete por monges e nobres, usado como um cão de guarda em templos e monastérios e considerado como um cão sagrado, pois se acreditava que, quando o dono morria, seu espírito entrava no corpo do Lhasa Apso. Felizmente esses preciosos cães se espalharam para outras partes do mundo, principalmente por causa do Dalai Lama, o líder do Tibete que os presenteava aos diplomatas estrangeiros visitantes. A raça foi vista pela primeira vez na Grã-Bretanha em meados da década de 1920, tendo sido posteriormente introduzida nos Estados Unidos na década seguinte.

TEMPERAMENTO

Forte, inteligente e amigo, pode se tornar um excelente cão de estimação, mas é instintivamente reservado com estranhos.

TAMANHO
Machos: de 25,4 cm; fêmeas: um pouco menores.

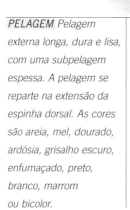

PELAGEM *Pelagem externa longa, dura e lisa, com uma subpelagem espessa. A pelagem se reparte na extensão da espinha dorsal. As cores são areia, mel, dourado, ardósia, grisalho escuro, enfumaçado, preto, branco, marrom ou bicolor.*

CUIDADOS COM A PELAGEM Por causa das cores dourada e mel em sua pelagem, o Lhasa Apso é chamado às vezes de Cão Leão do Tibete. Esta bela e longa pelagem pode facilmente se embaraçar, portanto a escovação e os cuidados regulares são necessários.

OLHOS Marrom-escuros, de tamanho médio e ovóides, não devendo apresentar o branco nem na base nem na parte superior do olho.

ORELHAS Em franjas abundantes e pendentes.

CABEÇA Crânio estreito, trufa nasal preta, com stop de tamanho médio, e pêlos longos que compõem os bigodes e a barba.

CARACTERÍSTICAS FACIAIS

PATAS Bem emplumadas, compactas e arredondadas, e almofadas plantares notavelmente espessas.

NOME ALTERNATIVO
No Reino Unido, a raça também é conhecida por Apso Tibetano.

CORPO Em proporção, mais longo que a altura, de dorso retilíneo e lombo forte.

CAUDA Muito emplumada, de inserção alta, encaracolada sobre o dorso. A extremidade da cauda se retorce.

PERNAS Muitíssimo emplumadas, de membros anteriores retos e posteriores musculosos e bem desenvolvidos.

Poodles

Talvez seja uma pena que este cão tenha sido mais admirado pela maneira como sua pelagem é cuidada para exposições e concursos do que por sua excepcional inteligência e seu passado de caçador. Mesmo assim, os Poodles se tornaram uma das raças mais amadas do mundo.

POODLE GIGANTE Não é verdade que o Poodle Gigante seja mais saudável; isto não tem base científica.

HISTÓRIA

Embora já se conheça o Poodle na Europa Ocidental por pelo menos 400 anos, suas origens são incertas. Muito versátil, ele pode interagir em vários lugares e ambientes, como no campo, em que os poodles franceses eram usados para buscar e trazer as aves abatidas durante a caça, geralmente caídas na água (Caniche, o nome francês para o Poodle, deriva da palavra *canard*, que significa "pato"); como também no circo, em que a combinação da aparência elegante com sua natureza voltada para o show e o entretenimento fazia com que os Poodles sacudissem as platéias. Existem três variedades de Poodles: o Gigante, o Médio e o Toy, diferindo apenas em tamanho.

TEMPERAMENTO

Ativos e equilibrados, os Poodles são inteligentes, amigos e extremamente leais.

PERNAS *Membros anteriores e posteriores retos e musculosos.*

PATAS *Pequenas e compactas, com dígitos bem arqueados, almofadas plantares amplas e unhas escuras.*

TAMANHO
Toy: até 28 cm; anão: de 28 a 35 cm; médio: de 35 a 45 cm; gigante: de 45 a 60 cm, tolerando-se mais 2 cm.

OLHOS Amendoados, escuros e inseridos bem separados um do outro.

ORELHAS Grandes e longas, de inserção baixa, pendentes e rentes às bochechas.

CABEÇA Seca, bem esculpida, portada alto, bochechas achatadas, lábios que se fecham de maneira apertada. A trufa nasal, os lábios, os olhos e as bordas da pálpebras são geralmente pretos, podendo variar de acordo com a cor da pelagem.

POODLE ANÃO O Poodle Anão é menor que o Médio e maior que o Toy, tendo sido muito popular nos anos 50.

CARACTERÍSTICAS FACIAIS

TIPO DE PÊLO
Os Poodles têm a vantagem de não soltarem os pêlos, mas estes crescem continuamente e, por esse motivo, precisam de tosas regulares.

ESTILOS DE TOSA	
Tosa leão	
Tosa holandesa	
Tosa carneirinho	
Tosa filhote	

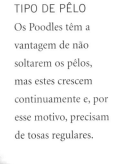

CORPO Peito profundo, dorso curto e lombo musculoso.

PELAGEM Abundante, com textura firme, crespa por característica da raça, e todas as cores sólidas, sem a composição de uma outra cor.

CAUDA De inserção alta, portada obliquamente, em geral amputada quando o país permite.

Schipperke

De aparência bastante feroz, provavelmente teve as origens de seu nome em seu próprio trabalho, como cão de guarda e caçador de ratos nos barcos nas regiões alagadas das terras baixas da Bélgica. A palavra *schipperke* em flamengo significa "pequeno capitão" ou "barqueiro". Entretanto seu nome também pode referir-se à sua pelagem escura e elegante, e à aparência de um orgulhoso soldado.

HISTÓRIA

O Schipperke tem suas raízes em Flandres, onde já existe como uma raça distinta por muitos séculos. Alguns acreditam que descenda de uma raça hoje extinta de pastor belga ou da família dos Spitz do Norte ou que poderia ter sido um cruzamento com Terrier e Spitz Alemão Anão (*ver págs. 212-213*). Este ativo e inteligente animal tornou-se uma das raças nacionais da Bélgica. O Schipperke chegou ao Reino Unido no final do século XIX, e o Clube Americano do Schipperke foi estabelecido em 1929.

TEMPERAMENTO

Leal, ativo e curioso. Tais características, aliadas a uma constituição robusta, fazem do Schipperke o cão ideal como animal de companhia.

CORPO *Compacto e musculoso, peito largo, lombo forte, dorso retilíneo e resistente.*

PERNAS *Membros anteriores retos e membros posteriores musculosos. As coxas são vigorosas, com pêlos longos na parte de trás.*

PELO ARREPIADO Quando o Schipperke se entusiasma, sua cabeleira de pêlos duros parece se arrepiar.

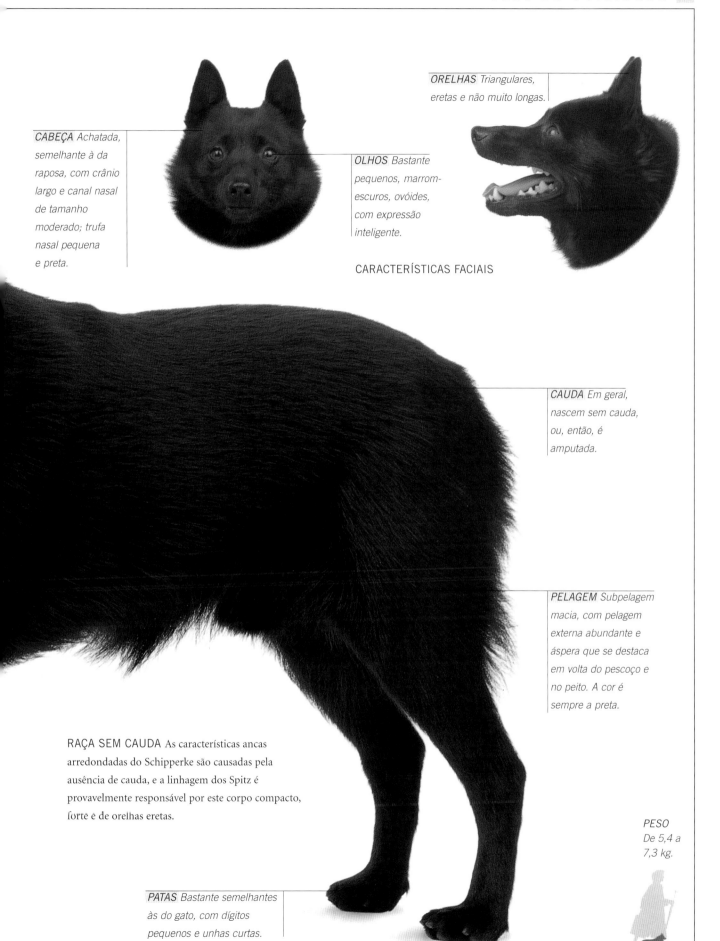

CABEÇA *Achatada, semelhante à da raposa, com crânio largo e canal nasal de tamanho moderado; trufa nasal pequena e preta.*

ORELHAS *Triangulares, eretas e não muito longas.*

OLHOS *Bastante pequenos, marrom-escuros, ovóides, com expressão inteligente.*

CARACTERÍSTICAS FACIAIS

CAUDA *Em geral, nascem sem cauda, ou, então, é amputada.*

PELAGEM *Subpelagem macia, com pelagem externa abundante e áspera que se destaca em volta do pescoço e no peito. A cor é sempre a preta.*

RAÇA SEM CAUDA As características ancas arredondadas do Schipperke são causadas pela ausência de cauda, e a linhagem dos Spitz é provavelmente responsável por este corpo compacto, forte e de orelhas eretas.

PESO *De 5,4 a 7,3 kg.*

PATAS *Bastante semelhantes às do gato, com dígitos pequenos e unhas curtas.*

Schnauzers

Existem atualmente três tipos de Schnauzer –
o gigante, o standard e o miniatura.
Seu nome deriva da palavra em alemão
Schnauze, que significa "focinho".
O focinho do Schnauzer é
realmente uma característica
peculiar, especialmente por ser
adornado com um longo bigode.

HISTÓRIA

Os Schnauzers vieram das fazendas de gado
e ovelhas de Württemberg e da Bavária, ao sul
da Alemanha, onde se tem registro de um cão
semelhante ao padrão dos Schnauzers no século
XVI. Entre os seus antepassados estão incluídos
provavelmente cães do tipo Poodle, bem como
do Pinscher de pêlo duro alemão. Os primeiros
desses eram cães de múltiplos propósitos por
serem excelentes caçadores de ratos e cães de
guarda, e, por terem muita energia, também
puxavam carruagens.

TEMPERAMENTO

Em geral os três tipos de Schnauzer são cheios
de energia e estão sempre alertas, sendo
ótimos animais de estimação.

CORPO Peito profundo,
de tamanho moderado
e reto. Dorso formando
uma ligeira curva para
a garupa.

SCHNAUZER GIGANTE O mais forte dos
Schnauzers apresenta de 60 a 70 cm na altura
da cernelha, tendo sido usado inicialmente
na Bavária como cão de pastoreio.

PERNAS Membros
anteriores delgados
e retos; as coxas nos
membros posteriores
são grossas.

PEQUENO
FAVORITO
O Schnauzer miniatura
é inteligente, cheio de
energia e o mais
popular entre os
Schnauzers.

CAUDA De inserção alta,
portada acima da horizontal,
geralmente amputada.

GRUPOS DIFERENCIADOS O cão aqui ilustrado tem orelhas operadas, o que seria ilegal no Reino Unido, mas opcional nos Estados Unidos e em outros países.

CABEÇA Grande e gradualmente afinando-se para um canal nasal obtuso. Stop moderado claramente mostrado do crânio ao focinho, acentuando sobrancelhas proeminentes. A trufa nasal é preta, com amplas narinas e bigode proeminente.

OLHOS De tamanho médio, ovóides e escuros.

ORELHAS Em formato de V, de inserção alta, dobradas, e que recaem para a frente.

CARACTERÍSTICAS FACIAIS

SCHNAUZER MINIATURA O Schnauzer miniatura, como sugere seu nome, não é apenas menor e mais fácil de cuidar do que o gigante e o standard, mas também tende a ser menos agressivo em seu temperamento.

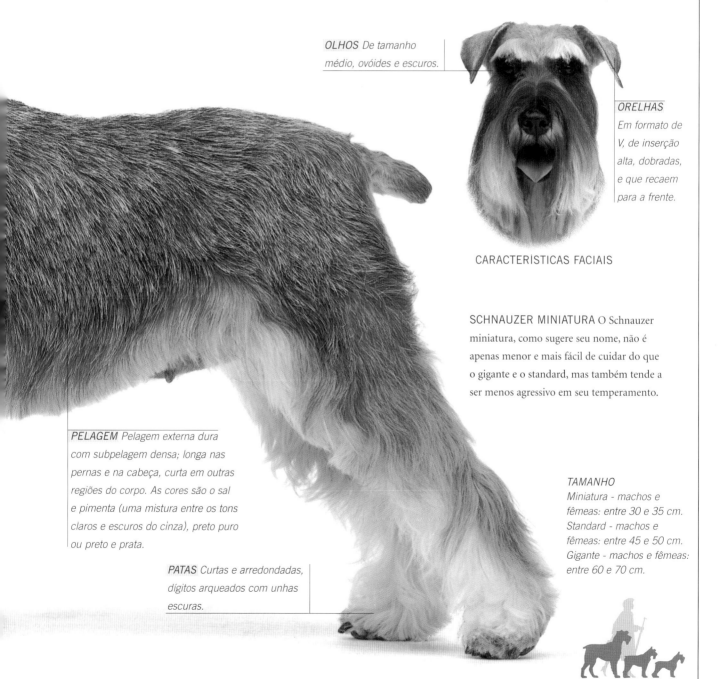

PELAGEM Pelagem externa dura com subpelagem densa; longa nas pernas e na cabeça, curta em outras regiões do corpo. As cores são o sal e pimenta (uma mistura entre os tons claros e escuros do cinza), preto puro ou preto e prata.

PATAS Curtas e arredondadas, dígitos arqueados com unhas escuras.

TAMANHO Miniatura - machos e fêmeas: entre 30 e 35 cm. Standard - machos e fêmeas: entre 45 e 50 cm. Gigante - machos e fêmeas: entre 60 e 70 cm.

Shar Pei

Um dos cães mais raros do mundo, esta criatura de pele abundante e cheia de rugas causa agitação onde quer que vá. Seu nome deriva de sua pelagem cerdosa e eriçada – *shar pei* significa "pele de tubarão" ou "lixa" em chinês. É uma raça prazerosa e amável, portanto não merecedora de seu outro nome, o Cão de Luta Chinês. Entretanto, no passado, alcançou considerável sucesso em combates caninos por causa do tamanho da pele, o que o torna um cão difícil de ser agarrado.

HISTÓRIA

Os ancestrais orientais do Shar Pei podem, possivelmente, ter existido entre 206 a.C. e 220 d.C., pelo fato de obras de arte da dinastia Han apresentarem gravuras de um cão semelhante a ele. Alguns acreditam que a raça pode ter descendido de um cão bem maior, hoje extinto, encontrado no Tibete e nas províncias do norte da China por volta de 2 mil anos atrás, enquanto outros acreditam que esteja relacionado com os cães de serviço das províncias do sul da China. O futuro do Shar Pei por muitas vezes já esteve ameaçado. Na década de 1970, porém, criadores americanos assumiram o compromisso com a raça e, em 1981, o primeiro Shar Pei chegou à Grã-Bretanha.

TEMPERAMENTO

Ele é bem comportado, independente e ama as pessoas.

CABEÇA Um pouco grande em proporção ao corpo, com o crânio plano e largo, cana nasal moderadamente longa, trufa preferencialmente preta ou combinando com a cor da pelagem. É permitida uma ligeira protuberância na base do nariz, rugas na testa e nas bochechas. Uma língua preto-azulada é preferível.

PERNAS Musculosas e fortes. Membros anteriores retos, e posteriores, moderadamente angulados.

PROBLEMAS DA VISÃO Os Shar Pei são cães saudáveis, mas são propensos ao entrópio (reviramento da margem das pálpebras), uma doença da visão que pode levar à cegueira se não for tratada prontamente.

PELAGEM Dura, curta, eriçada, sobressaindo no corpo e se estendendo sobre os membros, não devendo ser mais longa que 2,5 cm. Todas as cores sólidas são aceitas, com exceção da cor branca, sempre com sombras mais claras na parte detrás das coxas e na cauda.

CAUDA Arredondada, com uma base inserida alto, estreitando-se para a extremidade mais fina, portada enrolada, curvada ou alta e curvada.

CÃO DE LUTA CHINÊS Em seus anos de luta na China, é provável que os Shar Pei tenham sido instigados por seus donos para fazê-los agir com extrema violência e, assim, assegurar o sucesso de uma luta longa e lucrativa.

OLHOS Escuros, de tamanho médio, com expressão carrancuda.

CORPO Grande, peito profundo, com dorso forte e curto. Cães maduros não têm excesso de pele.

ORELHAS Pequenas, espessas e triangulares, caídas rentes à testa e apontando na direção dos olhos.

CÃO DE COMPANHIA Uma raça extremamente incomum, mas que também é um excelente cão de companhia, além de ser considerado excepcionalmente limpo.

CARACTERÍSTICAS FACIAIS

PATAS Compactas, não muito grandes, e juntas dos dígitos acentuadas.

TAMANHO De 44 a 51 cm.

Shih Tzu

A pelagem delicada como um manto de madeixas longas do Shih Tzu é talvez a responsável pelo seu nome, que significa "cão leão" em chinês. Na atualidade, a presença do Shih Tzu adorna e protege as residências em que vivem.

HISTÓRIA

As origens exatas dos Shih Tzu permanecem envoltas em mistério, porém o lamaísmo, a religião do Tibete e uma forma de budismo, oferece algumas pistas. Maujusri, deus lamaísta do aprendizado, estava sempre acompanhado de um pequeno cão que podia transformar-se em leão. Por causa da sua aparência que lembra um pequeno leão, o Lhasa Apso tibetano (*ver págs. 130-131*) é muito associado ao Shih Tzu ou ao "cão leão". Os imperadores chineses foram então presenteados com Lhasa Apsos pelo líder do Tibete, o Dalai Lama, sendo provável que ao chegarem na China esses exóticos animais tenham sido cruzados com pequineses (*ver págs. 210-211*) para que se formasse a raça que conhecemos hoje.

TEMPERAMENTO

Brincalhão e ativo, é um divertido cão de companhia e um excelente cão de guarda.

EVITAR PÊLOS EMARANHADOS
Escovações diárias são necessárias, para não ter de desembaraçar os nós, que pode ser doloroso tanto para o animal como para seu dono.

PERNAS Curtas e musculosas, com pelagem abundante.

PATAS Arredondadas e aparentemente grandes por causa do pêlo entre as almofadas e os dígitos.

RABO DE CAVALO
Para evitar infecções nos olhos, a longa mecha de pêlos na coroa da cabeça deve ser amarrada em formato de rabo de cavalo.

POPULARIDADE CRESCENTE Por causa da relutância dos chineses em vender ou exportar os Shih Tzu, eles só chegaram aos Estados Unidos e ao Reino Unido na década de 1930, mas conquistaram popularidade rapidamente.

CAUDA De inserção alta, bem emplumada e mantida sobre o dorso, devendo estar em uma altura ideal de modo que fique alinhada ao crânio.

CABEÇA Grande, com um canal nasal curto e quadrado, trufa nasal arrebitada ou nivelada com narinas abertas, pêlos abundantes no focinho e na coroa da cabeça.

OLHOS Grandes e bem espaçados, de cor escura, com nuanças mais claras em cães de pelagem cor de fígado ou em cães com marcações nessa cor.

CORPO A largura excede a altura do cão. Dorso retilíneo, peito largo e ombros firmes.

ORELHAS Grandes e pendentes com pêlos abundantes, que parecem se misturar na região do pescoço.

CARACTERÍSTICAS FACIAIS

PELAGEM Longa, macia e densa, com boa subpelagem. Ondulada ou lisa e em todas as cores. A região frontal da cabeça e a ponta da cauda em tons brancos é muito desejável.

TAMANHO
Altura: nao mais que 26,7 cm.
PESO
De 4,5 a 8,1 kg.

PURINA®
PROPLAN®
ALIMENTA E PROTEGE A SAÚDE

Cães de Trabalho

O homem domesticou o cão pela primeira vez há 10 mil ou talvez há cerca de 35 mil anos. É provável que nos primórdios o cão fosse usado como fonte de alimento e pele. Após pouco tempo nessa convivência diária, o homem percebeu que ele também poderia lhe ser útil de outras maneiras: como um cão de guarda e auxílio na caça.

À medida que foi passando o tempo, várias raças surgiram, e as primeiras foram as de caça, como as dos sabujos. Daí por diante, o potencial do cão foi gradualmente cultivado. Raças especializadas em uma variedade enorme de tarefas surgiram, e o cão tornou-se bem mais que o mero "melhor amigo do homem".

Essa versatilidade, que as muitas raças já existentes possuíam, tornou-se possível graças às combinações biológicas realizadas nos membros da família canina, *Canis*, um dos mamíferos mais bem-sucedidos na face da Terra. Inteligência, força, energia, velocidade, excelente visão, um fantástico sentido do olfato, a sociabilidade do animal em matilha e as habilidades de caça naturais de um carnívoro predador estavam todas lá; o homem precisava apenas selecioná-las, concentrar e realçar algumas dessas características através da reprodução controlada.

DESENVOLVIMENTO DAS HABILIDADES

No decorrer dos séculos, os cães se tornaram guardas, sentinelas e armas de guerra. Puxaram e carregaram cargas, arrebanharam gado, rastrearam criminosos e localizaram pessoas em perigo. Na atualidade, seus papéis foram expandidos como auxiliares de polícia, cães de cegos, farejadores de trufas, drogas, vazamentos de gás e explosivos, inclusive os que auxiliam deficientes auditivos.

RAÇAS DE TRAÇÃO

Até o final do século XIX, cães eram usados em grupos para transportar as correspondências do Correio de Sussex, entre as cidades de Steyning e Storrington na Grã-Bretanha, e também realizavam o transporte do peixe de Southampton para Londres. De igual modo, grupos de cães foram usados no início da década de 1800 para puxar as carroças de açougueiros, padeiros, vendedores ambulantes e amoladores de facas, além de viajarem com artistas itinerantes em seus shows em feiras livres. Entre os cães de tração encontram-se os cães da neve, tais como o Malamute do Alasca, o Husky Siberiano e o Samoieda.

ESPECIALIZAÇÃO

O grupo dos cães de trabalho possui cães especialistas bem pouco conhecidos, como o Cão d'Água Português, que mergulha para trazer de volta redes e outros equipamentos de pesca, além de capturar os peixes que fogem das redes, e o Cão Bernês da Montanha, que trabalhou para fazendeiros suíços transportando as cargas de leite e queijo para o mercado.

TERRANOVA (acima e à direita)
A raça é reconhecida por resgatar pessoas em perigo de afogamento, tarefa essa facilitada por seu porte grande, membros posteriores fortes, patas arredondadas e uma excelente função pulmonar.

BOXER (abaixo e à direita)
Graças à inteligência e a um sentido de olfato apurado, cães como o Bóxer, o Rottweiler, o Pastor Alemão, o Dogue Alemão e o Schnauzer gigante podem fazer parte de "tarefas policiais", sendo apontados como guardas assistentes e como cães de guarda.

MALAMUTE DO ALASKA (à esquerda)
Cães da neve são notórios por percorrerem 160 km em menos de 18 horas, e, em grupo de quatro, conseguem puxar uma carga de 180 kg por mais de 48 km por dia.

Malamute do Alaska

Esta raça extremamente forte da família dos Spitz é uma das mais antigas entre os cães de trenós. Mais forte que o Husky Siberiano (*ver págs. 168-169*), não puxava apenas cargas pesadas, mas também transportava pesadas mochilas por longas distâncias.

PELAGEM *Subpelagem densa e lanosa, com uma pelagem externa espessa e dura que sobressai no corpo. As cores são o branco, do cinza-claro ao preto, ou do dourado ao fígado, com branco na parte inferior do corpo, nas patas e em algumas partes das pernas e da face.*

HISTÓRIA

O nome derivou provavelmente da tribo dos Mahlemuts, uma das tribos esquimós que habitam as regiões árticas. Estas belas criaturas possuem surpreendente força e resistência. Antes dos veículos apropriados para a neve, cães robustos eram necessários para as longas jornadas em direção ao extremo norte, e, desse modo, por terem um meio de locomoção tão eficiente, a tribo dos Mahlemuts era muito invejada pelas outras tribos. O Malamute do Alasca já esteve próximo à extinção, contra a qual os Estados Unidos, em 1926, tomaram as devidas providências.

TEMPERAMENTO

Leal, excelente trabalhador e cão de guarda, sem mencionar suas qualidades como um afetuoso animal de companhia.

CÃO POLAR Reconhecidos pela força e resistência, participaram nas expedições do Ártico e da Antártida.

TAMANHO
Machos: de 64 a 61cm;
fêmeas: de 56 a 66 cm.

CAUDA Bem emplumada e de inserção alta, pende para baixo quando o cão descansa e portada sobre o dorso quando o cão está em serviço.

VIDA AO AR LIVRE
Uma raça forte e resistente, não dispensa exercícios físicos e ama a vida ao ar livre.

CAÇA E GUARDA O povo Inuit usa muito a raça tanto para caçar ursos polares e lobos quanto para proteger seus rebanhos de caribus.

ORELHAS Pequenas, triangulares, inseridas bem separadamente uma da outra, eretas ou dobradas para trás.

OLHOS Marrons, de tamanho médio, amendoados, de inserção oblíqua.

CORPO Vigorosamente constituído, com peito profundo; o dorso retilíneo apresenta leve obliqüidade em direção aos membros posteriores.

CABEÇA Em aparência, semelhante à do lobo; crânio amplo, canal nasal grande, mandíbulas possantes e lábios graciosos.

PERNAS Membros posteriores grandes e possantes, e anteriores pesados e musculosos.

PATAS Bastante grandes e compactas. Os dígitos são bem arqueados e juntos, com pêlos entre eles. As almofadas plantares são espessas e firmes.

CARACTERÍSTICAS FACIAIS

Boiadeiro Bernês

Ele é o mais popular de todos os quatro boiadeiros suíços existentes. Criado no distrito suíço de Berna, puxava as carroças dos produtores de queijo e dos tecelões, como animal de tração.

HISTÓRIA

É provável que seus ancestrais tenham vindo para a Suíça como cães de guarda com as legiões romanas, e ali foram cruzados com cães pastores da região, dando origem aos quatro boiadeiros suíços: o Boiadeiro Bernês, também conhecido por Sennenhund Bernês; o Grande Boiadeiro Suíço e os Boiadeiros de Apenzeller e de Entlebuch. No século XIX, o Boiadeiro Bernês esteve sob o risco de extinção, mas essa fatalidade foi completamente revertida, o que levou à criação do clube da raça na Suíça em 1907.

TEMPERAMENTO

Confiantes e alegres, são também excelentes cães de companhia.

OLHOS Amendoados e de cor marrom-escura.

AINDA NA ATIVA Ele revela um passado de trabalho, na tarefa ainda de puxar os carrinhos das crianças em feiras e shows.

PATAS Arredondadas e pequenas, dígitos bem juntos e com unhas brancas.

CORPO Compacto e vigoroso, com dorso retilíneo, peito grande e profundo.

CABEÇA Crânio forte, pouco arqueado, stop bem definido, cana nasal reta de comprimento médio, lábios pouco desenvolvidos, bem ajustados e pretos. Dentição completa, com dentes robustos e articulação em tesoura.

ORELHAS De inserção alta, tamanho médio, em formato triangular, pendentes em repouso e movidas para a frente quando o cão está em alerta.

CARACTERÍSTICAS FACIAIS

CAUDA De tamanho médio, áspera, levantada quando o cão está em alerta. A ponta é geralmente branca.

PELAGEM Longa, macia e sedosa, com leve ondulação e muito lustrosa. A cor é o preto retinto com marcações castanho e branco, na cabeça, no peito e nas pernas.

NECESSIDADES BÁSICAS O Bernês é uma raça extremamente atraente que precisa de escovação e cuidados regulares, muito exercício físico e boa alimentação.

PERNAS Membros posteriores retos e musculosos, e os anteriores afastados, retos, aprumados e bem paralelos. Os dígitos rudimentares (ergots) devem ser amputados.

TAMANHO Machos: de 64 a 70 cm; fêmeas: de 58 a 66 cm.

Bouvier de Flandres

O Bouvier de Flandres foi um dos mais talentosos cães boiadeiros na Europa Ocidental. Nos dias de hoje, este Boiadeiro peludo é usado como cão de cegos, cão de guarda e como rastreador. Originário da fronteira franco-belga, a tradução literal de seu nome é "Boiadeiro de Flandres".

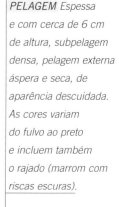

HISTÓRIA

As origens do Bouvier de Flandres são incertas, mas, há cerca de 100 anos, Flandres produziu vários tipos de cão boiadeiro, tendo estes sido apresentados pela primeira vez na Exposição Internacional de Cães em Bruxelas em 1910. Entretanto, o padrão da raça não foi estabelecido até 1912. A Primeira Guerra Mundial trouxe o reconhecimento internacional da raça por sua força e coragem demonstradas nas forças armadas, muitas vezes como mensageiros e como cães de busca, encontrando soldados feridos. Sujeita à extinção quase total durante a guerra na região da Bélgica e no nordeste da França, seu habitat natural, a raça voltou ao cenário mundial em 1920 graças à dedicação de criadores flamengos.

TEMPERAMENTO

Inteligente e ativo, mas também calmo e sensível, capaz demonstrar uma coragem extrema e muita lealdade.

BRIARD Em aparência, o Briard é semelhante ao Bouvier de Flandres e descende de várias raças antigas, incluindo talvez o Alaunt e o Sheepdog da Pérsia. A raça participou de exposições e concursos de cães na França no final do século XIX e serviu muito bem ao seu país durante a Segunda Guerra Mundial.

TAMANHO
Altura: de 59 a 68 cm.
PESO
De 27 a 40 kg.

IMPONÊNCIA Este é um cão imponente, cujo corpo dá a impressão de grande vigor e força, sem perder a elegância, e a barba lhe acrescenta uma expressão cheia de mistério.

CABEÇA Retangular, crânio achatado, canal nasal vigoroso, e bochechas achatadas. A trufa nasal é preta, bem desenvolvida, com amplas narinas.

CAUDA Geralmente amputada de maneira curta, até a terceira vértebra, portada elegantemente quando em movimento.

ORELHAS De inserção alta, triangulares e flexíveis.

OLHOS Escuros, ovais, médios, bem espaçados e com uma expressão de alerta.

CARACTERÍSTICAS FACIAIS

CORPO Peito profundo e largo, vigorosamente constituído, tronco compacto.

PERNAS Longas, musculosas e de ossatura forte, não apresentam dígitos rudimentares (ergots).

PATAS Arredondadas e curtas, dígitos bem arqueados e juntos, almofadas plantares robustas; unhas fortes na cor preta.

ORELHAS CORTADAS O papel que o Bouvier desempenha em seu trabalho, principalmente como rastreador, foi a razão inicial para que fossem operadas as orelhas da raça. Ainda que seja permitida em alguns países, essa prática cada vez mais tem sido rejeitada.

Boxer

Dotado de uma fonte de energia inesgotável, o Boxer é uma das personalidades mais importantes do mundo canino. A raça só veio a se tornar conhecida na Grã-Bretanha e nos Estados Unidos após a Segunda Guerra Mundial, mas, a partir de então, ganhou enorme popularidade como cão de companhia e de guarda.

HISTÓRIA

Os principais ancestrais do Boxer foram dois cães alemães da família dos Mastiffs (*ver págs. 160-161*) – o Bullenbeiszer e o Barenbeiszer, que eram usados nas rinhas de cães e na caça ao javali e ao veado. No século XIX, foram cruzados com outras raças, particularmente com o Bulldog (*ver págs. 120-121*) para que se criasse o Boxer. Apesar de suas origens alemãs, o nome é inglês, que apropriadamente descreve o estilo de pugilista.

TEMPERAMENTO

O Boxer está sempre pronto para trabalhar, brincar e tende a ser bastante turbulento. Mesmo em idade avançada ele continua extremamente atlético. Notoriamente corajoso e disciplinado, essas qualidades o tornam um excelente cão de guarda e ótimo cão de companhia. Ele é afetuoso, leal e se relaciona bem com crianças.

ALEGRIA VISÍVEL

Quando se entusiasma, tende a balançar o corpo por inteiro, uma vez que sua cauda é amputada curta.

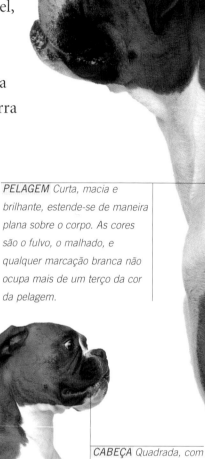

PELAGEM Curta, macia e brilhante, estende-se de maneira plana sobre o corpo. As cores são o fulvo, o malhado, e qualquer marcação branca não ocupa mais de um terço da cor da pelagem.

CABEÇA Quadrada, com focinho largo e profundo, com trufa nasal arrebitada, grande e de cor preta, com uma linha entre grandes narinas. A mandíbula avança à frente da maxila fazendo leve curva para cima. Quando a boca se encontra fechada, nenhum dos dentes nem a língua devem ser visíveis.

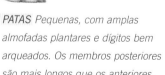

PATAS Pequenas, com amplas almofadas plantares e dígitos bem arqueados. Os membros posteriores são mais longos que os anteriores.

TAMANHO Machos: de 57 a 63 cm; fêmeas: de 53 a 59 cm.

OLHOS *De tamanho médio, marrom-escuros, com as orlas das pálpebras em cor escura.*

CARACTERÍSTICAS FACIAIS

ORELHAS *Finas, de inserção alta, bem separadas, posicionadas de maneira plana e rentes à cabeça quando o cão se encontra em repouso e caídas para a frente quando em alerta. No Brasil, podem ser íntegras ou amputadas.*

CAUDA *De inserção alta, portada ereta e geralmente amputada curta a 5 cm.*

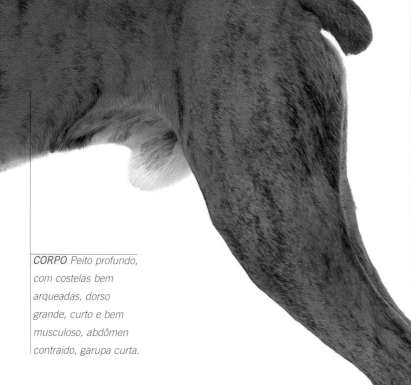

ORELHAS PONTIAGUDAS Nos Estados Unidos e em outros países (exceto na Grã-Bretanha) os Boxers de orelhas cortadas são uma tradição.

CORPO *Peito profundo, com costelas bem arqueadas, dorso grande, curto e bem musculoso, abdômen contraído, garupa curta.*

CÃO DE GUARDA ELEGANTE Um dos mais elegantes cães em aparência, o Boxer precisa de muito exercício para que continue com seu ótimo aspecto físico. Ele é um cão geralmente confiável, mas com um aguçado extinto de guarda.

PERNAS *Membros posteriores bem musculosos, com coxas grandes e curvadas; membros anteriores longos, retos e paralelos.*

Bullmastiff

Um cão intrigante, o Bullmastiff foi desenvolvido na Inglaterra, no século XIX, pelo cruzamento do Bulldog (*ver págs. 122-123*) com o Mastiff (*ver págs. 160-161*) para que fossem combinadas suas qualidades. Atualmente usado como um cão de guarda pelas forças policiais e militares, ele é também um amável cão de companhia.

HISTÓRIA

Na Inglaterra do século XIX, o Bullmastiff era considerado o protetor e companheiro ideal do guarda-caça, aquele que vigiava as propriedades contra caçadores e pescadores intrusos. O Bullmastiff combinava a coragem e a ferocidade do Bulldog com a força, a velocidade e sentido do olfato do Mastiff. A raça tornou-se conhecida como o "Cão Noturno do Guarda-Caça", e atacaria sob o comando da voz, derrubando e imobilizando o invasor sem o machucar, caso fosse necessário.

TEMPERAMENTO

Reconhecido no passado por sua agressividade, o Bullmastiff é uma raça ativa e inteligente, de natureza calma, leal e afetuosa.

CABEÇA *Grande, crânio quadrado e com stop bem pronunciado, focinho curto e largo com uma máscara preta. Os lábios superiores não pendem abaixo da maxila inferior.*

TAMANHO *Machos: de 63,5 a 68,5 cm; fêmeas: de 61 a 66 cm.*

CORES ACEITÁVEIS Este distinto espécime é o Bullmastiff tigrado. Entre as outras cores estão as nuanças de vermelho ou fulvo. Qualquer marcação em branco aparece apenas no antepeito.

OLHOS De tamanho médio, escuros ou castanhos, com sulco entre eles, e orlas das pálpebras, pretas.

CARACTERÍSTICAS FACIAIS

ORELHAS Pequenas, em formato de V, de inserção alta e bem separadas, dobradas e voltadas para trás, de cor mais escura que as outras regiões do corpo.

PELAGEM Curta, pêlos ásperos, estendendo-se de maneira plana sobre o corpo.

CAUDA De inserção alta, longa e afinando em direção à extremidade, portada reta ou curvada.

CORPO Sólido, vigoroso, simetricamente constituído, com peito profundo e largo, dorso curto e retilíneo.

PERNAS Membros posteriores musculosos e fortes; anteriores retos, vigorosos e posicionados distantes um do outro.

ADORA ATENÇÃO Este é um cão ativo, que poderá tornar-se infeliz se não receber atenção suficiente. Ignorá-lo significa que poderá dormir o tempo inteiro para poder esquecer o tédio.

PATAS Compactas, semelhantes às do gato, com dígitos bem arqueados, almofadas plantares duras e unhas escuras.

Dobermann

Apesar da popularidade atual,
o Dobermann só existe como raça
há pouco mais de 100 anos. Um animal
excepcionalmente forte, seu principal papel é o cão
de guarda, podendo ser treinado para trabalhar como
farejador, buscar e trazer a caça como um cão de pastoreio.

HISTÓRIA

Entre os anos de 1865 e 1870, um fiscal de impostos
alemão, de nome Louis Dobermann, empenhou-se em
criar o cão de guarda perfeito pelo cruzamento de uma
variedade de raças. Sua fórmula exata permanece em
segredo até os dias de hoje, mas provavelmente envolvia
cães de pastoreio locais, o Rottweiler (*ver págs. 164-165*),
o Pinscher, o Manchester Terrier (*ver págs. 104-105*)
e talvez até mesmo o Greyhound (*ver págs. 44-45*).
Os Dobermanns foram reconhecidos oficialmente pelo
Clube Kennel Alemão em 1900. Posteriormente, na
Primeira Guerra Mundial, serviram ao exército alemão
como cães de guarda e de patrulha, e têm, a partir
de então, sido úteis a corporações policiais
em todo o mundo.

TEMPERAMENTO

Ele é por natureza um cão de guarda inteligente, fácil
de adestrar, forte e agressivo quando necessário. Por isso,
precisa de um controle firme, mas, mesmo assim,
pode se tornar um companheiro leal e afetuoso.

CORTE DAS ORELHAS
Em alguns países aceita-se
o corte nas orelhas; em
outros, não. No Brasil
aceitam-se as duas opções.

CAUDA *Continua
na linha da
espinha dorsal.
Geralmente
amputada na
primeira ou na
segunda vértebra.*

CABEÇA *Longa, em forma
de cone truncado, com
o alto do crânio achatado
e paralelo ao focinho, que
deve ser reto com a trufa
preta ou combinando com
a cor da pelagem.*

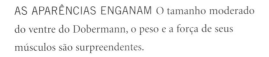

AS APARÊNCIAS ENGANAM O tamanho moderado
do ventre do Dobermann, o peso e a força de seus
músculos são surpreendentes.

OLHOS *Amendoados, com expressão de alerta, de cores marrom-escuro em cães pretos ou de acordo com a cor da pelagem.*

CARACTERÍSTICAS FACIAIS

ORELHAS *Assim como a cauda, no Brasil aceitam-se as íntegras ou as amputadas.*

CORPO *Figura quase quadrada, com peito bem desenvolvido e musculoso, de ventre nitidamente contraído. O dorso é curto e retilíneo.*

DIFERENTES CLASSIFICAÇÕES

A raça é classificada como um cão de trabalho nos Estados Unidos e no Reino Unido, e como um cão de utilidade na Austrália.

PELAGEM *Curta, lisa e dura, bem assentada no corpo. As cores são o preto e o marrom, com marcações em tom ferrugem acima dos olhos, no focinho, garganta, peito, pernas e abaixo da cauda.*

PERNAS *Membros posteriores possantes, bem separados e em paralelo; membros anteriores retos.*

O TREINAMENTO É ESSENCIAL

Esta raça de aspecto liso e aerodinâmico requer um treinamento cuidadoso para controlar sua agressão latente. Exercícios físicos nas devidas proporções lhe assegurarão uma excelente forma.

TAMANHO *Machos: de 68 a 72 cm; fêmeas: de 63 a 68 cm.*

PATAS *Semelhantes às do gato, compactas, com dígitos arqueados; os ergots devem ser removidos.*

Dogue Alemão

Um dos gigantes mais gentis do mundo canino, o Dogue Alemão possui uma enorme força e uma natureza gentil e carinhosa. Embora seu nome de origem (Great Dane) sugira raízes dinamarquesas, a raça foi desenvolvida na Alemanha, onde é conhecida como Deutsche Dogge ou Mastiff Alemão.

HISTÓRIA

Cães semelhantes aos grandes mastiffs (*ver págs. 160-161*) foram representados nos artefatos de muitas civilizações. Uma das hipóteses é que os fenícios poderiam ter introduzido esses animais nos países do Mediterrâneo, ou as legiões romanas os trouxeram diretamente para a Alemanha. Ele não é apenas um símbolo da condição social durante a Idade Média, em que teria vivido nas residências dos nobres e da realeza pela Europa afora, como também demonstrou sua verdadeira índole ao caçar javalis, veados e lobos.

TEMPERAMENTO

O Dogue Alemão é muito afetuoso, gentil e de grande lealdade. Para desenvolver suas habilidades como um cão de guarda, é necessário um treinamento desde o início.

CABEÇA *Chata, crânio estreito, com focinho largo e profundo, e uma leve reentrância bem em cima do centro do crânio. Narinas grandes, largas e abertas.*

PELAGEM *Curta e espessa, com grande brilho. As cores são o dourado, o tigrado, o arlequim, o preto e o azul (marcações em preto e branco).*

ORELHA CORTADA
É uma prática comum em alguns países o corte das orelhas; em outros, é proibido. No Brasil aceitam-se os dois tipos.

CALOR HUMANO Esta raça verdadeiramente "grande" gosta de ser acariciada e não dispensa um cantinho confortável e quente onde possa dormir.

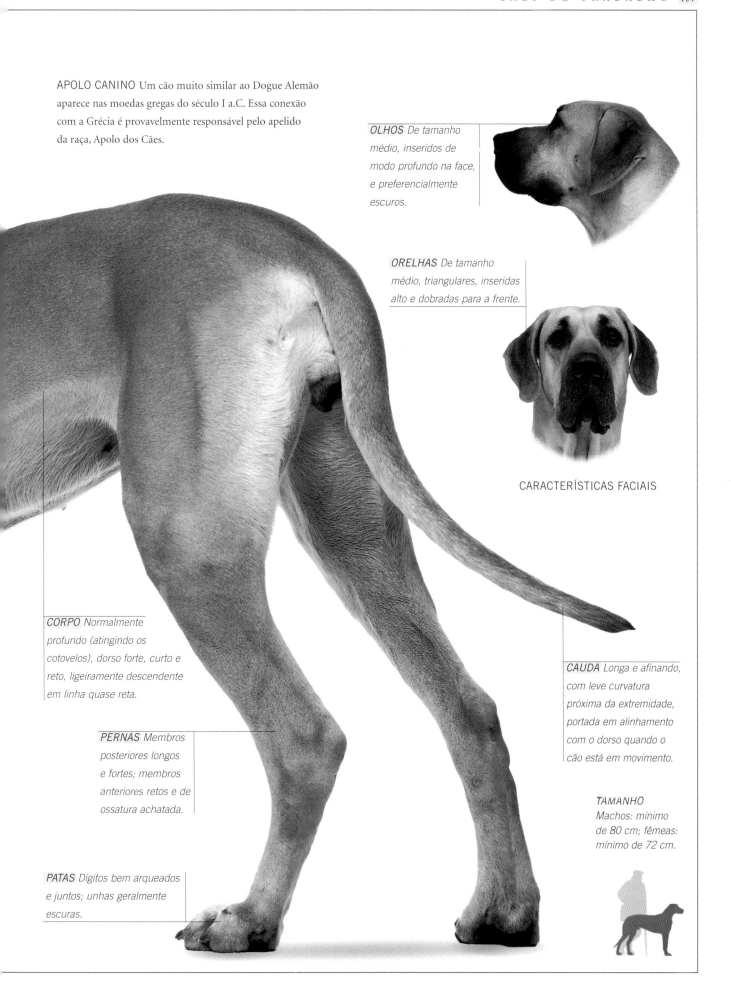

APOLO CANINO Um cão muito similar ao Dogue Alemão aparece nas moedas gregas do século I a.C. Essa conexão com a Grécia é provavelmente responsável pelo apelido da raça, Apolo dos Cães.

OLHOS De tamanho médio, inseridos de modo profundo na face, e preferencialmente escuros.

ORELHAS De tamanho médio, triangulares, inseridas alto e dobradas para a frente.

CARACTERÍSTICAS FACIAIS

CORPO Normalmente profundo (atingindo os cotovelos), dorso forte, curto e reto, ligeiramente descendente em linha quase reta.

PERNAS Membros posteriores longos e fortes; membros anteriores retos e de ossatura achatada.

PATAS Dígitos bem arqueados e juntos; unhas geralmente escuras.

CAUDA Longa e afinando, com leve curvatura próxima da extremidade, portada em alinhamento com o dorso quando o cão está em movimento.

TAMANHO Machos: mínimo de 80 cm; fêmeas: mínimo de 72 cm.

Leonberger

Este gigante gentil do mundo canino tem um nome que significa "leão da montanha", o que é justificado pela pelagem espessa de marrom dourado, juba e olhos escuros na cor do ouro. Não possui, porém, a ferocidade de um leão, mas muita afetuosidade. Assim como todos os cães de porte grande, sua expectativa de vida é de 11 anos.

HISTÓRIA

Embora se acredite que o Leonberger tenha surgido na Suíça, é mais provável que tenha aparecido no início do século XIX na cidade de Leonberg, na Alemanha, a partir do cruzamento entre o São Bernardo, o Terranova e, talvez, cães montanheses dos Pireneus (*ver respectivamente págs. 166-167, 162-163 e 186-187*). A raça esteve próxima à extinção durante a Segunda Guerra Mundial, mas, atualmente, isso não ocorre.

TEMPERAMENTO

Com sua personalidade afetuosa é excelente com as crianças e muito devotado à família. A raça é inteligente e corajosa, o que faz dos Leonbergers ótimos cães de guarda, mas que precisam de bastante espaço e exercícios físicos.

CORPO Vigorosamente constituído, dorso moderadamente curto, amplo, musculoso e retilíneo com peito profundo.

PELAGEM Espessa, com uma subpelagem lanosa, pêlos espessos, mais longos nos ombros, no pescoço, na parte inferior do ventre e na parte caudal dos membros.

PERNAS Musculosas, com coxas longas, membros anteriores retos e aprumados, posicionados amplamente.

GOSTO PELA ÁGUA Este belo cão, resistente e forte, adora brincar na água – até mesmo no inverno.

OLHOS *De tamanho médio e marrons, com expressão doce.*

ORELHAS *Tão largas quanto longas, e pendentes.*

CARACTERÍSTICAS FACIAIS

CABEÇA *Crânio levemente arqueado, focinho preto retinto.*

UM CÃO DO AR LIVRE

O Leonberger é um forte nadador e, por ter necessidade de estar ao ar livre, não é um cão recomendável para viver em espaços limitados.

CAUDA *Longa, áspera e de inserção baixa.*

PATAS *São retas e ligeiramente alongadas; dedos arqueados com almofadas pretas.*

TAMANHO
Altura: de 65 a 80 cm.
PESO
De 34 a 50 kg.

Mastiff

O Mastiff é umas das raças mais antigas, que, apesar de um passado de guerras, é hoje um entre os dóceis gigantes caninos. Embora ainda seja útil como cão de guarda, ele é simplesmente um afetuoso membro da família!

HISTÓRIA

Cães semelhantes aos Mastiffs estão representados nos artefatos egípcios que datam de 3000 a.C., mas a raça deve ter sido introduzida na Grã-Bretanha pelos comerciantes fenícios ou pelos invasores anglo-saxões. É certo que os Mastiffs acompanharam os celtas nativos quando Júlio César invadiu a Grã-Bretanha em 55 a.C., tendo sido usados como cães de guerra até o século XVII. Entre outras utilidades no passado, ele participou na caça ao urso, ao lobo, além de ter lutado nas rinhas com outros cães e com o urso.

TEMPERAMENTO

Embora sejam bem equilibrados, gentis e leais, eles mantêm a característica de cão de guarda, e, assim, seu manejo deve ser firme.

CABEÇA Crânio largo e suavemente arqueado, com uma depressão (sulco sagital) que começa entre os olhos e vai até a testa. Máscara preta.

CORPO Vigorosamente constituído, com peito largo e profundo, dorso e lombo largos e musculosos.

PATAS Largas e arredondadas, com dígitos bem arqueados e unhas pretas.

PERNAS Membros anteriores fortes e amplamente separados; membros posteriores musculosos e aprumados.

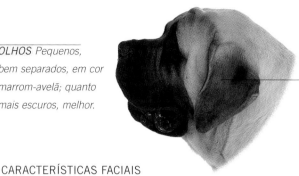

OLHOS *Pequenos, bem separados, em cor marrom-avelã; quanto mais escuros, melhor.*

ORELHAS *Pequenas, finas, bem separadas, caídas sobre as bochechas enquanto descansa, de cor escura.*

CARACTERÍSTICAS FACIAIS

ORGULHO DA GRÃ-BRETANHA

Um cão verdadeiramente inglês, retratado na poesia de Chaucer e presente na Batalha de Agincourt em 1415, o Mastiff é hoje raramente visto na Grã-Bretanha.

MASTIFF NAPOLITANO

Menos popular na atualidade que o Mastiff, os ancestrais deste cão podem ser encontrados há 2.500 anos, na época do cão Molosso de luta da Grécia Antiga e de Roma. Uma raça pesada e musculosa, geralmente empregada como ótimos cães de guarda, ao mesmo tempo excelentes, leais e afetuosos cães de companhia, desde que treinados corretamente.

TAMANHO
Machos: mínimo de 75 cm; fêmeas: 70 cm.

PELAGEM *Curta, áspera, e bem assentada no corpo. As cores são fulvo abricó, fulvo prateado ou fulvo tigrado escuro.*

CAUDA *Longa, de inserção alta e afinando para a extremidade, curvada quando em atividade, mas não sobre o dorso.*

Terranova

Desenvolvido na ilha de Terra Nova, este cão com semelhança de urso tem incríveis habilidades em salvamento na água. Um dos cães de trabalho mais fortes já desenvolvidos, é leal e se enquadra perfeitamente como um cão de companhia.

HISTÓRIA

Os ancestrais desta raça permanecem quase que completamente desconhecidos. Enquanto uns alegam que seus ancestrais foram trazidos pelos vikings no século X, outros acreditam que o Terranova é descendente do Cão Montanhês dos Pireneus (*ver págs. 186-187*). Seja qual for a verdade, a raça evoluiu até se tornar o Terranova que conhecemos, um fabuloso cão de resgate no mar e um ótimo cão de tração. O autor escocês J. M. Barrie se inspirou no seu Terranova para criar o Nana em *Peter Pan*.

TEMPERAMENTO

Gentil, dócil e, apesar de seu tamanho, é extremamente carinhoso com as crianças.

UM NADADOR NATURAL O Terranova é um nadador muito forte – graças à sua paixão pela água, ele vence os obstáculos no mar, em um pequeno lago ou rio.

CORPO *Peito largo e profundo, dorso retilíneo e lombo forte e musculoso.*

TAMANHO *Machos: 71 cm; fêmeas: 66 cm.*

PATAS *Grandes e palmípedes (membrana entre os dígitos para facilitar o nado).*

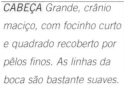

CABEÇA Grande, crânio maciço, com focinho curto e quadrado recoberto por pêlos finos. As linhas da boca são bastante suaves.

ORELHAS Pequenas, inseridas para trás e caídas.

PELAGEM QUENTE Este cão de pelagem densa não se sente feliz em temperaturas altas, o que é perfeitamente compreensível.

OLHOS Pequenos, de inserção profunda, na cor marrom-escura.

CARACTERÍSTICAS FACIAIS

CAUDA Espessa, bem coberta de pêlos e levemente curvada, pendente quando o cão está em repouso; levantada quando em movimento.

PELAGEM A pelagem externa é áspera e lisa, naturalmente oleosa e impermeável; subpelagem densa. As cores são: marrom chocolate, preto bronze ou branco com marcações pretas (conhecido como Landseer). Cães pretos e marrons poderão apresentar manchas em branco no peito, nos dígitos e na extremidade da cauda.

PERNAS Membros posteriores parcialmente emplumados; membros anteriores retos e bem emplumados.

Rottweiler

Um dos mais fortes e robustos, em virtude de seu porte, o Rottweiler é um antigo cão de pastoreio, inteligente e companheiro. Atualmente ele é muito valorizado como cão de guarda e de polícia, mas também pode ser um ótimo cão de companhia.

HISTÓRIA

Quando as legiões romanas se retiraram do sul da Europa, deixaram seus enormes cães do tipo Mastiff (*ver págs. 160-161*), também chamados naquela época de cães caçadores de javali. Posteriormente, durante o período da Idade Média, esses cães foram cruzados com os de pastoreio de Rottweil, na Alemanha, dando origem ao Rottweiler Metzgerhund ("cão do açougueiro de Rottweil"), denominados desse modo porque serviam de cães de guarda e para reunir o rebanho que era tocado em boiada a pé pelas estradas.

TEMPERAMENTO

Considerando que os Rottweilers são cães de guarda por extinto, poderão demonstrar um comportamento agressivo com estranhos e invasores, o que justifica um treinamento focado em obediência e um manejo firme. Entretanto podem se tornar afetuosos, calmos e equilibrados cães de companhia.

CABEÇA *De tamanho médio, crânio largo, canal nasal retilíneo, testa levemente arqueada, maxilares poderosos, trufa nasal bem desenvolvida e sempre preta. A pele que recobre a cabeça pode formar rugas.*

PELAGEM *De comprimento médio, pelagem externa áspera, subpelagem fina. A cor é o preto com marcações em castanho intenso e bem definidas. As cores da subpelagem são o preto, o cinzento e o castanho-claro, que não são visíveis.*

CORPO *De constituição robusta e retangular, sendo o comprimento no máximo 15% maior que a altura na cernelha.*

POUCOS CUIDADOS Os cuidados gerais do Rottweiler são simples, embora recomende-se uma escovação diária para a manutenção das condições ideais da pelagem.

OLHOS Amendoados, marrom-escuros, de tamanho médio.

ORELHAS De tamanho médio, triangulares, de inserção alta e pendentes.

CARACTERÍSTICAS FACIAIS

À PROVA DE ROUBO Os talentos desta raça como cão de guarda há muito foram reconhecidos. Na Idade Média, ricos mercadores evitavam com muita esperteza o roubo ao amarrarem seus sacos de dinheiro em volta do pescoço dos Rottweilers.

CAUDA De inserção alta, portada horizontalmente, podendo ser íntegra ou amputada.

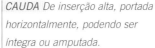

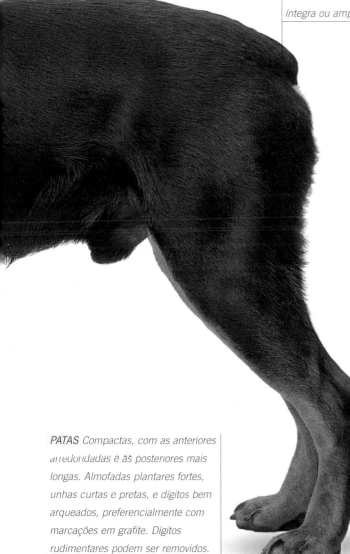

O BEAUCERON Instintivamente um Boiadeiro, o Beauceron é uma estrela na França. Fortemente constituído e com reputação de uma agressividade relacionada à do Rottweiler, o Beauceron precisa de uma criação cuidadosa e de treinamento. Se corretamente treinado, sua natureza leal e protetora fará deste cão um ótimo animal de companhia, embora não seja um animal para viver na cidade.

PATAS Compactas, com as anteriores arredondadas e as posteriores mais longas. Almofadas plantares fortes, unhas curtas e pretas, e dígitos bem arqueados, preferencialmente com marcações em grafite. Dígitos rudimentares podem ser removidos.

PERNAS Mombros postcriorcs bem angulados; membros anteriores retos e musculosos.

TAMANHO Machos: de 61 a 68 cm; fêmeas: de 56 a 63 cm.

São Bernardo

Três séculos de trabalho árduo nas montanhas, efetuando o resgate de vítimas, deram ao São Bernardo um saldo estimado de 2.500 vidas humanas salvas. As modernas rodovias e as novas condições de uma era tecnológica tornaram o trabalho do São Bernardo desnecessário – em nossos dias, a raça é muitíssimo valorizada como um inteligente e amável cão de companhia.

HISTÓRIA

A raça teve a origem de seu nome relacionada à hospedaria do desfiladeiro do Grande São Bernardo, fundada em 980 d.C. por São Bernardo de Menthon e que servia de refúgio aos viajantes das perigosas passagens alpinas entre a Suíça e a Itália. Por volta do século XVIII, os monges da hospedaria criavam esses cães para guiar e encontrar pessoas nas traiçoeiras condições das montanhas alpinas. Os primeiros São Bernardo tinham uma pelagem curta, mas, com a introdução do sangue do Terranova (*ver págs. 162-163*), surgiu uma variedade de pêlo longo.

TEMPERAMENTO

Apesar de seu enorme tamanho, o São Bernardo é extremamente gentil e amigo. Além disso, é um animal doméstico perfeito em virtude de seu carinho pelas crianças, desde que tenha muito espaço, alimento e exercícios.

CABEÇA *Grande e imponente, de crânio arredondado, com stop definido, posicionado em focinho curto; bochechas lisas e lábio superior longo. Trufa nasal grande e preta com narinas bem desenvolvidas.*

CORPO *Peito profundo e largo, dorso vigoroso e membros posteriores inclinados.*

SALVA-VIDAS
Um dos mais eficientes cães de resgate em montanha da história, foi um São Bernardo de nome Barry que morreu em 1814 com um currículo de 40 vidas humanas salvas.

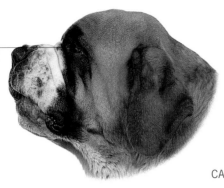

OLHOS *Marrom-escuros e de tamanho médio.*

ORELHAS *De tamanho médio, pendentes e rentes às bochechas.*

CARACTERÍSTICAS FACIAIS

PELAGEM *As duas variedades, tanto de pêlo longo como de pêlo curto, apresentam uma pelagem densa e bem assentada. As cores são o mogno malhado, laranja ou vermelho malhado, todas com marcações em branco na cabeça, no peito, pernas e extremidade da cauda, ou branco com marcações das cores acima mencionadas.*

CAUDA *Longa, pesada e de inserção alta, portada para baixo quando o cão se encontra em repouso e levantada quando em atividade.*

TRABALHO EM EQUIPE No resgate em montanhas, os cães trabalhavam em grupos de quatro. Ao localizarem uma vítima de avalanches ou da exposição ao frio, dois São Bernardo se deitavam próximos para mantê-la aquecida, o terceiro lhe lambia a face para reavivá-la e o quarto voltava à hospedaria para buscar ajuda humana. Se a vítima recobrasse os sentidos, ela poderia beber do conhaque contido no barril firmemente amarrado na coleira de cada cão, para assim revigorar-se.

PERNAS *Membros posteriores de boa ossatura e vigorosos; membros anteriores retos e longos.*

TAMANHO
Machos: de 70 a 90 cm; fêmeas: de 65 a 80 cm.

PATAS *Muito grandes, com dígitos bem arqueados; dígitos rudimentares podem ser removidos.*

Husky Siberiano

Literalmente, esta é a única raça que deveria se chamar husky, embora o termo seja usado para denominar muitos cães de trenós. O Husky Siberiano é dono de uma bela aparência, excelente temperamento e muita energia.

HISTÓRIA

O Husky Siberiano foi desenvolvido pela tribo Chukchi, um dos grupos nômades aparentados dos esquimós no oeste da Sibéria, para puxar trenós, arrebanhar a rena e para servir de cão de guarda. Logo se descobriu que eram perfeitos para as condições climáticas inóspitas da Sibéria – fortes, capazes de se integrar em pequenas matilhas e resistir a muitas horas de trabalho. Os Huskys permaneceram isolados na Sibéria por centenas de anos, até que comerciantes de peles os levaram para a América do Norte no início do século XX, não demorando muito para que se tornassem campeões nas competições de corridas de trenós. Atualmente, além de exercer todas essas atividades, o Husky é um cão muito popular como animal de companhia.

TEMPERAMENTO

É extremamente amigo – dócil, mas alerta –, e está sempre pronto para o trabalho.

CABEÇA *Crânio arredondado, com um stop definido inserido em um focinho que se afina; crânio e focinho de tamanhos iguais, lábios pretos e bem cerrados; trufa nasal preta, fígado, ou rosada, dependendo da cor da pelagem.*

PELAGEM *Subpelagem densa e lisa, pelagem externa macia e de tamanho médio, de várias cores, geralmente com marcações pouco comuns na região da cabeça.*

TAMANHO *Machos: de 53 a 60 cm; fêmeas: de 51 a 56 cm.*

GENTIL GIGANTE Apesar de sua enorme força, o Husky Siberiano é um cão de guarda ineficiente por ser um cão instintivamente gentil.

ESCOVAÇÃO MÍNIMA Esta forte raça tem uma bela pelagem, que não exala cheiros, não precisa de tosa, exceto em volta dos dígitos.

UM CÃO QUE UIVA Uma das características do Husky Siberiano é que ele geralmente uiva em vez de latir.

CAUDA Bem emplumada, como a da raposa, portada pendente quando em repouso e curvada sobre o dorso quando em atividade.

OLHOS Amendoados, inseridos de maneira oblíqua; as cores são o marrom ou o azul, e são aceitáveis um de cada cor ou partes coloridas.

ORELHAS De tamanho médio, triangulares, de inserção próxima e altas, revestidas de pêlo interna e externamente, e mantidas eretas.

CORPO Peito profundo e musculoso, dorso retilíneo, lombo levemente arqueado.

PATAS Compactas, bem peludas e ovais, com almofadas plantares fortes e leve membrana entre os dígitos. Dígitos rudimentares podem ser removidos.

PERNAS Membros posteriores paralelos e musculosos; membros anteriores fortes e retos.

CARACTERÍSTICAS FACIAIS

Fila Brasileiro

O fila é uma raça tipicamente molossóide, com ossatura forte e figura retangular e de grande porte. Desenvolvido no Brasil, é usado com freqüência como cão de guarda e de proteção.

HISTÓRIA

A origem histórica do Fila Brasileiro é desconhecida. Autores diversos especulam sobre vários tipos de cruzamento possíveis para a formação da raça (do Mastiff ao Bloodhound, passando por hipóteses de que o cão seria o cruzamento de cães indígenas, selvagens e outros exemplares trazidos por europeus para o Brasil). Ainda assim, permanecemos no campo da especulação. Contudo, mais importante do que a origem desse "mestiço" puramente brasileiro é a definição de padrão para a raça, que começou, ainda tímida, na década de 1940 e teve sua última atualização em 1983. Hoje, com o controle de plantéis e cruzamentos, o Fila Brasileiro recebe status de cão tipicamente nacional e ganha a cada dia com a estabilização dos padrões da raça.

TEMPERAMENTO

Um cão com coragem, determinação e valentia notáveis. Não se dá muito bem com estranhos, mas para com os de casa é dócil, obediente e extremamente cordial. É um guarda fiel da propriedade e também serve bem para a lida com gado e para caça de animais de grande porte.

CABEÇA Quando vista de cima, seu aspecto é periforme, inscrita num trapézio. De perfil, crânio e focinho guardam a proporção de um para um, com o focinho ligeiramente menor do que o crânio.

TAMANHO
Machos: 65 a 70 cm;
fêmeas: 60 a 70 cm;

PESO
Machos: mínimo de 50 kg;
Fêmeas: mínimo de 40 kg.

CARACTERÍSTICAS FACIAIS

OLHOS De tamanho médio a grande, amendoados e bem afastados. São aceitos castanho-escuros ou amarelados. Muitos apresentam pálpebra caída devido ao excesso de pele.

ORELHAS Com inserção inclinada, grandes e grossas, em forma de V.

COR Todas as cores sólidas, tigrados de fundo (dos com pouca intensidade até os mais destacados), com ou sem máscara preta. Marcações brancas no peito, nos pés e na ponta da cauda são permitidas. Manchas brancas no resto da pelagem devem ser evitadas.

TRONCO Forte, largo e profundo. É revestido de pele grossa e solta.

CORPO Corpo de aparência quadrada, bem equilibrada, com estrutura firme, mas não muito pesada.

PERNAS Membros anteriores: retos, moderadamente afastados, mas alinhados com os posteriores. Posteriores: bem musculosos, coxas bem desenvolvidas.

PATAS Compactas, os dois dedos do meio são mais longos. As traseiras são mais longas do que as dianteiras.

CAUDA Inserção média, com uma base muito larga que se afina rapidamente.

PELAGEM Muito grossa, apresenta-se solta em todo o corpo, em especial no pescoço. Em muitos casos, as barbelas estendem-se até o peito e o abdômem. O pêlo deve ser baixo, macio, espesso e bem assentado.

PURINA

ProPlan®

ALIMENTA E PROTEGE A SAÚDE

Cães de pastoreio

No decorrer de muitos séculos, cães excepcionalmente inteligentes e espertos têm mostrado um trabalho incansável que muitas vezes varia entre reunir os rebanhos, controlá-los, e transportá-los de uma região a outra, por vezes a pé e por dias a fio. Alguns destes cães do grupo de pastoreio também possuem outros talentos, como a habilidade especial dos cães de guarda contra predadores do rebanho.

Para exercerem tantas tarefas e em condições difíceis, muitos deles têm uma pelagem dupla e impermeável.

VÁRIAS ESPECIALIDADES

Algumas dessas raças do grupo dos cães de pastoreio, como o Kelpie australiano, o Boiadeiro de Apenzel, o Boiadeiro Português, eram e ainda são usadas para trabalhar com diferentes rebanhos; o Kelpie, por exemplo, adora arrebanhar aves. Cães como o Komondor já trabalharam como guarda de rebanhos de ovelhas na Hungria. No início, o belíssimo Samoieda arrebanhou e protegeu renas em sua terra natal, a Rússia. E o que dizer de cães de pastoreio menores, como o Lancashire Heeler, que é raramente usado como animal de trabalho e cujo nome é tão apropriado pela maneira com que conduz o gado, correndo de costas e se necessário dando pequenas mordidas nas pernas, nas regiões próximas dos cascos daqueles que não lhe obedecem as firmes ordens de comando? Atualmente, um alegre companheiro é cão de estimação, embora um eficiente caçador de ratos.

O FAVORITO DA AMÉRICA

O cão mais usado nas fazendas americanas na lida com os rebanhos é uma raça não oficial chamada de Pastor Americano, Pastor Inglês ou Border Collie. Um cão da família dos Collies, mas com corpo menor e focinho mais curto, geralmente branco e preto. A raça é também bastante popular tanto na Grã-Bretanha como na Irlanda.
Em geral, os Border Collies são cães de trabalho, e não são muito felizes se se limitam à função única de animais de companhia.

VAQUEIROS INTERNACIONAIS

Quase todos os países têm uma raça usada no manejo de seus rebanhos, o que acontece com o Collie da Escócia, o Puli da Hungria, o Corgi de Gales e o Maremma da Itália. O Puli, além de vaqueiro, é também um condutor de rebanhos. Os Corgis foram usados inicialmente pelos pastores celtas, trabalhando como boiadeiros, com um estilo de trabalho semelhante ao dos Heelers. Os belos Maremmas, em geral donos de uma pelagem branca, vivem uma vida simples nas pastagens altas da Itália Central.

SAMOIEDA (acima e à direita)
Às vezes também chamado de Cão das Renas ou o Cão Que Sorri, por séculos o Samoieda arrebanhou a rena, puxou trenós e foi um cão de companhia das tribos antigas das regiões árticas da Sibéria e da Rússia. Em épocas mais recentes, e desempenhado o papel de cão de trenós.

BORDER COLLIE (abaixo e à direita)
Uma das raças mais populares de cães, amado e admirado por sua inteligência, habilidade e lealdade, dono de um excelente temperamento, o Border Collie é um vaqueiro experiente, que trabalha em todas as condições climáticas e em sintonia com o som do apito do pastor.

PASTOR ALEMÃO
Originalmente um pastor de ovelhas, ele trabalha hoje em dia em outros campos de atuação, com muita energia, habilidade e inteligência. Treinado para ser um guarda de instalações militares e policial assistente para detectar drogas, armas e explosivos e na busca de seres humanos.

Boiadeiro Australiano

Conhecido no passado como Queensland Heeler, o Boiadeiro Australiano é notável por sua mordedura forte, uma qualidade essencial para um cão que deve conduzir o gado por longas distâncias. Desenvolvido para sobreviver às condições inóspitas de algumas regiões, ele é essencialmente um cão do ar livre, cheio de energia e que necessita de constantes exercícios.

HISTÓRIA

Na década de 1830, pecuaristas australianos desenvolveram uma raça de trabalho forte e resistente porque, nas palavras de um historiador que registrou a história dos rebanhos na Austrália, os cães de pastoreio existentes no país "mordiam como um crocodilo e latiam como um tuberculoso". Assim, muitos cães foram envolvidos na criação do Boiadeiro Australiano.

TEMPERAMENTO

Inteligente e alerta, o Boiadeiro Australiano é corajoso, confiável e muito trabalhador.

CÃO ARREBANHADOR

Esta raça é também conhecida como Heeler Australiano ou Heeler Azul. A palavra *Heeler* refere-se à sua habilidade para reunir o rebanho, dando pequenas mordidas nas pernas e nas regiões próximas dos cascos dos animais.

CORPO Dorso forte e retilíneo, peito moderadamente largo.

TAMANHO
Machos: de 46 a 51 cm;
fêmeas: de 43 a 48 cm.

CABEÇA *Grande e forte, com o alto do crânio paralelo à ponta do focinho, mandíbula inferior possante. Bochechas musculosas, mas não proeminentes, trufa nasal sempre preta.*

OLHOS *De tamanho médio, marrom-escuros e ovóides.*

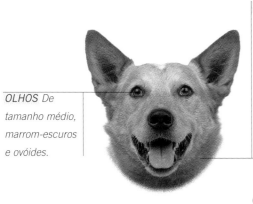

ORELHAS *Espessas e triangulares, inseridas separadas uma da outra, eretas quando o cão está em alerta, e com pêlos na parte interior.*

CARACTERÍSTICAS FACIAIS

PELAGEM *Subpelagem densa, com pelagem externa lisa e impermeável. As cores são o vermelho salpicado ou azul, azul marmorizado ou azul mosqueado, com ou sem marcações adicionais.*

CAUDA *Bem emplumada e de inserção baixa, portada pendente, com uma curvatura moderada quando o cão está em repouso e levantada quando em atividade.*

COMPANHEIRO LEAL Este é um cão extremamente leal, relutante com estranhos, porém responde a um comando firme e se enquadra muito bem nas tarefas de cão de guarda.

PATAS *Arredondadas, com dígitos curtos e bem arqueados, dígitos bem juntos; almofadas plantares duras, e unhas fortes.*

PERNAS *Membros posteriores com coxas musculosas; membros anteriores retos.*

Pastor Belga

Como o nome indica, até o século XX o Pastor Belga servia na guarda de rebanhos nas regiões da Bélgica. Atualmente, o principal papel da raça é trabalhar como cães de guarda – para a polícia, para o exército e até mesmo para os donos de bares, além de poderem se tornar excelentes e afetuosos cães de estimação.

HISTÓRIA

Muitas raças, ligadas aos cães de pastoreio existiram na Bélgica no final do século XIX, mas, como as tarefas relacionadas ao pastoreio tornaram-se cada vez mais desnecessárias, os criadores refinaram esses cães para produzir um tipo básico com quatro cores e variedades de pelagem. Em muitos países esses cães são aceitos como formas diferentes da mesma raça: Pastor Belga Groenendael, também conhecido como Pastor Belga, Pastor Belga Tervuren, Pastor Belga Malinois, além do Pastor Belga Laekenois.

TEMPERAMENTO

São animais ativos, inteligentes e muito observadores. Embora primariamente sejam cães mais do ar livre, podem se adaptar facilmente à vida em família, desde que se exercitem regularmente.

PELAGEM Pelagem externa longa e lisa com subpelagem densa. Os pêlos são curtos na região da cabeça e na parte inferior das pernas. As cores são o vermelho, o cinza ou o fulvo, com sombreado preto na extremidade de cada pêlo.

LAEKENOIS Esta é a única variedade de pêlo duro do Pastor Belga. Seu pêlo lembra o arame, seco, mas nunca encaracolado. As cores são o castanho-claro, rosado, com sombreado preto.

CORPO Atlético e musculoso, peito profundo, dorso retilíneo, parte traseira larga e inclinada. Pescoço levemente alongado.

PERNAS Longas, magras e bem musculosas.

CAUDA Bem emplumada e de tamanho médio, pendente, com a extremidade curvada para cima quando o cão está em repouso e levantada quando em atividade.

GROENENDAEL O mais popular dos quatro tipos de Pastor Belga, o Groenendael tem uma pelagem externa longa e sempre preta, tolerando-se pequenas manchas brancas apenas no antepeito e nos dígitos.

TERVUEREN Conhecido como Pastor Belga Tervuren nos Estados Unidos (veja a diferença sutil na escrita), esta raça elegante e fisicamente bem constituída é cheia de vitalidade e constantemente em atividade.

ORELHAS De inserção alta, triangulares e eretas.

OLHOS De tamanho médio, amendoados, preferencialmente marrom-escuros.

CABEÇA Longa, elegantemente esculpida e com bochechas niveladas; crânio e focinho de tamanhos iguais, e uma máscara negra na face.

CARACTERÍSTICAS FACIAIS

PATAS Patas anteriores arredondadas; patas posteriores ovóides. Dígitos arqueados, almofadas plantares espessas e unhas escuras.

TAMANHU Machos: de 61 a 66 cm; fêmeas: de 56 a 61 cm.

Collie Barbudo

Conhecido antigamente como Collie das Terras Altas, o Collie Barbudo
é um cão ativo que guarda seu entusiasmo para o ar livre, embora seja
um ótimo cão de companhia. Muito parecido com o Old English
Sheepdog ou Bobtail (*ver págs. 184-185*), esta é uma raça menor, mais
magra e apresenta uma cauda que não forma nós nem é torcida.

HISTÓRIA

A origem da família Collie parece incerta, embora
seus ancestrais possam ter sido cães que
pertenceram às antigas raças da Escócia. Algumas
autoridades no assunto sugerem que cães da raça
Magyar, trazidos por mercadores poloneses para
o norte da Inglaterra na Idade Média, poderiam
ter sido os principais ancestrais do Collie Barbudo.
A raça quase desapareceu na primeira metade
do século XX, mas foi salva pelo cruzamento
de um casal desses indivíduos em 1944.

*PERNAS Cobertas por
pêlos lanosos, membros
anteriores retos e de
boa ossatura; membros
posteriores bem
musculosos.*

TEMPERAMENTO

Conhecido por sua amizade e companheirismo,
é um cão ativo, inteligente e equilibrado que
se deleita com exercícios físicos regulares.

*PATAS Arredondadas,
cheias de pêlos, com
almofadas plantares
grandes e dígitos bem
arqueados e juntos.*

BORDER COLLIE Originário da
região fronteiriça da Escócia, esta
raça é representada por excelentes
cães de pastoreio e valorizada por
fazendeiros em todo o mundo.

UM BOIADEIRO CONFIANTE Este inteligente
cão de trabalho, de olhos inquisitivos
e brilhantes, jamais demonstra nervosismo
ou agressividade.

OLHOS Grandes, bem separados, a cor condiz com a da pelagem.

ORELHAS De tamanho médio e pendentes quando o cão se encontra em repouso.

CARACATERÍSTICAS FACIAIS

CABEÇA Grande, com crânio quadrado, cuja extremidade é achatada; focinho possante. Sobrancelhas grandes e arqueadas, mas que não cobrem os olhos. A trufa nasal, os lábios e as bordas das pálpebras são pretos e podem condizer com a cor da pelagem nos cães de cores azuis e marrons.

PELAGEM Subpelagem macia, com uma pelagem externa áspera, lisa ou ondulada. As cores são o preto, o azul, todas as nuanças do cinza, marrom, castanho avermelhado e areia, todos com ou sem marcações brancas na cabeça, peito, pernas e na extremidade da cauda.

PASTOR BERGAMASCO Este cão teve seu nome tirado da província de Bergamo, na Itália, lugar onde foi criado inicialmente.

CAUDA De inserção baixa, farta, portada para baixo fazendo uma espiral.

TAMANHO
Machos: de 53 a 56 cm; fêmeas: de 51 a 53 cm.

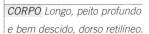

CORPO Longo, peito profundo e bem descido, dorso retilíneo.

Collie de Pêlo Longo

O Collie de Pêlo Longo viveu no anonimato por longos séculos fora da Escócia, mas é hoje considerado uma das raças mais populares no mundo. Descendente de muitas gerações de excelentes cães de pastoreio, o Collie é uma criatura dócil e de grande inteligência.

HISTÓRIA

Os Collies de Pêlo Longo são originários da Escócia, e seu nome foi provavelmente tirado de uma variedade de ovelhas escocesas de máscara e cauda pretas, denominada ovelha *colley*. Assim como muitos cães ingleses, o Collie deve sua popularidade à Rainha Vitória, que se encantou com esses maravilhosos animais, na década de 1860. Na década de 1940 a raça alcançou grande projeção ao ser escolhida para representar Lassie em um dos mais apreciados seriados de cinema da época, baseado no conto de Erick Knight, "A Volta de Lassie" (*Lassie Come Home*).

TEMPERAMENTO

Equilibrado, ativo e amante do ar livre, amável com estranhos e extremamente afetuoso com seus donos e com a família com quem vive.

CABEÇA Longa, refinada, em forma de cunha, com o crânio achatado e afinando ligeiramente em direção ao focinho, que é possante e com a trufa preta.

PELAGEM Abundante, com subpelagem espessa, e uma pelagem externa longa, lisa e áspera. As cores são o marta (do dourado-claro ao mogno em cor cheia) e o branco, o tricolor (preto, castanho e branco), ou o azul merle (azul pratcado, marmorizado com preto, com marcações brancas e em tom castanho).

CALMO E CONFIANTE Esta criatura gregária geralmente não demonstra vestígio algum de nervosismo ou agressividade.

OLHOS Amendoados, de tamanho médio, inseridos de maneira oblíqua. As cores são o marrom-escuro ou o azul nos cães de tom azul merle.

ORELHAS Pequenas, moderadamente separadas.

CARACTERÍSTICAS FACIAIS

CORPO De comprimento superior à altura, e dorso ligeiramente arqueado.

KELPIE AUSTRALIANO Um excelente cão de trabalho, notório por sua difícil tarefa de correr em volta do rebanho para alcançar a frente da manada. O Kelpie é um cão forte, de grande longevidade, podendo passar sem água por longos períodos.

AUDIÇÃO APURADA O Collie de Pêlo Longo é dotado de orelhas de grande mobilidade – trazidas para trás quando o cão está em repouso e portada para a frente e semi-ereta quando o cão está em alerta – e servem para detectar o som do apito do pastor ou até mesmo a voz a uma distância de até 1,5 km.

CAUDA Longa, de inserção baixa, com a extremidade voltada para cima, orgulhosamente portada quando o cão está entusiasmado.

PERNAS Membros posteriores possantes e vigorosos, e membros anteriores retos e musculosos.

PATAS Ovais, com almofadas plantares sólidas e dígitos arqueados.

TAMANHO Machos: de 56 a 61 cm; fêmeas: de 51 a 56 cm.

Pastor Alemão

Conhecido como Pastor alsaciano, o Pastor Alemão é um dos cães de trabalho mais versáteis: usado em todo o mundo por forças policiais e forças armadas como um cão de guarda e farejador; por deficientes visuais, como um cão-guia e por fazendeiros, como um cão pastor. Entre suas inúmeras qualidades como animal de estimação, ele não oferece apenas proteção pessoal, mas também é um grande companheiro.

HISTÓRIA

A raça foi estabelecida na Alemanha na década de 1880, embora ainda seja bastante discutida a questão relacionada aos seus ancestrais. O Pastor Alemão foi inicialmente um cão de fazenda. Ao demonstrar, porém, sua versatilidade no exército alemão durante a Primeira Guerra Mundial, foi logo introduzido nos Estados Unidos e na Comunidade Britânica pelos soldados das Forças Aliadas. A partir de então, o Pastor Alemão atingiu enorme popularidade, graças à ajuda daqueles personagens que sempre roubavam a cena, como Rin Tin Tin, na década de 1920, e o famoso companheiro de Roy Rogers, o seu cachorro Bullet, na década de 1950.

TEMPERAMENTO

Extremamente inteligente e geralmente confiável. Dependendo do treinamento correto, desde o início poderá se tornar um companheiro leal e obediente.

CABEÇA *Crânio bem proporcionado com focinho cuneiforme, ambos de tamanhos equivalentes. Trufa nasal sempre preta; os lábios são bem firmes e se fecham completamente sobre os dentes.*

ORELHAS *De tamanho médio, extensas na base, de inserção alta e eretas.*

OLHOS *De tamanho médio, amendoados, geralmente de cor marrom-escura.*

PERNAS *Membros anteriores retos; membros posteriores amplos e vigorosos.*

CARACTERÍSTICAS FACIAIS

TAMANHO
Machos: 62,5 cm; fêmeas: 57,5 cm.

ESTRELA DE SHOWS E EXPOSIÇÕES Já conhecido no passado como Cão Lobo Alsaciano, ele é uma estrela nos shows e demonstrações caninas.

UM CÃO QUE PRECISA DE ATENÇÃO

Os Pastores Alemães são animais muito ativos mental e fisicamente, precisando constantemente de uma atenção considerável da parte de seus donos.

PELAGEM Pelagem externa com pêlos duros, ásperos e lisos, com uma subpelagem espessa. Muitas cores, incluindo o preto com o castanho ou com marcações cinza, cinza uniforme, preto uniforme, cinza com marrom ou com marcações claras.

PASTOR ALEMÃO DE PÊLO LONGO

Embora a maioria dos Pastores Alemães nasça com o pêlo curto, aproximadamente 10% dessa população tem uma pelagem mais longa, elegante e que muitos donos preferem.

PASTOR BRANCO AMERICANO

Este belo cão, também conhecido por Pastor Branco Americano ou Canadense, assemelha-se ao Pastor Alemão, exceto pela cor branco neve. Originário da América do Norte, nunca foi cruzado com nenhuma outra raça.

CORPO De comprimento superior à altura, peito profundo, dorso retilíneo e membros posteriores inclinados para trás.

PATAS Compactas, com dígitos arredondados e arqueados, almofadas plantares bem desenvolvidas, e unhas escuras. Dígitos rudimentares podem ser removidos.

CAUDA De tamanho médio, em tufo e de inserção baixa, pendente, com uma curva em sabre quando o cão está em repouso e levemente levantada quando em movimento.

Old English Sheepdog (Bobtail)

Uma das raças de cães de pastoreio mais antigas, este é hoje um cão de estimação muito querido. Com seu jeito de andar rebolando, a pelagem abundante e emaranhada, ele é facilmente confundido com um urso.

HISTÓRIA

A raça foi desenvolvida na região oeste da Inglaterra por fazendeiros que precisavam de um condutor de rebanho ágil e um bom pastor de ovelhas. Entre seus ancestrais encontram-se o Collie Barbudo (*ver págs. 178-179*) e uma variedade de cães de pastoreio europeus. Foi apresentado pela primeira vez em uma demonstração canina britânica em 1873.

TEMPERAMENTO

Conhecido no passado como agressivo e pouco confiável, hoje tais características desapareceram e, embora ainda capaz de trabalhar como um cão de guarda, ele é amigo, fiel e equilibrado, com um jeito inteligente e tempestuoso de ser. A raça é excepcionalmente boa e popular entre as crianças.

CABEÇA Quadrada, com crânio amplo, arqueado sobre os olhos; o focinho é forte e de tamanho equivalente ao crânio. Trufa nasal grande e preta com narinas amplas.

CORPO Curto e compacto, com peito profundo e lombo moderadamente arqueado. Pescoço longo e forte.

A RAÇA DO BOBTAIL Uma cauda completamente amputada deu-lhe o apelido de Bobtail ou simplesmente Bob.

PATAS Compactas, arredondadas e pequenas, com dígitos bem arqueados e espessos, almofadas plantares fortes. Os dígitos rudimentares podem ser removidos.

OLHOS *De inserção bem separada, na cor marrom-escuro, parcial ou completamente azul-claros.*

CAUDA *Geralmente amputada na primeira junta.*

ORELHAS *Pequenas e pendentes, achatadas contra a face.*

CARACTERÍSTICAS FACIAIS

PELAGEM *Áspera, longa, isenta de cachos, com uma subpelagem impermeável. As cores são as nuanças do cinza, o grisalho, ou o azul, com ou sem luvas brancas nas extremidades dos membros. Marcações brancas na cabeça, pescoço, na parte anterior e embaixo da barriga.*

EVASÃO DE DIVISAS A tradição da amputação da cauda do Old English Sheepdog se explica porque cães condutores de rebanho eram isentos de impostos, e essa era a marca da função.

PERNAS *Cobertas de pêlo. Membros posteriores musculosos e anteriores retos.*

TAMANHO
Machos: 61 cm; fêmeas: 56 cm.

Cão Montanhês dos Pireneus

Provavelmente uma das raças mais resistentes, o Cão Montanhês dos Pireneus tem personalidade gentil aliada a uma forte constituição física. Apesar de se adaptar facilmente à vida como cão de companhia, ele não é um animal para viver em um espaço limitado.

CUIDADOS CONSTANTES Estes cães precisam de uma quantidade enorme de alimento, muito exercício e escovação constante para mantê-los felizes, saudáveis e com a melhor aparência possível.

HISTÓRIA

Por muitos séculos estes cães foram usados nos Pireneus para proteger os rebanhos de ovelhas contra os ursos saqueadores e as matilhas de lobos. Seus ancestrais foram provavelmente o Mastiff tibetano, trazido da Ásia há mais de mil anos. No século XV, eles serviam como cães de guarda, chegando a se tornar moda durante o reinado de Luís XIV, após ele ter colocado um deles como cão de guarda no Louvre. Não demorou para que logo fossem vistos como cães de guarda em castelos por todo o país.

PELAGEM Subpelagem abundante e de pêlos finos; pelagem externa longa, espessa e áspera, lisa ou ondulada. As cores são o branco, ou o branco com manchas em tom castor, cinza cor de lobo ou amarelo pálido.

TEMPERAMENTO

De natureza gentil, obediente, leal e afetuoso, e um ótimo cão de guarda.

PERNAS Membros anteriores retos e bem musculosos, membros posteriores com dígitos rudimentares duplos.

TAMANHO Machos: 70 cm; fêmeas: 65 cm.

CABEÇA Grande, crânio arredondado, com focinho profundo e possante. O crânio e o focinho se juntam por uma inclinação sutil, com apenas um discreto sulco entre eles. A trufa nasal e os lábios são pretos, e o céu da boca é marcado pela cor preta.

OLHOS Âmbar escuro, marrons, amendoados, e bordas das pálpebras escuras.

CARACTERÍSTICAS FACIAIS

ORELHAS Pequenas, triangulares e pendentes, podendo ficar levemente levantadas quando o cão está em alerta.

PASTOR DE MAREMMA

O Maremma é para os cães pastores da Itália aquilo que o Beauceron e o Collie são para os seus correlativos na França e na Grã-Bretanha. Geralmente branco, mas às vezes fulvo ou limão, este belo cão pode estar relacionado ao Kuvasz e ao Cão Montanhês dos Pireneus.

CORPO Solidamente constituído, com peito grande e profundo, dorso amplo, musculoso e retilíneo.

PATAS Curtas, compactas, com dígitos levemente arqueados, unhas fortes, grossas.

CÃO DA GUERRA Nem sempre foi conhecido por seu temperamento gentil. No passado ele serviu em batalha como cão de guerra, sempre usando uma coleira cravejada de metais pontiagudos.

CAUDA Longa e afinando-se para a extremidade, bem emplumada, levemente encaracolada na ponta. A cauda levanta-se da posição baixa para alta, acima do dorso, quando o cão se empolga.

Samoieda

Uma beleza de tirar o fôlego, uma pelagem tão branca quanto a neve e o famoso "sorriso samoieda" mantêm o sucesso dessa criatura glamourosa que por onde passa desperta admiração e faz novos amigos! Elegante e ágil, hoje o Samoieda é uma das estrelas mais presentes nas competições e exposições caninas, além de ser um excelente cão de companhia.

HISTÓRIA

Os ancestrais da raça foram os fortes Spitz europeus. Uma tribo nômade da Sibéria, os samoiedos, deu à raça o seu nome e a usava para puxar os trenós e arrebanhar as renas. A raça tornou-se reconhecida pela resistência e força, e os exploradores europeus usaram-na em suas expedições polares. Originalmente, o Sammy (como a raça é afetuosamente conhecida) era um cão multicolorido, geralmente preto, preto-e-branco, ou preto e castanho, mas eventualmente a cor branca na pelagem tornou-se dominante. No final do século XIX, mercadores de peles reconheceram o potencial de lucro da bela pele branca do Samoieda e começaram a importar a raça para os Estados Unidos e para a Europa.

TEMPERAMENTO

Ativo, inteligente e de natureza independente. Um cão que faz amizade com qualquer pessoa facilmente, inclusive com um estranho ou invasor.

AS MARCAS DOS SPITZS
As orelhas eretas e a cauda portada sobre o dorso são os sinais que apontam para uma herança genética comum com os Spitz.

PERNAS *Membros posteriores muito musculosos; membros anteriores retos e de boa ossatura.*

CABEÇA *Possante e arredondada. Crânio largo e achatado, focinho moderadamente longo. A trufa nasal é preferencialmente preta, os lábios pretos, com uma expressão de sorriso.*

PATAS *Longas, chatas e emplumadas; almofadas peludas e dígitos bem espaçados.*

FELIZ E SORRIDENTE

A característica "Samoieda sorriso" – uma condição causada pelos lábios que são levemente curvados no canto da boca – parece revelar a verdadeira personalidade da raça. O Samoieda é um cão equilibrado, de boa natureza e em geral muito feliz, com uma afinidade natural com o ser humano.

CORPO Dorso musculoso, lombo forte, peito profundo e moderadamente largo.

PELAGEM Subpelagem espessa e macia, de onde cresce uma pelagem externa áspera. A pelagem externa fica afastada da superfície do corpo, e as extremidades dos pêlos são prateadas. As cores são o branco, o branco e biscuit e o creme.

ORELHAS Inseridas distantes e bem emplumadas.

OLHOS IInseridos relativamente separados um do outro e em obliqüidade, amendoados; do castanho médio ao escuro.

CAUDA Longa, espessa, portada sobre o dorso. Quando o cão está em alerta, a cauda é portada para o lado, e pendente, quando em repouso.

CARACTERÍSTICAS FACIAIS

TAMANHO Altura ideal, com variações de 3 cm – machos: 57 cm; fêmeas: 53 cm.

Pastor de Shetland

Cão com um físico bem proporcionado, o Pastor de Shetland ou Sheltie é facilmente confundido com o Collie de Pêlo Longo (*ver págs. 180-181*). Além de ser criado como um cão de pastoreio, o Pastor de Shetland é um excelente animal de companhia e um ótimo cão de guarda.

HISTÓRIA

Por muitos séculos estes pequenos cães foram usados para reunir e guardar o rebanho nas ilhas de Shetland, na costa escocesa, onde o terreno é difícil e árduo, e os animais têm estatura pequena. Acredita-se que seus ancestrais sejam o Collie de Pêlo Longo ou o Yakki Icelandic, trazidos pelos baleeiros.
O refinamento da raça deu-se principalmente no século XX, após a exportação dos Shelties para o continente escocês e para outros lugares.

TEMPERAMENTO

De incrível inteligência e potencial de treinamento, o Sheltie reteve muitas características de seus antepassados, os cães de trabalho. Pode ser muito leal e afetuoso com seu dono e desconfiado com estranhos, o que o qualifica como um ótimo cão de guarda.

VERSATILIDADE Estes animais são de fácil treinamento, o que faz deles excelentes cães de trabalho, cães de shows ou animais de estimação. Os Shelties adoram os exercícios regulares, e sua longa pelagem requer escovação freqüente.

PERNAS Membros anteriores retos e bem emplumados; membros posteriores com coxas grossas e musculosas.

TAMANHO
Machos: 37 cm;
fêmeas: 35,5 cm.

ORELHAS Pequenas e de inserção alta, voltadas para trás quando o cão está em repouso; semi-eretas quando em alerta, e as pontas pendem para a frente.

OLHOS De tamanho médio, inseridos obliquamente e amendoados. Geralmente marrom-escuros ou, às vezes, azuis nos cães da cor azul merle.

CARACTERÍSTICAS FACIAIS

CABEÇA Longa, afinando-se com nitidez e elegância da base das orelhas até a trufa nasal. O focinho e o crânio são de tamanhos equivalentes; o topo do crânio é paralelo ao topo do focinho, com stop moderado entre eles. A trufa, os lábios e as bordas das pálpebras são pretos.

CORPO Peito profundo, dorso retilíneo; a parte traseira com inclinação leve e costelas arqueadas.

APARÊNCIA ALTERADA

Os Shelties foram cruzados com os Collies no início da década de 1900, e hoje lembram um Collie em miniatura.

PELAGEM Pelagem externa longa, áspera e lisa, com uma subpelagem macia e densa. As cores são o marta e branco, o tricolor (predominância do preto com marcações em branco e canela), o azul merle (mistura alternada de pêlos pretos e brancos, com marcações em branco e canela, como nos tricolores, além dos bicolores em preto e branco, sem canela, e em azul e branco, sem as marcações em canela).

CAUDA Longa, bem coberta de pêlos e de inserção baixa. Portada para baixo ou levemente levantada quando o cão está em movimento.

PATAS Ovais e compactas, com dígitos bem arqueados e juntos, e almofadas plantares espessas.

Welsh Corgi

O nome provavelmente deriva da palavra *corrci* em gaulês, que significa "cão anão". Existem duas variedades relacionadas – o Pembroke e o Cardigan.

HISTÓRIA

A maioria acredita que o Pembroke Welsh Corgi tenha chegado ao País de Gales em 1107, com os tecelões flandrenses, enquanto outros alegam que seu histórico flandrense e a cabeça semelhante à da raposa apontam para uma ancestralidade com os Spitz. Uma outra corrente de pensamento, no entanto, acredita que o comércio entre Gales e a Suécia introduziu o Vallhund sueco nos grupos de cães da região. Assim como o Cardigan, o Pembroke teve muito sucesso como cão de pastoreio. Ágeis e rápidos, os Corgis corriam em volta do rebanho e mordiam as patas na região do casco daqueles que não queriam obedecer.

TEMPERAMENTO

São leais, afetuosos, amigos, muito carinhosos com as crianças e tendem a ser cautelosos com estranhos, fato que o qualifica como um cão de guarda.

PELAGEM IMPERMEÁVEL
O Pembroke Welsh Corgi tem uma pelagem impermeável que precisa de escovação diária para mantê-la sempre com boa aparência.

CAUDA
Naturalmente curta ou amputada ao nascer.

CORPO De constituição forte, mas moderada, com peito largo, profundo e dorso retilíneo.

TAMANHO
De 25,4 a 30,5 cm.

PERNAS
Curtas, de boa ossatura e fortes.

PATAS Ovais, com unhas curtas, almofadas plantares fortes e dígitos bem arqueados. Os dois dígitos centrais são mais longos que os outros.

ORELHAS *De tamanho médio, pontiagudas e levemente arredondadas.*

OLHOS *De tamanho médio, redondos e escuros, combinam com a cor da pelagem.*

CABEÇA *Achatada, crânio largo, stop moderado e trufa nasal preta. O focinho, que se afina, dá uma aparência similar à da raposa.*

CARACTERÍSTICAS FACIAIS
Pembroke Welsh Corgi

PELAGEM *De tamanho médio e bastante densa, as cores são a zibelina, o castanho-claro ou o preto e castanho, com ou sem marcas brancas.*

CARDIGAN WELSH CORGI O Cardigan pode ser distinguido do Pembroke por seu corpo mais longo e a cauda espessa. Por ser um cão de cor azul merle, o olho direito é marrom e o esquerdo é azul-claro. A cor dos olhos dos cães azuis merle pode ser azul-claro ou apresentar pintas azuis.

PEMBROKE WELSH CORGI
Desde seu longo passado como cão de pastoreio, o Pembroke sempre gostou de dar suas mordidas leves, como fazia nas pernas do rebanho, o que não convém para um cão de companhia.

PURINA

PROPLAN®

ALIMENTA E PROTEGE A SAÚDE

Cães de Pequeno Porte (Toys)

Os cães de pequeno porte, ou Toys, devem o aprendizado de suas especialidades às características próprias e ao fato de serem animais convenientemente pequenos e donos de uma estética que agrada a todos. Estes companheiros representam um papel de suma importância na vida das pessoas que moram sozinhas, e os benefícios de sua convivência com doentes idosos e com aqueles que não saem de casa por algum tipo de limitação são cada vez mais reconhecidos em todo o mundo.

O MENOR DE TODOS OS CÃES

A palavra *toy*, como tem sido usada para classificar alguns tipos de cão desde 1863, significa simplesmente "diminutivo". Os toys, ao perceberem a presença de estranhos, avisam seu dono com latidos e uivos, e chegam a ser tão protetores de suas casas que, apesar do pequeno porte, não hesitam em atacar o invasor.

BELA SELEÇÃO

As raças da maioria dos cães de pequeno porte ou toys foram seletivamente criadas dando-se ênfase às características voltadas à aparência. Alguns, como o Greyhound italiano e os Spaniels Toys, são versões em miniatura das raças de porte grande nos grupos dos sabujos e dos cães de aponte; o Spitz Alemão Anão, por exemplo, é o pequeno representante do grupo dos Spitz, onde estão incluídos o Spitz Finlandês, o Samoieda, o Akita e o Keeshond.

LONGA HISTÓRIA

Os chineses mantiveram por milhares de anos seus "cães leões", que eram quase idênticos aos Pequineses de hoje, e, entre os romanos, os cães de colo eram muito populares. De igual modo, os cães toys foram particularmente os favoritos de nobres damas e estiveram associados com os nomes da realeza, como Mary, Rainha da Escócia, a Rainha Vitória e a Rainha Maria Antonieta da França.

BELA HISTÓRIA

Na Idade Média, as pessoas costumavam levar seus cães à igreja para lhes aquecer os pés – os chamados "esquenta-pés". A história conta um incidente que aconteceu quando o bispo de Gloucester estava celebrando uma missa na Abadia de Bath, estando presentes muitos cães "esquenta-pés", entre eles os famosos Turnspits. A passagem da Bíblia a ser lida naquele dia encontrava-se no capítulo 10 do Livro de Ezequiel e se referia às "rodas" e aos "animais que as controlam". Os Turnspits estavam tão familiarizados com a palavra "rodas" e com o significado que ela tinha para eles que, assim que os cães a ouviram, meteram o rabo entre as pernas e saíram correndo da igreja.

PUG (acima, à direita) O Pug, com seu pequeno corpo e uma postura acocorada, cara enrugada e preta e cauda encaracolada de maneira apertada, foi por muitos anos um divertido companheiro, especialmente nas casas reais européias, onde quase assumiu a posição de bobo da corte, tendo sido retratado em muitas pinturas dos grandes mestres.

YORKSHIRE TERRIERS (embaixo, à direita) Os Yorkies de nossos dias, com seus lindos penteados e adornos, fazem com que seja difícil acreditar que algum dia tenham sido uma raça de trabalho. Estes lindos cães foram desenvolvidos no início do século XIX pelos mineiros de Yorkshire, que desejavam criar um terrier que pudesse ser levado no bolso e ser usado no controle dos ratos no interior das minas e no lanifício.

PEQUINÊS (à esquerda) Uma raça verdadeiramente antiga, completamente estabelecida conforme os registros, que datam desde o século VIII da Dinastia Tang. O Pequinês era pequeno o suficiente para ser levado nas mangas das vestes imperiais dos membros da corte, o que lhe deu o nome de Cão das Mangas.

Bichon Frise

Companheiro dos marinheiros, o predileto da corte francesa do século XVI, um artista circense de sucesso e uma estrela dos shows caninos, o Bichon Frise tem tido uma carreira tão glamourosa quanto sugere sua extraordinária aparência.

HISTÓRIA

Embora considerada uma raça de origem francesa, o Bichon Frise pode ter tido suas origens nas ilhas Canárias, de onde fora trazido para a Europa por viajantes italianos durante o século XIV. Naquela época, havia quatro variedades – o Maltais, o Bolognais, Havanais e o Tenerife –, mas a Revolução Francesa não veria apenas o declínio da aristocracia, mas também a obscuridade do pequeno cão que havia sido favorecido por ela. O Bichon Frise trocou então a vida de ouro dos palácios e castelos pelo brilho das lantejoulas do mundo circense, e, assim como o Poodle (ver págs. 132-133), ele foi facilmente treinado e empregado apenas como mais um cão de circo. O seu padrão foi estabelecido em 1933, quando o cão se tornou conhecido pelo atual nome, cuja tradução significa "cão de colo de pêlo encaracolado".

TEMPERAMENTO

Um cão que ama estar em companhia das pessoas, o Bichon Frise possui espírito forte e independente.

TAMANHO
Até 30 cm de altura.

CAUDA *De inserção baixa, geralmente portada de maneira recurvada, mas sem se apresentar enrolada sobre o dorso.*

FÁCIL DE SER RECONHECIDO Um cão charmoso que mais parece uma bola de pêlo, que consegue se destacar na multidão. A tenacidade e a robustez do Bichon Frise contradizem a aparência de bichinho de pelúcia.

PERNAS *As coxas são largas e bem arredondadas. Os membros anteriores são retos e perpendiculares quando vistos de frente, não devendo apresentar ossatura muito fina.*

BOA APARÊNCIA Para manter a aparência empoada, o Bichon Frise requer tosas contínuas, escovações e banhos. Para os cães que não se destinam a exposições e concursos, uma escovação normal manterá a pelagem e os delicados cachos em condições satisfatórias.

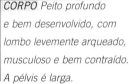

CORPO *Peito profundo e bem desenvolvido, com lombo levemente arqueado, musculoso e bem contraído. A pélvis é larga.*

OLHOS *Relativamente grandes e arredondados, de cor escura, o branco do olho não deve ser visível quando o cão olhar para a frente.*

CABEÇA *As linhas que se formam entre o canto dos olhos e a ponta do nariz devem criar um triângulo eqüilateral. A trufa nasal é grande e preta.*

PELAGEM *Fina e sedosa, com cachos em formato de parafuso quando a pelagem não está escovada. A cor é o branco, mas pode haver um pigmento escuro embaixo da pelagem.*

ORELHAS *Delicadas e estreitas, pendentes e próximas à cabeça, cobertas por pêlos finos e longos.*

PATAS *Arredondadas, com dígitos juntos e articulações fortes, almofadas plantares pretas com unhas pretas, uma característica possível.*

CARACTERÍSTICAS FACIAIS

Chihuahua

O menor entre os menores do grupo, o Chihuahua tem uma popularidade tão grande que chega a ser desproporcional a seu próprio tamanho. Um cãozinho maravilhoso que combina a alegria e o enorme apelo visual com os instintos de caçador e de proteção de um cão bem maior.

HISTÓRIA

Até 1898, quando foi exportado para os Estados Unidos pelo México, a história dos Chihuahuas baseava-se em conjecturas. Seria o Chihuahua uma raça da América do Sul, verdadeiramente indígena, descendente de cães considerados sagrados primeiro pelos incas e depois pelos astecas? Ele foi introduzido no Mundo Novo pelos conquistadores? Ou veio da China em épocas recentes? Diante de tantas probabilidades, a raça não é somente o produto de apenas um tipo de cão, mas de muitos tipos antigos e relativamente modernos.

TEMPERAMENTO

Sem se deixar intimidar por outros cães, independente do porte que o seu opositor possa ter, o Chihuahua é muito meticuloso quanto à companhia de outros cães, preferindo os de sua própria raça.

CABEÇA De aparência graciosa, levemente arredondada e com crânio alongado, bochechas delineadas de maneira magra e plana; o focinho é estreito e pode apresentar qualquer cor.

PELAGEM De textura macia, lisa ou levemente ondulada, pode apresentar uma juba em volta do pescoço; de qualquer cor, ou uma combinação de cores.

CORPO Dorso retilíneo, ombros delgados, peito profundo, costelas arredondadas, mas nunca em formato de barril.

TAMANHO O menor possível. **PESO** Até 2,7 kg.

O CÃO QUE TREME Apesar da ampla cobertura que sua pelagem oferece, o Chihuahua de pêlo longo tende a tremer tanto quanto seu primo de pêlo curto, embora estejam predispostos a sentir frio como qualquer outra raça.

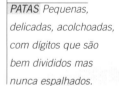

PATAS Pequenas, delicadas, acolchoadas, com dígitos que são bem divididos mas nunca espalhados.

OLHOS *Grandes e redondos, bem separados, cores escuras ou em tom rubi, ou claros em cães de cor clara.*

ORELHAS *Grandes e brilhantes, inseridas em um ângulo de aproximadamente 45 graus.*

CARACTERÍSTICAS FACIAIS

CAUDA *De tamanho médio, inserção alta, portada para cima e sobre o dorso, longa e semelhante a uma pluma.*

CHIHUAHUA DE PÊLO LONGO

Os astecas não produziam a lã ou o algodão, o que faz supor que dependessem dos cães para produzir suas roupas, sendo assim possível que a matéria-prima fosse proveniente de cães semelhantes ao Chihuahua. A versão moderna de pêlo longo da raça deve ter surgido do cruzamento do Chihuahua de pêlo curto com outras raças pequenas, como o Papilon, o Spitz Alemão Anão e o Yorkshire Terrier.

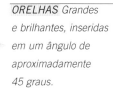

PERNAS *Membros posteriores musculosos e anteriores retos.*

CHIHUAHUA DE PÊLO CURTO As características de uma pelagem brilhante, assentada ao corpo e macia, são as únicas diferenças entre as duas variedades. Os dois tipos são igualmente populares.

King Charles Spaniel

Talvez a mais majestosa de todas as raças,
o King Charles Spaniel foi o predileto de
Mary, rainha da Escócia, e de Charles II
da Inglaterra. O rei Charles gostava tanto
da raça que, segundo o relato
de Samuel Pepys, tudo o que
se observava na corte era
"o comportamento tolo do rei
ao brincar com seu cão sem
se importar com os assuntos
que lhe eram pertinentes".

CABEÇA Bem arredondada,
com um focinho preto,
bem arrebitado, e stop bem
definido. O crânio é largo
em comparação ao cão.

HISTÓRIA

O King Charles Spaniel teve suas
origens provavelmente na China ou
no Japão. A raça cruzou o Canal da
Mancha vindo diretamente da França,
onde havia muito tinha sido reconhecida
como uma raça de aponte. Até o início
do século XIX ainda era usada na caça à
galinha-d´angola, mas o cruzamento seletivo
produziu um cão de focinho menor,
de ótimo temperamento e boa aparência.

TEMPERAMENTO

Afetuoso, equilibrado, ele se dá bem com
as crianças e convive bem com outros cães.

ALTURA
De 26 a 32 cm;
PESO
De 5,5 a 8,2 kg.

CAVALIER KING CHARLES SPANIEL
Os cruzamentos durante o século XIX levaram
à criação de um tipo separado de cão, de certo
modo maior que o King Charles Spaniel, com
crânio achatado e focinho mais longo.

PERNAS Curtas,
retas, fortes e
robustas, bem
emplumadas.

OLHOS Grandes e escuros, bem separados, e pálpebras alinhadas horizontalmente.

ORELHAS Muito longas, de inserção baixa, pendente do lado das bochechas, com franjas abundantes.

CARACTERÍSTICAS FACIAIS

PELAGEM De textura sedosa, longa e brilhante.

CORPO Robusto, de aparência compacta, com dorso curto e largo, e peito profundo.

PRÍNCIPE CHARLES E O BLENHEIM KING CHARLES SPANIELS Um cão tricolor, o Príncipe Charles tem uma pelagem branca perolada com marcações pretas e castanhas. O Blenheim tem a mesma pelagem branca, mas com placas em tom castanho. As duas outras variedades da raça são os originais preto e castanho e o rubi, que é um cão de cor vermelha sólida.

CAUDA Em forma de um pendão de formato quadrado. Bem emplumada e portada abaixo do nível do dorso.

UM CÃO REAL Foi o afeto incomum de Charles II por estes cães que deu à raça o nome que tem. Sua afeição era tamanha que ele permitia a seus vários cães o acesso a todas as dependências do palácio de Whitehall.

PATAS Compactas e redondas, almofadas plantares fortes e bastante emplumadas.

Spaniel Japonês

Apesar de seu nome, o Spaniel Japonês
é de linhagem chinesa, compartilhando
a mesma árvore genealógica – com raízes
no Spaniel tibetano – com o Carlin-Pug
(*ver págs. 214-215*) e o Pequinês
(*ver págs. 210-211*).

HISTÓRIA

A longa e venerável história do Spaniel
Japonês nos remete a um passado de
2.700 anos, quando a raça foi
introduzida no Japão vinda da China.
Na corte imperial japonesa, os Spaniels
Japoneses eram mantidos em gaiolas
douradas suspensas, como se fossem
pássaros exóticos.
Embora a raça quase tenha sido
dizimada pelo vírus da cinomose, logo
após sua entrada nos Estados Unidos,
ela cresce a cada dia.

TEMPERAMENTO

O Spaniel Japonês é um cão afetuoso,
encantador, divertido, muito educado e
com um ótimo senso de humor. Adora
ser o centro das atenções, podendo se
transformar em um bom artista e se
apresentar em shows.

*CABEÇA Crânio largo, bem
arredondado, na região frontal
e entre as orelhas. A trufa nasal
é preta na variedade branco
e preto, ou na cor de carne
no vermelho e branco.*

*CORPO Curto,
quadrado e
compacto tanto
quanto é a altura,
com peito largo
e profundo.*

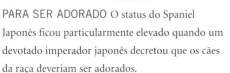

*TAMANHO
De 25 cm.
PESO
De 1,8 a 3,2 kg.*

PARA SER ADORADO O status do Spaniel
Japonês ficou particularmente elevado quando um
devotado imperador japonês decretou que os cães
da raça deveriam ser adorados.

ESCOLHA DAS CORES A variedade
mais popular da raça é o original
preto-e-branco, mas as várias nuanças
do vermelho, incluindo também
a zibelina, o limão e o laranja com
o branco, também são possíveis.

*PELAGEM Longa,
abundante, sedosa,
lisa, sem ondas ou
cachos; juba em
volta do pescoço
e farta plumagem.*

ESTRÁBICO A grande distância entre os olhos dá ao Spaniel
Japonês uma expressão levemente estrábica e esbugalhada
quando olha diretamente para a frente.

*CAUDA Abundante, com
pêlos longos que formam
uma pluma pendente
para um dos lados,
encaracolada e portada
sobre o dorso.*

*ORELHAS Em formato
de V, pequenas,
separadas e altas na
cabeça, emplumadas
e portadas levemente
para a frente.*

*OLHOS Grandes, bastante
proeminentes e escuros,
inseridos bem distantes
um do outro.*

PERNAS
*Pequenas e finas,
com boa pelagem.*

*PATAS Pequenas mas
alongadas, com leve
tendência a ficarem
na ponta dos pés.*

CARACTERÍSTICAS FACIAIS

Maltês

Issa, a cadelinha maltesa de Publius, governador romano de Malta no século I d.C., recebeu um dos mais poéticos tributos que um cão poderia receber de seu dono: "Issa é mais brincalhona que o pardal da Catulla. Issa é mais pura que o beijo de uma pomba. Issa é mais gentil que uma donzela. Issa é mais preciosa que as gemas da Índia".

HISTÓRIA

Os malteses podem ter se originado de Malta ou da cidade siciliana de Melita. Eles são uma das raças mais antigas: estátuas de cães similares têm sido encontradas nos túmulos egípcios do século XIII a.C., e a raça pode ter chegado à Grã-Bretanha trazida com as legiões romanas por volta de 55 a.C.

TEMPERAMENTO

Amável, leal e corajoso, o Maltês é um cão de companhia de primeira classe, mas também um cão de guarda eficiente.

CABEÇA De tamanho médio, a parte mais alta do crânio é levemente arredondada, o stop bem definido, focinho grande e trufa nasal preta.

PATAS Pequenas e redondas, cobertas de pêlos, e almofadas plantares pretas.

PRECAUÇÕES O fato de o Maltês não precisar de muita atenção e cuidados para que se mantenha em ótimas condições não surpreende. Ele não deve ser exposto à chuva ou ao frio excessivo.

ORELHAS *Longas, de inserção baixa, pendentes próximas à cabeça e abundantemente emplumadas.*

OLHOS *Relativamente grandes, ovais e marrom-escuros, com as bordas das pálpebras pretas.*

CARACTERÍSTICAS FACIAIS

PELAGEM *Muito longa, lisa, sedosa e sem ser encaracolada, de cor branco sólido.*

CAUDA *Longa, abundante, em forma de pluma, portada encaracolada sobre o dorso.*

UM DOS PRIMEIROS CÃES DE EXPOSIÇÃO Uma raça verdadeiramente antiga, o Maltês foi um dos primeiros cães a ser mostrado em uma exposição – na Grã-Bretanha, em 1862, e nos Estados Unidos, em 1877.

CORPO *Alongado, compacto e baixo, com dorso curto e retilíneo, peito profundo e bem arqueado.*

PERNAS *Membros posteriores fortes, com coxas grossas; membros anteriores curtos, retos e finos.*

TAMANHO *Machos: de 21 a 25 cm; fêmeas: de 20 a 23 cm.*

Pinscher Miniatura

Este pequeno cão ativo e robusto, com a característica peculiar de andar dando passos altos, ganhou ampla popularidade nos Estados Unidos nos últimos anos, mas era praticamente um desconhecido fora da Alemanha antes de 1900. Embora pareça uma versão em miniatura do Dobermann (*ver págs. 154-155*), não existem entre as duas raças vínculos genéticos.

HISTÓRIA

O pequeno Pinscher (palavra que significa "terrier" em alemão) existiu na Alemanha e na Escandinávia por muitos séculos, antes de os Pinschers Miniatura emergirem como uma raça distinta. Em 1895, foi formado o Clube Alemão do Pinscher, e o Pinscher Miniatura foi oficialmente reconhecido.

A popularidade deste cão aumentou na década de 1920, após ter sido exportado para os Estados Unidos, e, em 1929, o Clube Americano do Pinscher Miniatura foi fundado. Apenas seis anos mais tarde um exemplar americano da raça ganhou como o melhor no grupo dos toys no concurso de Chicago.

TEMPERAMENTO

Alerta, inteligente, leal, embora seja considerada de pequeno porte, a raça é muito corajosa. O Pinscher é um ótimo cão de guarda e de companhia, tendo ainda entre seus atributos as excelentes qualidades como cão rateiro.

PELAGEM Curta, macia e brilhante. As cores são o avermelhado (cor de corsa), o avermelhado e marrom até o vermelho-escuro e marrom e o preto e castanho (black and tan).

CORPO De constituição quadrada, com peito profundo, dorso retilíneo e abdômen contraído.

PERNAS Membros posteriores musculosos, bem separados; membros anteriores retos.

CORAGEM CANINA Este é um distinto animalzinho de andar preciso e postura semelhante à de um cavalo, com um jeito animado de ser e o espírito destemido de um cão duas vezes maior que o seu tamanho.

TAMANHO Machos ou fêmeas: de 25 a 30 cm.

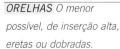

ORELHAS _O menor possível, de inserção alta, eretas ou dobradas._

CABEÇA _Estreita, crânio que se afina com a parte mais alta achatada. O focinho é forte e em proporção com a cabeça; a cor da trufa combina com a da pelagem, e os dentes superiores se sobreporem precisamente aos inferiores._

OLHOS _De tamanho médio, ovais, o mais escuros possível._

CARACTERÍSTICAS FACIAIS

CAUDA _De inserção alta, portada moderadamente para cima, geralmente amputada de maneira curta. No Brasil, geralmente amputada, mas pode aparecer íntegra._

ORELHAS ERETAS As orelhas podem ser operadas até certo ponto. Considerando que esse tipo de intervenção é ilegal na Grã-Bretanha e no Reino Unido, os criadores estão produzindo mini-Pinschers de orelhas naturalmente eretas. No Brasil, podem estar inteiras ou amputadas.

ESTRELA DOS SHOWS Nascido para brilhar nos shows caninos, nas exposições e concursos - elegante, vivaz e de pelagem bem assentada, os cuidados relacionados à escovação são fáceis.

COLORAÇÃO CORRETA No Pinscher preto e castanho típico existem marcações nas bochechas, lábios, no maxilar inferior, na garganta, sobre os olhos, no peito, nos membros posteriores, nos anteriores, nos pés e na região embaixo da cauda; sem marcações brancas no peito.

PATAS _Curtas, arredondadas, com dígitos arqueados e unhas escuras._

Papillon

A palavra em língua francesa, que significa "borboleta", deu nome a este alegre cão, pelo menos em relação à variedade de orelhas levantadas, já que a variedade de orelhas pendentes da raça chama-se Phalène, que significa "mariposa". Estas mariposas e borboletas caninas já estão em nossa história pelo menos desde o século XVI, e há especialistas que afirmam ser a raça a mais antiga da Europa.

HISTÓRIA

Embora não existam dados precisos em relação às origens do Papillon, sua história registrada após 1545, período em que há documentos sobre a venda de um exemplar da raça, encontra-se bem documentada. Acredita-se que o Spaniel anão seja o ancestral da raça que poderia ter sido trazida da China para a Espanha e que, em meados do século XVI, havia sido firmemente estabelecida como o cão de colo predileto da nobreza francesa e espanhola. Até o final do século XIX, criadores franceses e belgas haviam desenvolvido um tipo de orelha ereta, que foi apresentado pela primeira vez na Grã-Bretanha em 1923 e recebeu, posteriormente, reconhecimento nos Estados Unidos em 1935.

TEMPERAMENTO

O Papillon é um cão amigo e inteligente, bem mais forte do que parece e ama os exercícios ao ar livre, podendo ser possessivo com seu dono e cauteloso com estranhos.

CAUDA Longa, de inserção alta, encaracolada sobre o dorso, com plumagem abundante.

PELAGEM Longa, sedosa e lisa, com áreas levemente onduladas. As cores são o branco com malhas em preto ou qualquer outra nuança, exceto fígado.

TAMANHO
De 20 a 28 cm.

CÃO ESQUILO O Papillon já foi conhecido como cão esquilo pela maneira com que porta sua cauda sobre o dorso.

CORPO Mais longo que sua altura, não é troncudo, e possui dorso retilíneo, com peito profundo e de tamanho médio.

CABEÇA Pequena, de largura mediana, crânio levemente arredondado; trufa nasal redonda e preta; stop bem definido e focinho finamente arrebitado.

ORELHAS DE BORBOLETA As orelhas abundantemente franjadas, que se assemelham a uma borboleta de asas abertas, deram a este cão o seu nome. Tanto os criadores americanos como os britânicos desenvolveram um cão um pouco menor que em qualquer outro lugar.

ORELHAS Grandes, inseridas bem separadas uma da outra, bem franjadas.

OLHOS De inserção baixa, tamanho médio e redondo, e não são esbugalhados; cor escura com as bordas das pálpebras pretas.

PERNAS De boa ossatura e paralelas. Franjas na parte detrás dos membros anteriores; com plumagem abundante cm forma de culotes nos membros posteriores.

PATAS Finas e longas como as da lebre, com dígitos compactos e bem arqueados e cheios de pêlos.

CARACTERÍSTICAS FACIAIS

Pequinês

Cães do grupo toy são renomados por suas relações com a aristocracia e com a realeza, mas o Pequinês é sem dúvida o líder desse grupo, tendo sido no passado o animal sagrado da Casa Imperial Chinesa. O Pequinês foi um dos dois cães que sobreviveram ao naufrágio do Titanic, o outro era um Spitz Alemão Anão (*ver págs. 212-213*).

HISTÓRIA

Em virtude de as manifestações do lendário cão Foo, que afastava os maus espíritos, terem sido atribuídas ao Pequinês, ele era venerado na China como uma semidivindade. Os cidadãos tinham de reverenciá-lo. Roubar um deles representava a pena de morte, e, quando o imperador morria, seu Pequinês era sacrificado para que pudesse fazer a viagem com seu dono, que poderia protegê-lo na vida após a morte. A raça chegou ao Ocidente após 1860, quando as tropas britânicas invadiram o palácio de verão na Segunda Guerra do Ópio. Fora ordenado aos guardas imperiais que sacrificassem os pequenos cães para que não caíssem nas mãos dos diabos estrangeiros, mas cinco deles sobreviveram. Estes foram então levados para a Inglaterra, onde um foi presenteado à Rainha Vitória, que lhe deu o nome de Looty. Desses espólios da guerra é que descende o Pequinês de nossos dias.

TEMPERAMENTO

Os Pequineses são corajosos, combativos e leais. Propensos a problemas respiratórios, exigem cuidados quanto ao seu estado de saúde.

PELAGEM Muito longa, reta e áspera, sobre uma subpelagem espessa. As orelhas, a parte detrás das pernas, a cauda e os dígitos são bem emplumados. Todas as cores.

CABEÇA Grande, larga e plana entre as orelhas. Trufa nasal achatada, ampla e preta. O perfil é bem plano, com stop pronunciado. Focinho amplo e enrugado.

PERNAS Curtas, as partes superiores dos membros anteriores são ligeiramente viradas para fora. Os membros posteriores são de ossatura mais leve.

PATAS Achatadas e largas, com dígitos da frente ligeiramente virados para fora.

OLHOS Proeminentes, escuros e redondos, de inserção bem separada um do outro.

ORELHAS Em formato de coração e pendentes, mas não longas, e bem emplumadas.

CARACTERÍSTICAS FACIAIS

PROTEGIDO COM ACONCHEGO

Com todo o requinte oriental, eles eram levados nas mangas dos robes dos membros da corte chinesa, o que fez deles os verdadeiros "cães das mangas". Outros nomes existiram, como o Cão Leão, pelo formato leonino, ou o Cão Sol, pelo dourado avermelhado de sua pelagem.

CORPO Curto, mas bem constituído na frente, com peito amplo e bem arqueado, dorso retilíneo; no formato de um leão.

CAUDA De inserção alta, enrolada sobre o dorso, posicionada para um lado ou para o outro.

PESO Não deve exceder a 5 kg nos machos e 5,5 kg nas fêmeas.

Spitz Alemão Anão

Embora seja uma das primeiras raças a vir à mente quando mencionamos o termo toy, ele já foi um cão de trabalho de porte grande e que ganhou a vida com o suor do próprio rosto. Atualmente uma das raças mais caras e que precisa de cuidados constantes para que a pelagem seja mantida em condições satisfatórias.

CORPO O mais curto possível, reto em toda a sua extensão e descendente, com o peito profundo.

HISTÓRIA

O Spitz Alemão Anão é um cão da família dos Spitz e provavelmente descendente dos cães puxadores de trenós do Ártico, estando provavelmente relacionado ao Keeshond, ao Elkhound norueguês e ao Samoieda (*ver respectivamente págs. 128-129, 38-39 e 188-189*). Os primeiros registros confiáveis de cães semelhantes à raça, o que não é de surpreender, vieram da Pomerânia, uma região báltica de fronteira que hoje faz parte da Polônia e da Alemanha, onde eram usados para pastorear ovelhas.

Os primeiros cães eram relativamente grandes, em sua maioria brancos, mas os cruzamentos seletivos do século XIX produziram cães diminutos, valorizados por sua pelagem cheia, macia e pelas belas cores.

TEMPERAMENTO

Houve épocas em que ele foi considerado um cão intrépido e volátil, mas é opinião geral que essa imagem deu lugar a uma personalidade leal, amiga e ao mesmo tempo ativa. Ele é um excelente cão de guarda e também se sente completamente à vontade nas exposições e nos concursos caninos.

PERNAS De comprimento médio, retas, com boa ossatura e bem providas de pelagem.

TAMANHO IDEAL De 20 cm, com variação de 2 cm.

PESO Machos: de 1,8 a 2 kg; fêmeas: de 2 a 2,5 kg.

CUIDADOS CONSTANTES É uma raça que exige cuidados especiais, pois sua espetacular dupla pelagem requer escovações meticulosas diárias, além das tosas de manutenção para aparar o pêlo.

CABEÇA De tamanho médio e de aspecto cuneiforme. A trufa é de preferência preta, mas pode ser marrom nos de pelagem marrom. O pescoço é de comprimento médio.

CAUDA Virada sobre o dorso e portada de maneira plana no estilo típico dos Spitz. Deve ser coberta de pêlos abundantes.

PATRONOS FAMOSOS O Spitz Alemão Anão não foi o favorito apenas da Rainha Vitória, que fundou o Kennel e exibiu a raça, mas também de Mozart e de Josefina, esposa de Napoleão.

ORELHAS Pequenas, não muito separadas e pontiagudas como as da raposa.

OLHOS De tamanho médio, levemente ovais, de cor marrom-escura, não muito distantes um do outro. As bordas das pálpebras são pretas.

PELAGEM Dupla (pêlo e subpêlo): o pêlo é longo e reto, o subpêlo é mais curto, lanoso e denso. As cores podem ser o preto, o branco, o marrom, o laranja, o azul, o creme-castor, o cinza lobeiro, o malhado (de várias cores) sobre fundo branco, com manchas de cor preta, marrom cinza ou laranja bem distribuídas por todo o corpo.

PATAS Bem pequenas e compactas.

CARACTERÍSTICAS FACIAIS

Pug

Pug, palavra antiga que no século XVIII era usada para descrever outros termos como "gnomo, diabrete, nariz achatado ou pequeno macaco", veio definir este charmoso e mais requintado dos cães.

HISTÓRIA

A árvore genealógica do Pug tem sido tema de muitos debates. Alguns especialistas acreditam que ele veio do Extremo Oriente, trazido por mercadores holandeses.
É possível que a linhagem do Oriente tenha descendido de parentes de pêlo curto do Pequinês (*ver págs. 210-211*), entretanto uma outra escola de pensamento alega que o Pug poderia ser o resultado do cruzamento seletivo entre muitos Bulldogs (*ver págs. 122-123*) de pequeno porte. Uma outra teoria existente é a de que ele poderia ser uma forma em miniatura do raro Mastiff francês, o Dogue de Bordéus. A raça era a predileta do artista Hogarth, que retratou Trump, o seu Pug, em várias de suas obras.

TEMPERAMENTO

O Pug é um cão muito amoroso e atento que não precisa de muita escovação ou exercícios, mas necessita de companhia.

CABEÇA *Grande e redonda, com bastantes rugas, preferencialmente acentuadas pelas extremidades pretas dos pêlos. O focinho é achatado, e a trufa nasal, preta.*

PESO
De 6,4 a
8,2 kg.

COMUNICAÇÃO O Pug se comunica por resmungos, ao emitir um bufo ou com voz fanhosa.

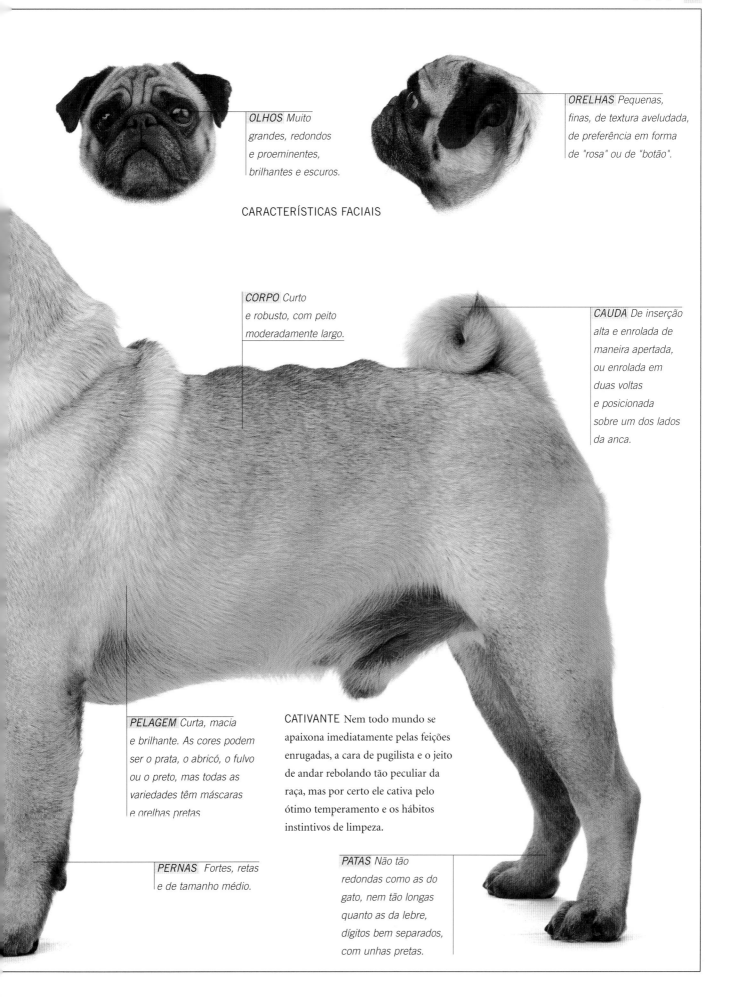

OLHOS Muito
grandes, redondos
e proeminentes,
brilhantes e escuros.

ORELHAS Pequenas,
finas, de textura aveludada,
de preferência em forma
de "rosa" ou de "botão".

CARACTERÍSTICAS FACIAIS

CORPO Curto
e robusto, com peito
moderadamente largo.

CAUDA De inserção
alta e enrolada de
maneira apertada,
ou enrolada em
duas voltas
e posicionada
sobre um dos lados
da anca.

PELAGEM Curta, macia
e brilhante. As cores podem
ser o prata, o abricó, o fulvo
ou o preto, mas todas as
variedades têm máscaras
e orelhas pretas.

CATIVANTE Nem todo mundo se
apaixona imediatamente pelas feições
enrugadas, a cara de pugilista e o jeito
de andar rebolando tão peculiar da
raça, mas por certo ele cativa pelo
ótimo temperamento e os hábitos
instintivos de limpeza.

PERNAS Fortes, retas
e de tamanho médio.

PATAS Não tão
redondas como as do
gato, nem tão longas
quanto as da lebre,
dígitos bem separados,
com unhas pretas.

Silky Terrier Australiano

Dependendo das circunstâncias, ele vai à luta, mas o Silky Terrier Australiano nunca soube o que é, de fato, trabalhar. Diferente de outros terriers, este cãozinho alegre não foi desenvolvido para desempenhar tarefa específica de caça, mas para ser um cão de companhia. Mesmo assim, seu sangue terrier é visível por meio de sua natureza confiante, ativa e pela maneira pela qual elimina pequenos predadores em sua terra natal.

HISTÓRIA

A cidade de Sidney é o lugar de nascimento do Terrier Australiano, no passado conhecido como Sidney Silky. Os Terriers Australianos e de Yorkshire (*ver págs. 218-219*) foram usados como parte desse intrigante programa de cruzamento para produzir um cão que combinasse as melhores características de ambas as raças. O resultado cuidadoso e preciso deve ser considerado uma história moderna de sucesso. O Silky Terrier Australiano foi apresentado pela primeira vez na Austrália em 1907, na Grã-Bretanha em 1930 e, posteriormente, reconhecido pelo Clube Kennel Americano em 1959.

TEMPERAMENTO

Ativo, inteligente e capaz de avisar quando há presença de estranhos. Ele é um cão com excelente potencial de guarda, um ótimo animal de companhia, tanto em apartamentos nos grandes centros como no campo, onde aprecia longas e divertidas caminhadas.

BOM CORAÇÃO

Terrier de alma, e não na prática, o Silky Terrier Australiano é o cão de companhia ideal para aqueles que procuram um pequeno companheiro de bom coração.

CORPO Não muito curto, solidamente constituído, com dorso retilíneo e lombo levemente arredondado.

YORKIE DE PÊLO CURTO

Um primo do Yorkshire Terrier, o Terrier Australiano tem uma pelagem similar à do York, embora não tão longa.

PATAS Pequenas, arredondadas e compactas, como as do gato.

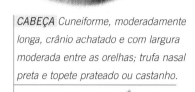

ORELHAS *Pontiagudas,
em formato de V,
pequenas e inseridas
alto na cabeça.*

OLHOS *Pequenos
redondos e muito
escuros.*

CABEÇA *Cuneiforme, moderadamente
longa, crânio achatado e com largura
moderada entre as orelhas; trufa nasal
preta e topete prateado ou castanho.*

TIPOS DE ORELHA Apenas o Terrier Australiano de orelha pontiaguda é reconhecido oficialmente, embora o de orelha caída seja uma variedade popular como cão de companhia e que tem todos os apelos e atrativos de seu correlativo com *pedigree*.

CAUDA *Amputada,
de inserção alta,
portada ereta
ou semi-ereta.*

CARACTERÍSTICAS FACIAIS

PELAGEM *Longa, fina, brilhante
e de textura sedosa. As cores
podem ser o azul e castanho.
As nuanças do azul são o prata,
a cor de ardósia e o azul pombo.*

PERNAS *Membros posteriores
curtos e fortes na região das
coxas, membros anteriores
retos e de boa ossatura.*

*TAMANHO
Machos: 23 cm;
fêmeas: um
pouco menores.*

Yorkshire Terrier

Embora de pequena estatura – quase do tamanho
de um Chihuahua (*ver págs. 198-199*)
e considerado um dos menores cães – o Yorkshire
terrier agiganta-se em termos de popularidade.
Geralmente adornado com um laço de fita
e coberto por uma pelagem sedosa, a raça tem
o apelo do visual de "boudoir", que camufla
seu espírito de Terrier de luta e trabalho.

HISTÓRIA

Embora a raça tenha apenas 100 anos de idade ou algo
em torno disso, suas origens não estão completamente
explicadas, provavelmente pelo fato de os trabalhadores
do norte da Inglaterra, que desenvolveram o Yorkshire
Terrier, terem evitado toda divulgação para impedir
qualquer exploração lucrativa. Entretanto parece
provável que os escoceses em busca de trabalho na
indústria de lã de Yorkshire tenham trazido vários tipos
de terrier, entre eles o Skye (*ver pág. 96*) e o extinto
Clydesdale. Estes foram cruzados com os cães locais,
como com o Terrier de Leeds de pêlo longo. O Maltês
(*ver págs. 204-205*), o Manchester preto e castanho
(*ver págs. 104-105*) e o Dandie Dinmont (*ver págs. 96-97*)
também podem ter contribuído para a formação das
linhagens. No início, o "Yorkie" era um cão bem maior
do que o animal que conhecemos hoje, porém a criação
seletiva dos indivíduos menores fez que o cão se tornasse
cada vez menor no decorrer dos anos.

TEMPERAMENTO

A vantagem de antecedentes que no passado caçaram
ratos faz do Yorkshire Terrier um cão esperto, corajoso
e inteligente que não se deixa intimidar por cães maiores
ou invasores de sua residência. Além de ser um excelente
cão de guarda, ele é um amável cão de companhia.

PESO
Até 3,1 kg.

PERNAS *Retas
e bem cobertas
de pêlos.*

PATAS *Redondas e
com unhas pretas.*

CABEÇA Pequena e achatada, com focinho não tão longo e trufa nasal preta.

PRESENÇA MARCANTE O que não lhe falta é autoconfiança. O Yorkshire Terrier é um cão que adora aparecer em concursos e exposições, onde chama atenção de todos.

ORELHAS Pequenas, em formato de V, de inserção bem alta, mas não muito separadas e portadas eretas.

CORPO Compacto e moderadamente bem proporcionado, sem ser entroncado, com dorso retilíneo.

CAUDA Amputada a um tamanho médio, bem coberta de pêlos, portada um pouco acima da linha do dorso.

OLHOS De tamanho médio e escuros, com expressão inteligente e alerta.

CARACTERÍSTICAS FACIAIS

PELAGEM Longa, muito fina e sedosa, brilhante e lisa, de cor escura, azul-aço no corpo e na cauda e canela nas outras partes.

DETALHES IMPORTANTES Escovação e cuidados regulares são necessários para manter a pelagem em ótimas condições de apresentação, sem deixar que os finos e lisos pêlos se quebrem.

Vira-latas

Quase todos os cães de *pedigree* foram produzidos originariamente pelo cruzamento de vários tipos de cão, portanto poderíamos afirmar que os cães de raça também são Vira-latas! Se você está interessado em um espécime canino para ser companheiro e amigo leal, vá a uma instituição ou a um órgão da sociedade humanitária em defesa dos animais e lá você encontrará um cão tão bom quanto qualquer outro no mundo.

CARACTERÍSTICAS

Todos os cães domésticos pertencem à espécie do *Canis* familiaris, e os Vira-latas são tão ricos em qualidades quanto qualquer outro cão aristocrático e de *pedigree*. Além da simplicidade de uma aparência comum de Vira-latas, as raças indefinidas são providas de um vigor híbrido, são mais fortes, têm temperamento equilibrado, estão menos propensas às doenças e mais adaptáveis do que seus correlativos de *pedigree*.

UM TÍPICO VIRA-LATAS

Se todos os cães de *pedigree* no mundo fossem liberados para cruzamento, as leis de sobrevivência da seleção natural gradualmente modelaria o cão do futuro, que seria um animal feliz, de porte médio e sem quaisquer extremos em sua forma física ou em suas funções.

A SOBREVIVÊNCIA DO MAIS ADEQUADO A maioria dos Vira-latas de hoje apresenta moderação em todas as coisas. A seleção natural, e não a artificial, assegura que apenas os animais mais fortes, saudáveis e alegres sobrevivam.

PELAGEM
Nem tão longa nem tão curta.

ORELHAS
Animadas e expressivas.

CORPO *As linhas do corpo são bem delineadas e definidas. O dorso não é excessivamente esticado, o pescoço é musculoso e de bom tamanho.*

PERNAS *Fortes e bem proporcionadas.*

CARACTERÍSTICAS FACIAIS

CABEÇA De ótima estrutura óssea, com focinho moderadamente desenvolvido.

OLHOS Brilhantes, com expressão de alerta e de vivacidade.

TIPOS DE VIRA-LATA

Em todos os países, a maioria dos cães de estimação são Vira-latas. As sociedades humanitárias e os centros de proteção aos animais têm, entre seus internos, um número maior de cães sem raça definida do que com *pedigree*. Se você procura um novo companheiro, este talvez seja o lugar certo para ir.

CRUZAMENTO DO TIPO SHEEPDOG/COLLIE.
Este cão traz consigo a inteligência e lealdade de seus parentes de pedigree, sendo também um próximo e afetuoso companheiro que precisa de muito ar livre e de exercícios.

PEQUENO TOY DO TIPO MESTIÇO
Estes são excelentes como cães de colo, companheiros inseparáveis de pessoas idosas. São afetuosos e leais, podendo desempenhar a função de cão de guarda de latido eficiente, adequando-se perfeitamente bem às moradias dos grandes centros.

MESTIÇO DO TIPO RETRIEVER
Este cão de estimação, de primeira linha em amabilidade, é do tipo afetuoso com as crianças. Por necessitar de caminhadas regulares e exercícios de corrida, recomenda-se que viva no campo e não em centros urbanos.

PEQUENO TERRIER MESTIÇO
Um cão deste tipo é ideal como um companheiro, como cão de estimação e também para as caminhadas no campo. Ele é atento, inteligente, ativo, brincalhão e leal – sempre pronto para detectar a presença de estranhos, quando late para avisar seus donos. Um excelente cão de guarda.

MESTIÇO DE PASTOR ALEMÃO
Inteligente e leal, pode ser um excelente guarda, mas precisa de muito exercício, o que o impede de viver em apartamento.

CAUDA De tamanho médio.

*TAMANHO
Todos os tamanhos possíveis.*

PURINA

PROPLAN®

ALIMENTA E PROTEGE A SAÚDE

Os cuidados com o cão

Os cães precisam muito mais de cuidados do que os gatos. Existem tarefas e esforços a serem feitos se você quiser descobrir o que há de melhor em seu cão. Cuidar de um cão com toda a atenção não tomará muito de seu tempo e será muito agradável para ambos. Manter seu cão em boa forma é uma maneira de se manter também em um bom condicionamento físico. Dar a sua contribuição para que o amigo tenha uma boa aparência é um caminho para mantê-lo saudável. Desse modo, quanto mais tempo passar com seu companheiro, mais fascinantes serão suas descobertas sobre o *Canis familiaris*.

Os cães podem ser valorizados e apreciados de várias maneiras. Para algumas pessoas eles são os amigos mais verdadeiros e os melhores companheiros; para outras, são assistentes e trabalhadores habilidosos que substituem homens e máquinas. Por certo, se você se envolver na tarefa de criar ou expor cães, esta poderá se tornar um *hobby* cativante ou um negócio de período integral.

A próxima seção deste livro trata, resumidamente, dos principais aspectos referentes ao cuidado e à compreensão devidos ao cão representante das mais nobres linhagens ou Vira-latas.

Informações adicionais poderão ser obtidas por meio de criadores, consultas aos veterinários ou mediante a leitura de livros especializados. Não importa a raça à qual seu cão pertence, ele apreciará todos os cuidados a ele dispensados. Portanto, esteja certo de que, ao lhe proporcionar tudo isso, você também se divertirá muito.

AMIGOS PARA SEMPRE A amizade e a lealdade de um cão são incondicionais, transparentes e duradouras. Cuide e trate bem de seu cão, e, em troca, ele fará o melhor que puder por você.

O seu novo cão

Sempre que planejamos comprar um carro, as velhas considerações e ponderações nos vêm à mente, o que de certa maneira pode ser comparado aos questionamentos que fazemos quando decidimos comprar um cão. A grande diferença é que o carro não é um animal de estimação.

O que desejo fazer com este carro? Qual o consumo médio de combustível? E quanto ao estacionamento? Terei condições de mantê-lo regularmente? Eu vou saber como dirigir (exercícios) o modelo que pretendo comprar? E, finalmente, uma outra pergunta que não fazemos quando compramos um carro: será que posso assumir um compromisso (de 12 anos em média) com um cão?

QUAL RAÇA DEVO ESCOLHER?

Tente da melhor maneira possível combinar seu estilo de vida às características físicas, ao temperamento e às necessidades particulares do cão. Após fazer essas reflexões, é chegada a hora de decidir entre a idade, o tamanho, o sexo e, em seguida, escolher um cão com *pedigree* ou um sem raça definida. Pastores Alemães ou Borzóis não são cães para viverem no 16.º andar de um prédio. A proporção do consumo de alimento de um Dogue Alemão é equivalente a de um leão de dois anos de idade. Os Afgan Hounds requerem um escovação constante. Pense bastante, seriamente, e tome uma decisão baseada nas informações corretas.

Se você não tem o espaço nem está disposto a caminhar com o seu cão, ou se as condições financeiras são limitadas, que tal pensar pequeno – um toy ou uma raça menor? Cães pequenos têm uma vantagem sobre outras raças maiores no que tange à expectativa de vida; os toys, entretanto, não vivem tanto quanto outras raças menores comuns.

Se você precisa de um cão de guarda, para que optar por um cão de raça? Os vira-latas são baratos, de vários tamanhos, dão e recebem carinho como qualquer outro cão de raça e estão bem menos propensos às doenças hereditárias, podendo apresentar uma saúde natural ou aquilo que os cientistas denominam de "Vigor Híbrido".

FILHOTE OU ADULTO?

Os filhotes são bem mais divertidos quando se tem a presença de crianças, mas se sua intenção é ter um companheiro que possa levar para casa imediatamente, um jovem adulto talvez seja a melhor escolha. Pessoas idosas podem considerar um filhote ativo demais, o que lhes daria bastante trabalho. Por outro lado, poderão dar abrigo a um cão mais velho e sem teto. Verifique se o cão que vai comprar já está treinado quanto aos aspectos domésticos, o que pode não ocorrer com cães que passaram muito tempo em canis.

Um filhote precisará de alguém para assumir o papel de sua mãe, quanto a cuidados, alimentação e atenção. Portanto, se você pretende ficar fora o dia inteiro nem pense em adquirir um.

FÊMEA OU MACHO?

Talvez não seja fácil decidir o sexo a ser escolhido. Obviamente, uma das desvantagens em se ter a fêmea é a questão dos dois ciclos reprodutivos anuais – a menos que você tenha interesse em criar a raça para outros fins. Durante o período fértil do cio, a fêmea é atraída pelos machos e tentará escapar para cruzar. Algumas pessoas não gostam das inconveniências das secreções vaginais, e algumas cadelas estão propensas à gravidez psicológica, o que também é preocupante.

Algumas pessoas acreditam que os machos são mais equilibrados do que as fêmeas, mas eles também não hesitarão em vagar pelas redondezas em busca de romance se alguma cadela da vizinhança estiver no cio.

A ESCOLHA DA CAMA

O cesto de vime tradicional tem muitas vantagens, mas é difícil de limpar. É sempre bom verificar se seu cão está roendo o vime, pois os fragmentos podem ser nocivos ao animal. Uma alternativa mais segura seriam as camas de plástico ou as de fibras macias e flexíveis, que embora mais confortáveis, se seu cão tiver um hábito de roer coisas poderá utilizá-las para fazer muito estrago e sujeira!

Cesto de plástico

Cesto de vime com almofada lavável

Cesto alcochoado

BRINQUEDOS Brincar é um momento muito importante para os cães, especialmente para os filhotes, e o mercado oferece ampla variedade de brinquedos. O cabo de guerra, que nada mais é do que um pedaço de corda de fibra de tecido, em geral com um nó em cada ponta, serve para que o dono e o cão puxem, um de cada lado, exercitando a força de ambos. O frisbe, um pedaço de plástico em forma de anel, também é usado como cabo de guerra, mas pode ser arremessado para que o cão o busque. Não use pedaços de madeira ou pedras, pois eles podem ser perigosos. Recomendam-se brinquedos especiais, como ossos de borracha, alteres e bolas grandes, que são mais seguros.

COLEIRAS E GUIAS Recomenda-se que todos os proprietários de cães a prendam uma etiqueta com o nome, o endereço e o telefone do dono à coleira. A coleira de couro é ideal para o uso diário – ou o enforcador, geralmente usado em raças maiores. Há uma discussão quanto a se evitar a pressão na região do pescoço do cão quando ele estiver em caminhadas, recomendando-se o uso das coleiras peitorais ou o mecanismo patenteado da Halti onde a guia é fixada. A guia pode ser de couro, corrente ou as retangulares, que são particularmente boas.

Coleira peitoral

Coleira de couro com etiqueta de identificação

Focinheira

Guia retrátil

Guia de náilon

AS VASILHAS PARA ÁGUA E RAÇÃO As vasilhas estão disponíveis em três tipos de materiais. Louça ou cerâmica pesada para que não sejam facilmente viradas pelos cães, mas que eventualmente quebram, as de aço inoxidável, consideradas as menos estáveis, e as de plástico que são baratas, mas podem ser mastigadas. Vasilhas mais fundas, feitas para cães de orelhas grandes, também estão disponíveis; estas evitam que o cão coloque as orelhas no alimento enquanto come.

KIT ESPECIAL PARA A ESCOVAÇÃO O equipamento básico para a escovação é a escova e o pente. Limpe-os, seque-os e não deixe o cão mastigá-los.

Escova de dupla face: cerdas de aço e de náilon

Pente de dentes largos

Pente fino

Vasilha de plástico para filhotes

Vasilha de cerâmica

Vasilha de aço inoxidável

UM CÃO DE RAÇA OU UM VIRA-LATA?

Os cães de raça têm aparência, forma, proporções e as cores que os criadores desejam e admiram, mas também herdam alguns problemas hereditários que vêm junto com suas linhagens aristocráticas – tão comum como a hemofilia está presente em algumas das casas reais européias.

O longo dorso dos Basset Hounds e dos Dachshunds são um convite para os problemas de hérnia de disco; os Pastores Alemães estão predispostos às doenças hereditárias relacionadas à articulação do quadril; os Setters vermelhos irlandeses apresentam problemas de retina com mais frequência que outras raças; os Bulldogs estão propensos às doenças de pele que se desenvolvem entre as dobras soltas de pele na região facial; a alta umidade presente nas orelhas pendentes dos Spaniels pode ocasionar a inflamação aguda da orelha externa e do canal auditivo e poderá haver dificuldades no parto daquelas raças de focinho achatado, como no caso do Pug. Todas estas doenças de fato poderão ocorrer em vira-latas, mas não com tanta frequência.

Se a idéia de um cão sem raça definida lhe agradar, procure os anúncios de doações nos jornais, revistas ou centros de animais abandonados à espera de adoção.

Evite as lojas de animais ou fazendas de filhotes onde se produzem animais como se fossem máquinas de fazer salsichas; esses lugares são geralmente verdadeiras fontes de doenças. Se o que você procura é um cão de raça e com pedigree, informe-se sobre as necessidades e os problemas da raça. Consulte os veterinários de sua região para que o orientem quanto aos problemas relacionados às linhagens locais.

Tente, levantar todas as dúvidas e solucioná-las antes de ver a ninhada, e procure levar consigo alguém que tenha experiência naquela raça em particular, antes de confirmar a compra. Lembre-se: o fato de você estar pagando por um filhote não indica que ele será um campeão em exposições de animais, não importa o quanto pagou por ele. É muito difícil, até mesmo para um especialista, reconhecer uma futura estrela.

Peça para ver a mãe do filhote – ela poderá dar a você uma idéia sobre o futuro desenvolvimento do animal que você deseja comprar. Jamais ignore defeitos hereditários aos quais algumas raças estão propensas. É de suma importância requisitar ao criador a garantia por escrito relacionada às falhas genéticas que normalmente podem ocorrer em uma determinada raça.

O QUE DEVO ESPERAR

Supondo que você não está levando um animal abandonado para casa, é importante saber se a raça pretende comprar se enquadra em suas expectativas. Tente fechar um acordo com o criador para que possa devolver o filhote, caso não esteja saudável. Leve-o ao veterinário para um exame completo o mais rápido possível (preferencialmente antes de levá-lo para casa para conhecer a família).

Ao escolher um filhote, é importante verificar:
• Um comportamento ativo e brincalhão;
• Um corpo firme, pele íntegra, ausência de dor quando é tomado no colo;

EXAMINANDO UM FILHOTE

1 *Um filhote saudável e de bom temperamento fica feliz ao ser tocado ou colocado no colo, não demonstrando dor. Seu corpo deve estar firme, mas ao mesmo tempo relaxado.*

2 *Levante a abas das orelhas para inspecionar os canais auditivos, que deverão, estar secos e limpos, sem quaisquer crostas, escamações ou depósitos pegajosos de secreções.*

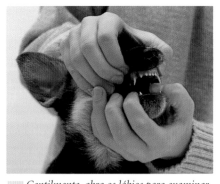

3 *Gentilmente, abra os lábios para examinar as gengivas, a língua e os dentes do animal. A língua e as gengivas devem ser rosadas. A "mordedura" (posição relativa dos dentes superiores e inferiores) é importante, particularmente em cães de raça com pedigree destinados a exposições. Em caso de dúvida, consulte um especialista.*

• Olhos, nariz e orelhas secos, sem apresentar sinal de secreção – uma gota de água limpa saindo das narinas não representa preocupação.
• As gengivas devem estar rosadas, assim como a língua e a região das pálpebras;
• Nenhum sinal de diarréia – verifique as fezes, se possível, e certifique-se de que a área próxima ao ânus bem como os pêlos próximos às pernas não estão sujos de fezes;
• Não poderá haver manchas, feridas, crostas ou descamações na pelagem ou na região do abdômen onde não há pêlos;
• Não poderá apresentar tosse. Se o vendedor der uma desculpa como por exemplo: "ele está se recuperando de um pequeno resfriado, mas não é nada" ou "não se preocupe com essas pequenas erupções ou brotoejas na pele da barriga, essas pequenas bobagens acontecem" – fique atento! Não importa o quão importante seja o criador, vá ao veterinário e verifique de uma vez por todas o "pequeno resfriado" ou as "brotoejas". Melhor ainda, diante dessas dúvidas, adie a compra do filhote até que esses problemas, alegados como sendo triviais pelo vendedor, sejam

APOIAR O FILHOTE COMO EM UM BERÇO Esta é a forma correta de apoiar e carregar o filhote.

resolvidos.

Se o cão foi vendido com as doses de vacinas aplicados, exija a carteira de vacinação assinada pelo veterinário. Se houver alguma dúvida quanto à efetivação da vacinação, leve-o ao veterinário para que ela seja feita, de modo a esclarecer essa dúvida. Os cães podem ser vacinados contra cinomose, parvovirose, leptospirose, hepatite, raiva, entre outras doenças.
É evidente que se você está levando um animal abandonado as circunstâncias são um pouco diferentes porque terá de lidar com um animal já enfermo e entrará em uma relação com os olhos bem abertos. O veterinário lhe dirá exatamente qual a realidade dos fatos, orientando-lhe quanto aos cuidados e aos problemas que terá pela frente.

CÃO DE RAÇA X VIRA-LATA Este Dachshund (à esquerda) poderá sofrer de hérnia de disco; um vira-lata (acima) poderá ser uma opção biologicamente mais saudável.

4 Os olhos devem ser brilhantes, limpos, livres de qualquer secreção, lágrimas ou opacidade. O cão deve manter os olhos bem abertos, sem piscar excessivamente. Evite os cães que esfregam os olhos com as patas.

5 Passe a mão na extensão da pelagem e verifique a pele para detectar a presença de feridas, escamações ou o pó preto, que denuncia a presença de pulgas.

6 Examine embaixo da cauda do animal para ver se há presença de fezes líquidas, o que é uma clara evidência da diarréia.

Dieta

Seria um erro considerar a família canina como carnívoros limitados. As raposas têm um paladar bastante variado, que inclui caranguejos, roedores, cobras, camarão da água doce, cogumelos e todos os tipos de frutas. O chacal complementa sua dieta com vegetais, frutas e cana-de-açúcar. A raposa-orelha-de-morcego, ou fennec, aprecia em seu cardápio o cupim; o cão selvagem do Chile come mariscos.

NECESSIDADES NUTRICIONAIS

Assim como o seu primo selvagem, o cão domesticado precisa bem mais do que carne em sua dieta para se manter saudável. As principais necessidades nutricionais são:
• A proteína, para construção do corpo e regeneração, permitindo a síntese dos ossos, dos músculos, das estruturas nervosas, em síntese, de tudo que faz o cão viver.
• Os carboidratos, para energia;
• As gorduras como fonte de energia e também para a saúde da pele e pêlos;
• Vitaminas e minerais, para certas reações químicas vitais no corpo;
• Fibras, para o funcionamento efetivo das funções digestiva e intestinal.
• Água, para todos os processos que ocorrem no corpo.
Para saber a quantidade de calorias diárias de que seu cão necessita, procure o veterinário.

Além de fatores como idade, o grau de atividade, ambiente, gravidez, lactação e estado de saúde, qualquer condição que altere as necessidades de um animal, não devemos esquecer de que os cães são indivíduos e existem variações em suas capacidades para processar os alimentos. É de suma importância que não se forneça alimento em excesso nem se reduza o tamanho das refeições ao primeiro sinal de obesidade.

ALIMENTOS COMERCIAIS

Entender os conceitos de mercado e segmentação dos produtos é importante para que o veterinário possa dialogar e esclarecer seu cliente, orientando-o na escolha do alimento industrializado.

Os alimentos Premium são as marcas fortes dos fabricantes. Têm como apelo principal a palatabilidade e aproveitamento do produto. Utilizam ingredientes de melhor qualidade, teores nutricionais mais altos e melhor processamento, tornando-os mais confiáveis.

Os produtos Super Premium têm como foco principal a qualidade. São produzidos apenas com ingredientes especiais e com atribuições e funções específicas no conjunto da fórmula, mediante processamento diferenciado, tornando-os, conseqüentemente, mais caros. Apresentam maior densidade nutricional, digestibilidade e palatabilidade. Existem diversos estudos que servem de base para elaboração desses alimentos. Portanto, eles sempre possuem tecnologia inovadoras de altíssima qualidade.

Os alimentos para cães devem ser sempre de qualidade, completos e balanceados, tendo todos os nutrientes essenciais para o crescimento e a manutenção da saúde.
Geralmente são segmentados por porte de raça e etapa de vida (filhote, adulto e sênior). Existem também produtos específicos para animais acima do peso, com sensibilidade na pele e para os cães atletas.

QUE DIETA ESCOLHER?

Todas as dietas têm vantagens não havendo razão para que você não alterne de uma para outra de acordo com modismos e caprichos de seu animal de estimação. Se você perceber que um certo tipo foi bem aceito pelo cão, e que não houve nenhum inconveniente, permaneça com ela.

IDADE E DIETA As necessidades nutricionais dos filhotes são diferentes das dos adultos. Cães de todas as idades precisam de proteínas, minerais e vitaminas adequadas para renovar e recuperar os tecidos do corpo, mas os filhotes precisam de mais, em proporção ao peso de seus corpos, para que possam crescer.

Lembre-se sempre de preparar um alimento fresco e sirva-o em uma vasilha limpa. Água fresca e limpa deve sempre ser deixada à disposição o cão. O ideal é dividir as necessidades nutricionais e alimentar o animal duas vezes por dia. Nutrição não é tudo; que tal deixar seu cão começar o dia de estômago cheio e ir dormir também de estômago cheio? É recomendável dar a segunda refeição uma hora antes de dormir.

Uma outra novidade são os novos alimentos criados para reduzir os danos causados ao material genético e que estão vinculados às doenças do envelhecimento, causadas pelos radicais livres. Alimentos que contêm antioxidantes, como a vitamina C e E e certos aminoácidos neutralizam esses processos químicos indesejáveis. Foi descoberto em estudos clínicos que os danos genéticos poderiam ser reduzidos em até 26%, comparando-se aos cães em uma dieta convencional. Portanto, muito em breve, a escolha da dieta correta poderá representar mais anos de vida para o melhor amigo do homem.

QUANDO E QUANTO ALIMENTAR?

Existem três métodos básicos de se alimentar um animal de companhia: por consumo livre, tempo controlado ou quantidade controlada. A alimentação por consumo livre consiste em deixar-se o pote de comida sempre cheio e o animal livre para decidir quando e quanto ingerir. O método por tempo controlado implica oferecimento de alimento apenas em horários predeterminados, por exemplo, das 7h às 7h30. Nesse sistema, geralmente o proprietário coloca alimento suficiente para que haja sobras, garantindo, assim, que o animal se sacie nos horários preestabelecidos. No sistema por quantidade controlada, o proprietário define previamente uma quantidade, administrando esse volume em uma ou mais refeições diárias. O sistema mais simples e de maior emprego é o por consumo livre. Este independe de conhecimentos nutricional e minimiza a competição entre os cães. No entanto, o sistema por consumo livre não permite controle de alimentação, estando sujeito a desequilíbrios, como consumo excessivo ou insuficiente.

PETISCOS

Existem disponíveis tantos petiscos e produtos para mastigar que o escolhido por você certamente se adequará na preferência de seu cão. Entretanto, os benefícios de cada um deles são diferentes.

ALIMENTOS MODERNOS A dieta é um fator-chave na manutenção da saúde e do bem-estar do animal de estimação. Todos os tipos de dietas, cientificamente formuladas, estão disponíveis.

A escovação

A escovação é necessária não apenas para deixar seu animal mais atraente, mas também para auxiliar na saúde da pele e na higiene, mantendo os parasitas sob controle.

A escovação melhora sua relação com o seu cão e, apesar de tomar tempo, paciência e também um pouco de esforço, deve ser uma tarefa prazerosa para ambos. Inicie a escovação nos filhotes quando atingirem a idade de cinco a seis meses, embora raças de pêlo duro possam ter seus pêlos aparados levemente em torno da cabeça e da cauda desde os quatro meses de vida. Os primeiros banhos devem ser dados no terceiro mês, quando os filhotes chegam dos canis.

O PÊLO DO CÃO

A pelagem do cão apresenta dois tipos de pêlos: os mais ásperos, primários (ou de guarnição) – pêlos que compõem a pelagem externa – e os pêlos mais macios, mais curtos e secundários, que compõem a subpelagem. Os pêlos estão enraizados nos folículos da pele onde as glândulas sebáceas estão conectadas para produzir o óleo que dá à pelagem o seu brilho e um certo grau de impermeabilização e de isolamento térmico.

Os cinco tipos de pelagem do cão são: longa sedosa, lisa, ondulada, cujo pêlos não caem e dura. Há também algumas singularidades, como, por exemplo, o quase pelado Cão Mexicano e o Puli Húngaro que tem uma pelagem longa e torcida em cordas.

Os pêlos de uma pelagem crescem até atingir o seu tamanho máximo, param de crescer e são empurrados para fora por novos pêlos em crescimento; esse processo que acontece continuamente em todo o corpo do animal. O equilíbrio natural dos pêlos é sempre mantido nas três fases.

A maioria das raças (exceto os Bedlington Terriers, Poodles ou Kerry Blues) troca os pêlos duas vezes por ano, o que acontece geralmente na primavera e no outono. Durante a troca, ocorre uma grande perda de pêlos como conseqüência das

Cotonetes

Escova de dupla face: cerdas de metal e de fibra

Luva de escovação

Escova de dente

Pente largo

Pente fino

Escova para desembaraçar e antiestática

mudanças de temperatura e da duração da luz diurna agindo nas glândulas produtoras do hormônio específico para esse fim. Às vezes um cão passa por essa troca quase que constantemente, influenciado por fatores artificiais como ar-condicionado e luz interna. Dieta e disfunções hormonais também estão envolvidas.

TIPOS DE PELAGEM

PELAGENS LONGAS
Pelagens longas como a do Collie, dos Old English Sheepdogs, Terranovas, Pastores Alemães e cães do tipo Spitzs. Penteie e escove para frente em cima da cabeça e dos ombros e então penteie para trás. Escove os flancos seguindo a direção dos pêlos. Escovações extras serão necessárias quando o cão estiver na troca de pêlos. Os banhos devem ser dado no outono e na primavera, com banhos a seco durante o restante do ano, se necessário.

PELAGENS SEDOSAS
Pelagens sedosas como as dos Afghan Hounds, Malteses, Terriers, Yorkshires Terriers, Lhasa Apso, Spaniels, Setters e Pequineses requerem muita atenção. Os pêlos mortos dos Afgans, Spaniels e Setters precisam ser removidos. Apare o excesso de pêlos nas orelhas e patas dos Spaniels para que não se sujem com lama ou atraiam carrapichos.

PELAGENS LISAS
Pelagens como as dos Boxers, Whippets, Dachshunds de pêlo liso, Labradores e Corgis são de masi fácil manutenção. Uma luva de escovação é tudo que você precisa para as pelagens curtas; as outras raças requerem mais que um pente e escova de cerdas.

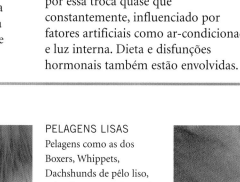

PELAGENS ONDULADAS, CUJOS PÊLOS NÃO CAEM
Como as dos Bedlington Terriers, Poodles e Kerry Blues, que não passam pela troca de pêlos, precisam ser aparadas e tomar banho a cada dois meses, aproximadamente. Verifique as orelhas com freqüência e remova os pêlos que crescem perto do canal auditivo (não use tesoura). Esses cuidados devem começar a partir da 14.ª a 15.ª semana de vida.

PÊLOS DUROS
Como os dos Dachshunds, Schnauzers e a maioria dos Terriers. Deve-se pentear esses cães com regularidade para evitar que o pêlo se embarace. Uma alternativa é usar a máquina de tosa a cada seis ou oito semanas. Remova os pêlos em volta dos olhos e orelhas com tesouras sem ponta.

PELAGENS INCOMUNS
Encontradas em algumas raças exóticas, precisam de atenção especializada – consulte o criador ou veterinário. A pelagem do Puli Húngaro (mostrado aqui) pende em formato de cordas como tiras, não devendo ser penteadas se o cão for participar de uma exposição. Até mesmo as raças sem pêlo, como o Pelado mexicano, requerem uma leve escovação regularmente.

O banho do cão

Quando um cão está sujo ou cheirando ele precisa tomar um banho com urgência. Alguns cães, como os Escoceses, têm tendência à caspa e poderão necessitar de banho mais freqüentemente. Sempre escove o cão antes do banho e use um xampu especial para cães ou um infantil. Jamais use sabão ou detergente de uso doméstico.

Os produtos para banho a seco são ideais para uma limpeza rápida, se a pelagem não estiver muito suja ou cheirando mal. O produto que vem em pó e é aplicado na pelagem esfregado e depois removido. Para as pelagens oleosas talvez seja a opção ideal.

1 *Verifique se a água está morna antes de colocar o cão na banheira. Você vai precisar segurá-lo com firmeza para que consiga derramar água por sobre o dorso e nos lados. Segure o cão pelo focinho para que ele fique quieto.*

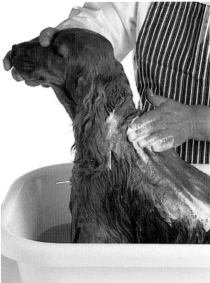

2 *Aplique o xampu em volta do dorso, espalhando uniformemente por sobre toda a pelagem, espalhando nos lados e nas pernas. Lave a cabeça por último, tendo todo o cuidado com os olhos. O cão geralmente se sacode quando a água é derramada na cabeça.*

3 *Enxágüe o xampu, começando pela cabeça até a extremidade do dorso e voltando para cima. Use bastante água para enxaguar e, em seguida, retire o excesso de água antes de secar, deixando o animal mais seco possível.*

4 *Retire o cão da banheira e coloque-o na mesa para secar. Você poderá usar toalha ou o secador. Se seu cão tiver medo de secadores, tente secá-lo de frente, para que ele possa ver o que você está fazendo.*

KIT DE BANHO

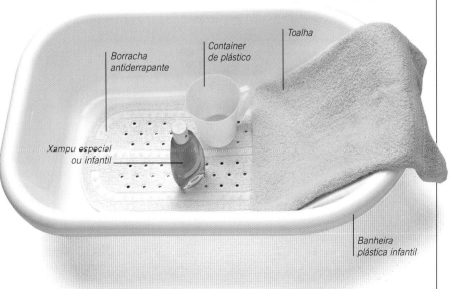

Borracha antiderrapante

Container de plástico

Toalha

Xampu especial ou infantil

Banheira plástica infantil

Viagens

A melhor maneira de evitar os enjôos nas viagens é viajar com seu cão desde filhote. Passeios regulares de carro, com surpresas agradáveis ao final, como uma longa caminhada, geralmente condicionam seu cão a desejar entrar no carro.

VIAGENS DE CARRO

Os cães maiores são os melhores para viajar na parte detrás de um carro de veraneio, separados por uma grade de divisão ou dentro de uma caixa de transporte apropriada, se couberem nela. Os cães menores poderão viajar em cima de um plástico especial (o voyager) em transportes de vime ou de papelão, os quais devem ser usados apenas em uma viagem ou muito raramente. Os filhotes viajam bem em uma caixa de papelão, desde que bem acolchoada.

Se os enjôos forem um problema, solicite ao seu veterinário um remédio apropriado para enjôos em viagens. Animais muito nervosos e agitados poderão ser tranqüilizados com drogas recomendadas por seu veterinário.

Jamais deixe o seu cão dentro do carro por muito tempo, em especial se o tempo

NA ESTRADA A maioria dos cães gosta das viagens de carro. Gaiolas (acima) estão disponíveis no mercado, mas a maneira mais segura de levar um cão de grande porte em seu carro é colocá-lo atrás de uma grade de separação para cães (à direita). Lembre-se de parar nas viagens longas, para que seu cão caminhe um pouco.

estiver muito quente. Ataques provocados pelo calor são geralmente fatais para o cão, podendo ocorrer com muita facilidade. As grades de separação ajustam-se dentro das janelas abertas do veículo, o que favorece a ventilação e a segurança dos cães nos dias quentes, mas não confie inteiramente nelas. Antes de começar qualquer viagem, deixe que seu cão urine e defeque. O animal deve receber um lanche e água duas horas antes da saída. Pare a cada duas ou três horas para dar ao seu animal a oportunidade de se refrescar, beber um

SUPRIMENTO DE ÁGUA
Certifique-se de dar água para seu cão antes de uma longa viagem ou nas paradas que fizer durante o percurso.

pouco de água e aliviar-se. Em viagens muito longas, pare a cada quatro ou cinco horas para que seu cão receba um pouco mais de alimento.

VIAGENS DE AVIÃO

Quando as distâncias são longas, as viagens de avião são melhores por reduzir o período de estresse ao mínimo possível. Como nas viagens de carro, dê ao seu cão um pouco de água e de alimento algumas horas antes da partida.

Todos os cães devem viajar em um contêiner que se enquadre nas regulamentações da companhia aérea. Procure se informar com antecedência sobre as regras dos países para onde o cão está indo.

VIAGENS INTERNACIONAIS

Informe-se sobre as leis vigentes no que diz respeito à importação de animais do país de destino. Pode haver a necessidade da carteira de vacinação ou de todos os requerimentos relacionados à quarentena, além de uma declaração do veterinário do país de origem. É de sua inteira responsabilidade obter todas as informações necessárias e a documentação nas embaixadas, consulados ou repartições governamentais apropriados.

Treinamento

Se não está dentro de suas aspirações ter um cão com habilidades para ser guia de deficientes visuais, ou um cão de pastoreio campeão, é preciso compreender que tanto os cães como seus donos precisam de um certo nível de treinamento, se quiserem viver em sociedade.

O TREINAMENTO DO CÃO EM CASA

Primeiro temos o treinamento do lugar apropriado para defecar e urinar que deve ser iniciado assim que filhote comece comer alimentos sólidos, por volta da sexta semana de vida. Se você está em casa a maior parte do dia, e o filhote pode ser facilmente levado para fora, faça isso sempre que ele acordar, após cada refeição ou depois de um período de atividade, quando já não urina há algum tempo e em especial quando demonstrar que pretende fazer exatamente isso. Não o pegue no colo – permita que lhe siga, para que aprenda o caminho. À noite, coloque jornais próximos à porta de saída.

Se você mora em apartamento e está fora durante a maior parte do dia, confine o filhote em um compartimento do apartamento onde o chão possa ser coberto de jornais. O filhote escolherá a área que preferencialmente lhe servirá de "banheiro". Em seguida, remova o restante dos papéis e os afaste gradualmente para mais próximo da porta de saída, até que finalmente os jornais estejam lá. Quando o tempo estiver bom, leve os papéis para fora, onde o cão fará suas necessidades e você colocará os papéis no lixo.

Limpe imediatamente qualquer sujeira que o filhote fizer acidentalmente,

SENTA Ensine o cão a sentar sempre que você parar. Segurando a guia com uma mão e pressione a outra mão contra a traseira do cão, empurrando-o para fazê-lo sentar. Diga "Senta" e elogie-o quando lhe obedecer.

jogando um spray com desinfetante no local, o que o prevenirá de ser atraído para o mesmo local. Seja paciente – nunca aplique punição pela demora do aprendizado ou pelos lapsos, mas faça uma grande festa sempre que ele agir como você ensinou ou corresponder positivamente ao aprendizado.

TREINAMENTO GERAL

Se você está interessado em treinamento especializado para cães, como hobby ou como parte de seu trabalho, existem muitos clubes de treinamento e programas dos quais você poderá fazer parte. No entanto, existem certas coisas importantes que todo dono gostaria de ensinar seu cão a fazer. A melhor coisa então é juntar-se a um clube de treinamento ou curso, em que cães e donos aprendem juntos, ensinados por um especialista na área. Com isso você descobrirá como essa atividade melhorará a relação entre você e seu cão.

Comece o treinamento quando seu cão estiver entre o terceiro e quarto mês de vida. O filhote deve estar acostumado a se comportar com calma e obediência sempre que estiver com você. Num passeio, não pare para outros cães para que ele os cheire. Não permita que fique farejando os postes. Apenas gradualmente introduza-o a lugares com pessoas e ao

barulho de trânsito. Sempre use um tom de voz firme, agradável e claro quando dirigir a palavra a um cão.

É importante que você o ensine a andar do lado, segurando a guia com firmeza e depois a encurtando para que o animal alinhe seu ombro direito do lado da perna esquerda de seu dono. Esse comando deve ser treinado primeiro enquanto você estiver em pé e parado. Então repita quando estiver no início de uma caminhada, andando em uma linha reta: "em pé e do lado".

A seguir, o treinamento do lado direito, movendo-se para longe do novato para que não se enrosque em suas pernas e, finalmente, o lado esquerdo.

Após o aprendizado correto do comando "do lado", treine seu cão a sentar-se sempre que der o comando e todas as vezes que fizer uma parada em uma caminhada – por exemplo próximo a uma esquina, antes de atravessar uma rua. Durante um passeio em imediações mais tranqüilas, pare e obrigue o cão gentilmente a ficar sentado, com sua mão em seu dorso, em frente à pélvis. Enquanto faz isso, diga "senta". Logo ele entenderá a idéia.

SENTA E FICA

Uma vez que aprenda a sentar com o comando, introduza idéia de "fica". Caminhe com ele ao lado e então o faça sentar. Segurando a guia esticada e na vertical, dê o comando "fica". Em seguida, dê uma volta em torno do cão. Se ele tentar se mover, faça um movimento abrupto como um safanão com a guia, de maneira gentil e firme. Quando o cão começar a entender, libere a guia e ande em um círculo mais amplo. Agora dê o comando "senta e fica" sem a guia e mais uma vez gradualmente mova-se para longe do cão. Enfatize o comando verbal com um sinal visual claro, esticando o braço na direção do animal com a palma da mão aberta estendida em sua direção. Depois de repetidas sessões, você poderá progredir para os próximos passos que são afrouxar a guia para que ele vá completamente, virar-se, sair e, eventualmente, sair do campo da visão do cão. Sempre o elogie com entusiasmo quando voltar.

ESPERE E VEM AQUI

Para ensinar a um cão o comando "Espere e vem aqui" é melhor fazê-lo usando uma guia estendida ou prolongada ou adicionando-se de 10 a 15m de corda de náilon a uma guia comum. O cão aprende o comando "espere" da mesma maneira que aprende o comando "senta". Quando ele sentar corretamente, ordene que

"espere", vire-se e ande alguns metros de distância, dê a volta e chame o cão pelo nome, dando ênfase ao novo comando "vem".

Você poderá aprender outras técnicas importantes nos cursos de treinamento para cães, entre elas, como fazer seu cão parar e deitar-se sob comando (o que poderá ser uma questão de vida ou morte se estiver correndo em direção a uma estrada) e como fazê-lo defecar quando ordenado.

Quando treinar o cão sempre o mantenha na guia, até que os comandos sejam compreendidos nunca treine um cão se você estiver de mau-humor. Não o deixe se entediar ao treiná-lo por

muito tempo sem intervalo. Use um tom de voz gentil, mas firme, para dar os comandos e fale o nome do cão para receber sua atenção antes de lhe dar um comando. Lembre-se de que se um cão não te obedecer é porque não foi ensinado aquilo que se esperava dele. Bater não ajudará em nada.

ANDANDO JUNTO Com a guia em sua mão esquerda, e o cão do lado de sua perna esquerda, comece a caminhar sempre reto. Quando o cão puxar na frente, puxe a guia com vigor e diga firmemente "Do lado". Elogie o cão sempre que estiver na posição correta. O próximo passo é praticar com o lado direito e depois com o lado esquerdo. Não treine seu cão por longos períodos, sem um descanso para brincar ou receber um elogio.

ESPERA Usando uma guia longa, faça seu cão sentar e então dê o comando "espera", vire-se e ande alguns metros, retorne e diga "Espere" mais uma vez e então faça o sinal da mão conforme ilustrado.

SENTA E FICA Com o cão sentado, dê o comando "fica", mantendo a guia esticada, dê uma volta em torno do cão. Se ele tentar se mover, puxe a guia com vigor e recoloque o animal em posição. Dê o comando "senta e fica" conforme o sinal ilustrado, e caminhe em um círculo maior. Depois de várias seções, você continuará aumentando as distâncias até que esteja fora da visão do animal. Sempre o elogie quando você voltar.

Em todo o treinamento, as pequenas propinas, como petiscos e biscoitos, devem ser usadas como um recurso e não como uma regra. O elogio e uma pequena sessão de brincadeiras são recompensas bem maiores para um cão obediente.

TERMINE COM UM SENTA
Diminua a guia quando o cão se aproximar, traga-o para a posição correta, aos seus pés e posicione a mão na altura da cintura, dando o comando "senta".

E VEM Chame o cão pelo nome e a palavra adicional "vem" guie-o em sua direção com a mão estendida para baixo na direção do cão.

Os cuidados com a saúde

Uma máquina intrigante precisa de um mecânico talentoso. Esta seção tem como propósito explicar alguns dos sintomas mais comuns e o que você deve fazer em relação a eles, além de lhe dar boas idéias – que sãos simples e úteis – em primeiros socorros.

Sempre busque a ajuda do médico veterinário. Os princípios básicos por trás das doenças mais comuns dos cães também serão ressaltados aqui.

DOENÇAS COMUNS
As doenças mais comuns são fáceis de ser tratadas, desde que diagnosticadas a tempo. É importante permanecer atento aos sinais de um comportamento atípico ou de uma doença e entrar em contato com o veterinário se persistirem os sintomas.

A BOCA
Os sintomas associados com a boca são a salivação, o cão passar a pata na boca constantemente, fazer movimentos de mastigação exagerados, dar sinais de sensibilidade quando mastiga e ter mau-hálito.

A ESCOVAÇÃO DOS DENTES Para evitar o tártaro, procure escovar os dentes de seu cão uma vez por semana com uma escova de dente e creme dental para uso canino ou com um pedaço de algodão umedecido em água salgada.

Você poderá prevenir tais problemas, inspecionando a boca de seu animal com regularidade e escovando os dentes do cão uma o duas vezes por semana com uma escova de cerdas macias ou um pedaço de algodão molhado em água com sal (ou pasta de dentes para uso canino) para prevenção dos efeitos negativos do tártaro, uma substância semelhante ao cimento de cor marrom-amarelada que se acumula nos dentes, danifica as extremidades das gengivas, libera bactérias que infectam os alvéolos dos dentes e os afrouxa. O tártaro sempre provoca inflamação das gengivas e mau hálito. Os produtos como petiscos para mastigar ajudam a manter o tártaro em níveis aceitáveis.

Se o seu animal apresentar alguns dos sintomas descritos, abra a boca e procure por qualquer corpo estranho preso entre os dentes. Gengivas de cor vermelho brilhante exatamente no local onde encontram os dentes é um sintoma da gengivite. Toque cada dente com o dedo para verificar sinais de afrouxamento ou sensibilidade. Há muito pouco o que fazer diante dessas circunstâncias, a não ser consultar um especialista.

O veterinário saberá cuidar dos problemas dentários usando tranqüilizantes ou anestésicos gerais de curta duração para dessa forma remover a placa do tártaro dos dentes com instrumentos especiais para raspar ou por meio do uso de equipamentos de ultra-som. Os dentes ruins devem ser removidos para prevenir os abscessos nas raízes e infecção dos alvéolos, que provocam focos de infecção em todo o corpo do animal, como a contaminação do sangue, sinusite ou até mesmo doença renal. Tratar os dentes com obturações raramente é necessário.

Doenças da boca, úlceras e amidalites também causam alguns dos sintomas mencionados acima, e para os quais o diagnóstico e o tratamento de um veterinário se fazem necessários.

1 Se o olho estiver sensível ou lacrimejando, irrigue com colírio anti-séptico de uso humano a cada duas ou três horas, e com um chumaço de algodão umedecido em água morna, faça compressão na região afetada.

2 Quando administrar o colírio, apóie a mão no cão, aproximando-se por trás e acima do olho, mantenha o conta-gota paralelo à superfície do olho, conforme ilustrado.

OS OLHOS
Os problemas da visão são indicados por lacrimejamento, formação de secreção pegajosa (remela) ou quando uma película azulada ou branca aparece por sobre o olho. Se apenas um olho foi afetado e o único sintoma é o lacrimejamento, remela ou secreção pegajosa, tente lavar o olho com um colírio de uso humano para a cada hora. Particularmente em cães jovens os dois olhos com sinais de remela ou

CUIDADOS COM O NARIZ É verdade que o nariz úmido seja sinal de um cão sáudavel , mas um nariz que escorre constantemente pode ser um problema.

acúmulo de secreção podem indicar uma indisposição causada por uma doença viral grave. O lacrimejamento persistente pode ser causado pelo reviramento leve de uma das pálpebras (entrópio) ou o bloqueio do duto lacrimal. Uma película branca ou azulada em cima de um ou dos dois olhos é em geral sinal de inflamação da córnea (queratite); não é catarata, mas requer atendimento de um veterinário. A opacidade das lentes (catarata) é uma película azul ou branca mais profunda no olho, e que geralmente ocorre em animais mais idosos. Se qualquer desses sintomas durar mais de um dia, leve o paciente ao veterinário. As inflamações do olho são tratadas de muitas maneiras. Drogas são usadas para reduzir a infecção e métodos cirúrgicos podem ser usados para resolver as ulcerações da visão, com apicação de anestesia local. Muitos problemas podem ser tratados cirurgicamente, entre eles os reviramento das pálpebras, deformações de pálpebras, a remoção de corpos estranhos de dentro do olho e até mesmo a catarata.

O NARIZ

Os sintomas mais comuns de um nariz não saudável são rachaduras, a ponta da trufa seca e dolorida ou a ocorrência de secreção em coriza com aparência similar a uma gripe humana. Um cão gripado, em especial se os olhos e o nariz estiverem com secreção, sentirá um grande desconforto.

OUVIDOS

Os sintomas associados aos problemas de ouvido nos cães são: balançar a cabeça com inquietação, coçar a cabeça próximo à região do ouvido, coçar as orelhas, odor desagradável ou secreção saindo do ouvido, inchaço da orelha ou o cão apresentando sinais de dor e desconforto quando a orelha é tocada.

Vá ao veterinário imediatamente se seu cão desenvolver alguma doença no ouvido, pois essas complicações podem ser muito difíceis de serem curadas e precisam de um tratamento no início dos sintomas.

Limpe os ouvidos com freqüência, uma vez por semana, e se seu cão estiver propenso às complicações do ouvido, use um chumaço de algodão umedecido e limpe as partes que você consegue ver, em movimentos circulares, para remover o excesso de cera. Se for uma raça que apresente o crescimento de pêlos no canal auditivo (como o Poodle e o Kerry Blue) remova os pêlos com o dedo e o polegar. Não os corte. (Se você tiver alguma dúvida quanto a esse procedimento, peça a seu veterinário as orientações antes de tentar fazer alguma coisa).

As irritações de ouvido são muitas vezes explicadas por corpos estranhos que entram no canal auditivo. Sementes de grama, por exemplo, precisam ser removidas por um especialista. Minúsculos ácaros de cor branca que vivem nas orelhas dos cães causam coceira e favorecem infecções secundárias, provocadas por bactérias. Condições de higiene, suor e sujeira, particularmente nas orelhas não ventiladas como no caso dos Spaniels, fornecem as oportunidades ideais para a multiplicação dos germes. O veterinário decidirá se ácaros, fungos, bactérias ou outras causas são a principal fonte de inflamação e prescreverá o tratamento correto. Nos casos das inflamações crônicas de ouvido em que a drenagem se faz necessária, as cirurgias plásticas são com freqüência uma necessidade.

Embora andar com a cabeça pendente possa significar simplesmente uma irritação séria, por outro lado, esse fato pode indicar que o ouvido médio foi afetado. A doença ouvido médio não resulta necessariamente da infecção do ouvido externo, mas poderá surgir das complicações na tuba auditiva, que liga a cavidade ouvido médio ao fundo da garganta e que sempre precisa de intensa atenção por parte do veterinário, envolvendo o uso de antibióticos, medicamentos anti-inflamatórios e, em casos drásticos, uma drenagem profunda.

O inchaço de uma orelha parece grave, mas não é. Na verdade, o inchaço é um coágulo provocado por uma ruptura de um vaso sangüíneo na aba da orelha. Geralmente essa condição aparece após a mordida de outro cão em uma briga, uma lesão provocada por uma coceira constante. Tratamento cirúrgico se faz necessário.

CUIDADOS COM OS OUVIDOS

Para evitar problemas de ouvido, remova o excesso de cera regularmente. Use um cotonete ou um chumaço de algodão umedecido, limpando apenas as partes que você consegue enxergar.

Se surgirem problemas de ouvido, fale com o veterinário.

TÓRAX

Os sintomas relacionados a doenças do tórax incluem tosse, asma e dificuldade para respirar. Nesses casos, os cães podem estar acometidos de bronquite, pleurisia, pneumonia, doenças do coração e outras moléstias.

A tosse e espirros, que são sinais de um resfriado, possivelmente associados a olhos com secreção, diarréia e apatia poderão indicar cinomose canina. Os cães às vezes se recuperam, embora o prognóstico seja grave; se houver sintomas que estejam relacionados à contração dos membros ou paralisia, é sinal de que o sistema nervoso foi afetado. Tais sintomas só aparecem muitas semanas depois de o vírus ter invadido o corpo, podendo ser os únicos sintomas visíveis.

Para evitar tais problemas, vacine seu cão contra a cinomose e as outras infecções caninas, como a parvovirose e a hepatite canina, efetuando os reforços anuais das vacinas.

Ao primeiro sinal de doença, procure o seu veterinário com urgência, mantenha o animal aquecido, dando-lhe bastante líquidos e providenciando alimentos nutritivos e de digestão fácil.

O médico veterinário poderá, por intermédio de exames de sangue, confirmar ou negar o diagnóstico da cinomose, assim como de outras doenças infectocontagiosas. Pelo fato de ser causada por vírus, a cinomose é difícil de ser tratada. Antibióticos e outras drogas são úteis para suprimir as infecções bacterianas secundárias. Injeções de gama globulina canina são geralmente usadas para tratar os casos das doenças provocadas por vírus e também para proteger animais não vacinados que possam ter entrado em contato com a doença.

Outras doenças do tórax podem ser investigadas pelo médico veterinário com o uso do estetoscópio, raios-X, eletrocardiogramas e exames laboratoriais. A doença cardíaca, comum em cães idosos, geralmente tende a responder muito bem aos medicamentos.

AUMENTANDO A IMUNIDADE

A vacinação dos filhotes contra cinomose, parvovirose, leptopisrose, hepatite etc. é um meio seguro de prevenção, e os efeitos colaterais são raros. A primeira dose deve ser dada da sexta à nona semana de vida, com uma segunda dose após 30 dias e a terceira após 60 dias. Um reforço deve ser dado anualmente para manter a imunidade alta.

COMO DAR OS REMÉDIOS

Há diversas técnicas que podem ser utilizadas ao se administrar comprimidos ao cão:

Abra cuidadosamente a boca do animal, levantando o maxilar superior e mantendo os lábios dele sobre os dentes para evitar que ele o morda; coloque o comprimido na língua do cão o mais profundamente que puder; massageie a garganta para ajudá-lo a engolir o comprimido.

Ou dissolva o comprimido e dê o líquido como remédio para o cão (ver à direita). (Observação: alguns comprimidos têm de ser administrados inteiros; nesse caso, consulte o seu veterinário).

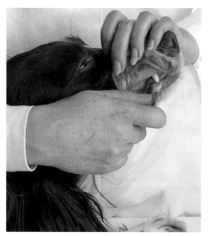

1 *Para administrar um medicamento líquido, mantenha o queixo do cão levantado e, de modo cuidadoso, coloque o medicamento no lado boca do animal.*

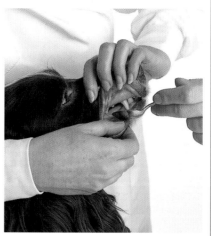

2 *Despeje o medicamento. É melhor utilizar um conta-gotas ou uma seringa do que uma colher para tornar a tarefa mais fácil.*

ESTÔMAGO E INTESTINOS

Os sintomas mais comuns das doenças do estômago e intestino são o vômito, a diarréia, a constipação e sangue nas evacuações. Existem para essas doenças muitas causas, mas se persistirem os sintomas por mais de 12 horas, apesar de todos os cuidados de primeiros socorros, procure o médico veterinário.

O vômito poderá ter sua causa vinculada a uma infecção branda do estômago (gastrite) ou a uma simples intoxicação alimentar. Se grave, persistente e seguido de outros sinais clínicos poderá indicar a presença de infecções mais sérias, como cinomose, hepatite canina infecciosa, parvovirose, leptospirose, infestação por vermes ou obstrução os intestinos.

A diarréia poderá ser nada mais que um mero desconforto intestinal; ou séria e profusa, se bactérias ou vírus estiverem presentes, assim como em certas intoxicações e algumas alergias.

A constipação ocorre devido à idade, a uma dieta deficiente com um percentual alto de ossos triturados (torna-se como cimento no intestino) ou obstrução.

Sangue presente nas evacuações pode advir de várias causas, maiores ou menores: desde um simples fragmento de osso arranhando o canal retal até uma infecção leptospiral.

Tudo que você pode fazer diante de um problema estomacal é tentar aliviar os sintomas.

No tratamento da diarréia é importante repor os líquidos do organismo. Corte todo o alimento sólido, leite e coisas gordurosas.

Os problemas abdominais em geral precisam de cuidados veterinários; se os sintomas persistirem procure seu veterinário o quanto antes. Doenças como parvovirose, hepatite infecciosa canina e leptospirose requerem tratamento médico intensivo, com antibióticos, transfusões para repor líquidos, vitaminas e minerais e o monitoramento cuidadoso dos progressos do paciente por meio de exames de sangue e urina.

As práticas cirúrgicas removem as obstruções e os corpos estranhos e os problemas estomacais são tratados por recursos altamente sofisticados. O médico e sua equipe usam anestésicos modernos em salas cirúrgicas equipadas com todo o aparato tecnológico de um hospital humano.

PARA MEDIR A TEMPERATURA

A melhor maneira de se medir a temperatura de um cão é obter um termômetro eletrônico e seguir as instruções de uso contidas no produto. Caso você não consiga manusear, use termômetro convencional.

• Agite-o até 37º e lubrifique com óleo mineral ou gel de petróleo.

• Segurando a raiz da cauda com firmeza para que o cão não sente, insira um terço do termômetro no reto do animal.

• Retire após três minutos, limpe-o e leia a temperatura.

A temperatura normal em cães é de 38,5º (Obs: se o termômetro quebrar, não tente remover a parte quebrada, ou fragmentos. Procure o veterinário imediatamente.)

SISTEMA URINÁRIO

Os sintomas mais comuns das doenças do trato urinário estão relacionados à dificuldade em urinar, ao excesso de água ingerida, urinação freqüente, perda de peso, de apetite e à presença de sangue na urina.

Tão logo se perceba tais sintomas, indicadores de que algo possa estar errado com as vias urinárias de seu cão, procure o médico veterinário. A inflamação da bexiga (cistite) cálculos na bexiga ou nos tubos a ela associados e doença renal são bastante freqüentes, necessitando da ajuda profissional do veterinário. Em qualquer circunstância, jamais retenha a água de um animal com problemas urinários. Providenciar a vacinação contra a leptospirose e uma consulta anual ao veterinário para dose de reforço da vacina é uma medida importante para o bem-estar de seu animal.

A cistite diagnosticada é curada de forma rápida e eficaz com o tratamento à base de antibióticos. O diagnóstico da presença de cálculos no sistema urinário pode ser feito por raios-X e, em muitos casos, podem ser removidos por meio de cirurgia.

A doença renal requer controle cuidadoso e supervisão rigorosa da dieta do animal. Pacientes acometidos de doença renal crônica poderão chegar a uma vida idosa se a água, a proteína e o teor de minerais da dieta forem regulados, além do controle das infecções bacterianas e minimização da perda de proteínas – qualquer tipo de estresse deve ser evitado.

APARELHO GENITAL

Os machos apresentam problemas genitais esporádicos (tumores nos testículos, por exemplo), mas os problemas mais importantes e comuns são observados nas fêmeas, tais como cio persistente, sangramento muito intenso e secreção vaginal.

Qualquer secreção além daquela antes do parto ou do sangramento comum durante o período de cio requer atenção imediata do médico veterinário. Em fêmeas não-grávidas, as secreções, embora pareçam pus, são causadas por um processo inflamatório do útero, conhecido por piometra; nesse caso, procure o médico veterinário o mais rápido possível. O tratamento, em geral, é de curto prazo mas eventualmente o procedimento mais aconselhável é a remoção do útero (histerectomia). Tais processos cirúrgicos têm um alto índice de sucesso, e, se você não quer que seu animal tenha mais filhotes, o ideal é optar pela castração, evitando assim emergências sérias que poderiam ser evitadas.

GLÂNDULAS MAMÁRIAS

Periodicamente, vire seu animal de lado e, apalpando gentilmente com os dedos, verifique se há algum caroço ou nódulo próximo às mamas ou dentro delas ou, ainda, sob a pele. Em caso positivo, procure o veterinário imediatamente, pois, uma vez instalados, os tumores espalham-se rapidamente para outras regiões do corpo e, se descobertos a tempo, podem ser removidos. Mamas intumescidas, ou inflamadas quando a fêmea está em fase de lactação podem indicar a presença de mastites, que podem ser tratadas com antibióticos e drogas antibacterianas.

PELE

Existe uma grande variedade de doenças de pele em cães. Portanto, para obter um diagnóstico, o veterinário realiza um exame completo e coleta amostras. Os sintomas comuns relacionados a essas enfermidades são falhas na pelagem, aspecto ralo e sem pêlos, coceiras, lesões úmidas, secas ou com formação de crostas. A sarna, provocada por um minúsculo ácaro, desenvolve lesões que provocam a queda de pêlos seguida de lesões com crostas na superfície. Pulgas, piolhos e carrapatos provocam danos à pelagem. A presença de uma única pulga em um cão – difícil de ser encontrada – pode estabelecer uma irritação generalizada como, por exemplo, uma reação alérgica à saliva da pulga. As deficiências dietéticas, como a escassez de certas gorduras, podem causar danos à pelagem que afetarão sua aparência. Se você perceber a presença de certos parasitas, tais como o ácaro da sarna, pulgas, piolhos e carrapatos, providencie a aplicação imediata de produtos químicos devidamente recomendados por seu veterinário – em drágeas ou produtos colocados em pontos na pele onde serão absorvidos, estes particularmente eficientes contra pulgas.

A Sarna Sarcóptica é uma enfermidade tão sutil que poderá precisar de luz ultravioleta para um exame mais apurado, ou uma cultura de fungos retirada de uma mostra de pêlo. Drogas especiais, administradas via oral ou aplicadas na pele, são necessárias, sendo que todo cuidado deve ser tomado para que a doença não seja transmitida a humanos.

Com todos os tratamentos antiparasitários disponíveis, siga corretamente as instruções contidas nos rótulos dos produtos e as instruções de seu veterinário. Quanto aos ovos das pulgas, lembre-se de que eles não se encontram apenas na pelagem dos animais, mas também no lugar onde ele vive. As camas dos animais, cestos, cobertas, carpetes e canis devem ser borrifados com spray antiparasítico ao mesmo tempo em que o animal está sendo tratado.

As doenças de pele causadas por deficiências dietéticas são facilmente evitadas com refeições balanceadas. Entretanto, as enfermidades repentinas da pele, que se manifestam durante o verão ou outono e que se apresentam em regiões quentes e úmidas, têm como causa alergia ao pólem de algumas plantas, entre outras substâncias. Casos dessa natureza requerem tratamento veterinário, geralmente à base de cremes anti-histamínicos e corticosteróides, medicação injetável ou em comprimidos. Embora as lesões pareçam sérias, a recuperação costuma ser rápida.

EXAME ROTINEIRO DAS MAMAS Examine as mamas das fêmeas pelo menos uma vez por mês, verificando se há nódulos que possam indicar tumores. Comunique seu veterinário caso houver algum inchaço com tamanho superior a 0,5 cm.

NEMATÓDEOS

Os nematódeos podem provocar diarréias, principalmente nos filhotes, e contaminar humanos, afetando, com maior gravidade, crianças.

Elimine esses parasitas de seu cão usando os vermífugos modernos que estão amplamente disponíveis no mercado, aplicando-os em intervalos regulares de três meses, conforme as recomendações de seu veterinário.

TÊNIA CANINA

Esses vermes em geral não causam tantos problemas em cães, mas às vezes podem contaminar humanos. Parte do ciclo de vida da tênia é vivido na pulga, sendo esse o meio de transmissão para o cão. A prevenção mais eficaz é manter seu cão livre de qualquer infestação de pulgas. Os segmentos da tênia assemelham-se a pequenos grãos de arroz cozido, ou pequenos vermes achatados de cor branca, de até 1 cm de tamanho, com pouca mobilidade. Caso estejam presentes nas fezes, ou presos na região do ânus, administre ao seu cão um vermífugo específico destinado a esse tipo de verme, sempre de acordo com as orientações veterinárias.

TÉCNICA PARA COLOCAÇÃO DE FOCINHEIRA

Qualquer cão amedrontado ou sentido dor poderá morder. Esta técnica para colocação de focinheira permitirá que você use um pedaço de atadura ou qualquer outro material para facilitar o manejo do animal

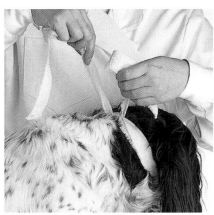

1 *Faça um laço na bandagem e coloque no focinho do cão*

2 *Cruze as extremidades da atadura por baixo da mandíbula inferior do cão, dando um nó atrás da cabeça para manter a focinheira no lugar.*

3 *Agora as mandíbulas estão imobilizadas sem qualquer dor para o animal.*

PARA RESTRINGIR O CÃO

Antes de qualquer tratamento, o cão deverá receber uma focinheira (ver quadro acima), para evitar qualquer risco de mordida. Mesmo com essa medida de segurança, é provável que o animal ainda precise ser restringido, e a maneira correta de se proceder varia de acordo com o tamanho do animal:

• Um cão menor deve ser contido firmemente pela coleira e segurado pela nuca com cuidado, mas com firmeza.

• Um cão de porte médio deve ser segurado pelo seu lado esquerdo, com a cabeça imobilizada na curva de seu braço e os membros anteriores fora do chão.

• Use o peso de seu corpo para inclinar-se sobre o cão; é provável que você necessite do auxílio de alguém para segurar os membros posteriores.

ACIDENTES E EMERGÊNCIAS

Um cão ferido e amedrontado pode morder. Assim, a colocação de focinheira é a maneira mais simples e rápida de se evitar acidentes para aqueles que lidarão com o animal. Após esse procedimento, a vítima deverá ser retirada do local do acidente e levada para um lugar tranqüilo, fechado e aquecido. Para transportá-lo, coloque um lençol embaixo do animal e suspenda-o como em uma rede. Caso essa tentativa falhe, transporte o animal segurando-o pela cabeça e nuca. Não perca tempo; o estado de choque é seu principal adversário. Deite o cão confortavelmente em um cobertor e coloque uma bolsa de água quente próxima a ele. Não administre estimulante alcoólico ou aspirina.

Coloque um chumaço de algodão, um lenço dobrado ou pedaço de tecido sobre as áreas que estiverem sangrando e pressione firmemente – se necessário, até a chegada do veterinário. Não tente colocar talas ou torniquetes nos membros.

Tais procedimentos devem ser realizados idealmente dentro do carro a caminho do veterinário que estará se preparando para a emergência, em vez de permanecer em casa à espera de socorro.

MORDIDAS E MACHUCADOS

Tão logo detecte uma lesão, remova os pêlos em redor da ferida até a extremidade da pele com uma tesoura, e banhe a região afetada completamente. No que diz respeito a mordidas, um

antibiótico de ação prolongada administrado pelo veterinário é uma medida prudente. Lesões simples devem ser deixadas descobertas.

Cortes na região das almofadas plantares podem ser problemáticos, mas não tão sérios. Geralmente são curados vagarosamente e não costumam ser ponteados. Não cubra com materiais impermeáveis como sacos plásticos e jamais use bandagens de borracha ou látex, pois o curativo deverá permitir a entrada de ar. Ele deve ser fixado por uma tira de adesivo ou por finas faixas de tecido, ou bandagens, devidamente passadas em algumas voltas no local.

A REMOÇÃO DE UM CÃO ACIDENTADO

1 *Após um acidente, a prioridade é a remoção do cão do lugar de perigo imediato. Use uma tábua de madeira plana como maca ou, na falta desse recurso, uma toalha, um cobertor ou um casaco. Peça ajuda de uma outra pessoa para sustentar o peso do animal, evitando assim curvar a espinha dorsal, e tente ser cuidadoso e o mais gentil possível.*

2 *Entre em contato com o veterinário e transporte o animal ferido imediatamente em vez de permanecer no local esperando ajuda. Antes de colocar o animal no carro, peça para alguém entrar primeiro no veículo, segurando um lado da maca, até que a outra pessoa no outro lado entre, acomodando o paciente para o transporte. Evite balançar ou curvar a espinha dorsal do animal.*

REFLEXOS NATURAIS

Quando um acidente ocorre, ou durante uma doença grave, o cão poderá ficar inconsciente. Certos reflexos nervosos são indicadores significativos de vida e, quando observados, devem ser mencionados no ato do chamado de emergência, embora as ausências desses sinais NÃO indiquem conclusivamente que o animal esteja morto.

1 *Tocar com cuidado o canto do olho do cão fará o animal piscar em resposta.*

2 *Colocar uma luz brilhante próxima ao olho, idealmente uma lanterna, fará com que a pupila se contraia.*

3 *Comprimir a pele ou apertar a região entre os dedos de uma pata posterior estimulará um reflexo que repuxa o membro.*

O EXAME VETERINÁRIO

O veterinário visualizará e, depois da palpação, avaliará a condição, o peso, o porte e verificará as regiões sensíveis ou dolorosas. Ele também:

- *Examinará os ouvidos externos à procura de doenças evidentes.*

- *Examinará outras áreas especiais, como patas, ânus, genitália e pele do abdômen.*

- *Tentará sentir o abdômen do animal para avaliar o tamanho, a posição e a condição de certos órgãos internos vitais.*

- *Medirá a temperatura do animal pelo ânus*

- *Examinará o coração e os pulmões usando um estetoscópio; também baterá de leve com a ponta dos dedos na parede do tórax.*

- *Examinará visualmente o focinho, a boca e os olhos, puxando a pálpebra para baixo para avaliar a cor da membrana do olho. Abrirá a boca do cão para verificar dentes, gengivas, língua e garganta.*

OUTROS EXAMES O veterinário poderá sugerir exames específicos ou outras técnicas de diagnósticos, caso uma investigação mais apurada seja necessária.

O CÃO IDOSO

Assim como seus donos, os cães estão tendo vidas mais longas, mas poucos ultrapassam os 17 anos de idade (o equivalente a 84 anos na idade humana). O cão mais idoso de que se tem notícia foi um Boiadeiro Australiano que morreu em 1939 com mais de 29 anos de idade. Em 2002, um Collie de Somerset, Inglaterra, alimentado com uma dieta vegetariana, celebrou seus 27 anos de idade. As raças de porte grande tendem a não viver tanto tempo como as pequenas. Dogue Alemães e Wolfhounds têm uma expectativa de vida de 10 a 11 anos de idade, enquanto os Fox Terriers e os Pinchers em miniatura alcançam em média de 13 a 14 anos de idade. É importante levar em consideração os cuidados que devem ser tomados com os cães quando eles entram em suas fases de adolescência, pois, quando envelhecem, desenvolvem as mesmas doenças relacionadas à idade que afetam os idosos humanos.

SINTOMAS QUE DEVEM SER OBSERVADOS

Os animais obesos têm uma expectativa de vida menor. A obesidade leva a problemas cardíacos, insuficiência hepática e diabetes. É muito importante que o veterinário seja consultado tão logo se perceba as primeiras limitações que afetam um cão obeso. Nesse caso, uma dieta especial é prescrita para o controle da obesidade.

Alguns cães idosos perdem peso sem problemas, mas uma conseqüência comum é a insuficiência renal que começa a liberar proteína do corpo pela urina. Cuidados veterinários serão necessários para cuidar de um animal nessas condições, mas hoje já existem dietas especiais disponíveis.

COMO EVITAR A OBESIDADE Os donos devem reduzir a quantidade de alimento aos primeiros sinais da obesidade. Uma alimentação e em excesso diminuirá a expectativa de vida de um cão.

Os rins estão entre os primeiros órgãos do corpo do cão a dar os sinais da idade. Se a vacinação contra leptospirose canina e os reforços anuais tiverem sido ministrados corretamente, a probabilidade de nefrites crônicas, antes fatais, acometerem o animal são praticamente remotas.

Na realidade, o reumatismo é incomum em animais, mas a artrite ocorre com freqüência. Assim como em humanos, não há cura, mas muito pode ser feito para se aliviar a dor, manter a mobilidade das juntas e reduzir a deficiência física. Aos primeiros sinais observados de movimentos anormais, leve seu animal ao veterinário para que seja examinado. Uma grande variedade de terapias anti-artrite, desde dos corticosteróides até a acupuntura e drogas antiinflamatórias estão sendo usadas para resolver este problema.

Uma outra maneira de se ajudar cães obesos e com problemas de juntas é submetê-los a uma dieta de emagrecimento. Se essa for a sua necessidade, converse com seu veterinário, que lhe dará as instruções necessárias.

O envelhecimento do cérebro dos cães pode levar ao um início gradual dos sintomas, geralmente bastante sutis,
da deterioração mental canina – demência. Estudos clínicos sugerem que um em cada quatro cães acima de oito anos de idade sofre dessa moléstia. Os donos desses animais começarão a perceber irritabilidade, falta de entusiasmo, esquecimento e episódios de confusão aparente. No passado, esses animais eram tratados com tranqüilizantes ou submetidos à eutanásia. Entretanto, os cães idosos de nossos dias já podem se beneficiar dos progressos alcançados para o tratamento da doença de Alzheimer.

Os novos alimentos antioxidantes também podem desempenhar um papel importante na prevenção e, felizmente, no tratamento da demência. A doença cardíaca crônica surge gradualmente. Os sintomas geralmente são diminuição da atividade do cão, perda de energia, tosse crônica, respiração rápida e alterada ou dificultada. O veterinário pode examinar o coração do animal e a circulação de várias maneiras: com o estetoscópio e, se necessário, um eletrocardiograma. Uma ampla variedade de drogas e mesmo, em casos recomendados, a colocação de marca-passo são usados para aliviar os problemas.

Com o início da surdez, o mais importante é que os donos protejam
seus cães em circunstâncias em que eles caminhem rumo ao perigo, o que poderá resultar em uma situação inesperada e desagradável. É preciso que você permaneça atento à crescente diminuição dos sentidos do animal, demonstrando compreensão e consideração.

A diminuição da visão no cão deve-se a uma variedade de condições clínicas. O exame veterinário determinará a causa e, em alguns casos, o tratamento ideal para melhorar a visão. Nos casos da cegueira causada por catarata, por exemplo, uma operação para extrair as lentes degeneradas é uma possibilidade que vale a pena ser considerada.

No caso de cães idosos, exames regulares, ou pelo menos anuais, são essenciais.

Odores

Cães idosos de certo modo tornam-se malcheirosos, e a boca é uma das principais fontes de odores. Leve o animal ao veterinário, que poderá verificar a boca, limpar as gengivas e os dentes.

Uma outra fonte de odores desagradáveis nos animais idosos são as orelhas e a parte traseira. Verifique a presença de inflamação aguda no ouvido externo e no canal auditivo,

---

OS CUIDADOS COM O CÃO IDOSO

Com os *check-ups* regulares e cuidados constantes, você poderá evitar doenças, dores e desconfortos na velhice de seu cão, o que não será tão difícil nem tomará tanto de seu tempo. Você descobrirá as doenças mais cedo e prevenirá a ocorrência de outras. O mais importante nessa fase é manter-se sempre atento.

2 *Verifique os olhos. As pálpebras estão livres de secreção ou crostas? Mantenha-as limpas com um pedaço de algodão ou tecido umedecido em água morna. Fique atento às mudanças na aparência ou transparência dos olhos.*

1 *Verifique os ouvidos para limpar quaisquer acúmulos de secreção gordurosa ou pegajosa. Com um pedaço de algodão ou tecido umedecidos em óleo de oliva, limpe toda a superfície. Caso perceba qualquer cheiro anormal, ou se o cão estiver sensível ao toque, consulte o veterinário.*

particularmente nas raças de orelhas pendentes, como os Spaniels. Quando um cão começa a esquecer como defecar corretamente, retire os pêlos longos da traseira do animal deixando-o livre de qualquer sujeira acumulada.

Uma deterioração generalizada da pelagem nos cães idosos, com produção de caspa, esfoliações e maior oleosidade, poderá ser uma das causas que marcam as características dos odores do "cão idoso".

Intestinos

Na velhice, os intestinos poderão se tornar imprevisíveis e soltos. Cuide, portanto, para que seu cão receba bastante fibra na dieta. Não dê fígado ou ossos.

CHEIRO DE CACHORRO Cães idosos não devem necessariamente cheirar mal. As inspeções regulares e os cuidados básicos por parte de seus donos eliminarão qualquer odor ruim.

3 *Examine a boca, a gengiva e os dentes. Escove os dentes regularmente com escova de dentes e creme dental caninos ou com água e sal. Consulte seu veterinário se houver odor ruim ou se as gengivas não apresentarem cor rosada normal.*

4 *Apalpe o corpo do cão para verificar possíveis nódulos ou caroços. As juntas se dobram livremente sem qualquer esforço ou sensações que evidenciam desconforto ou dor? Caso contrário, leve o animal ao veterinário*

PURINA®

PROPLAN®

ALIMENTA E PROTEGE A SAÚDE

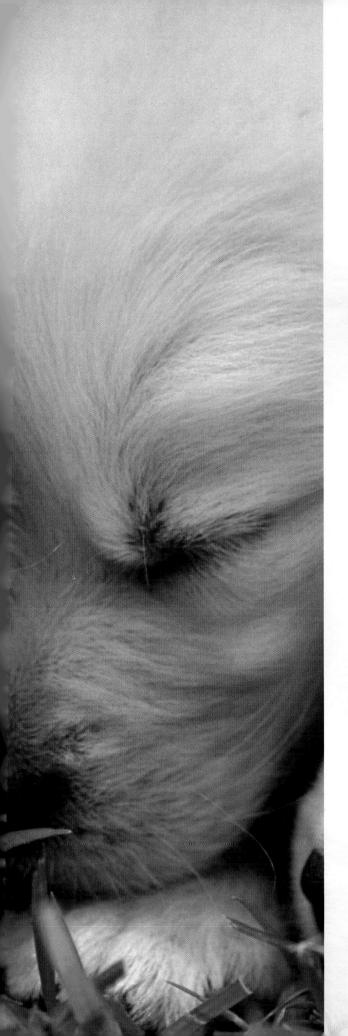

A reprodução

O nascimento de uma ninhada é uma das maiores alegrias para quem gosta de cães. A próxima seção deste livro oferece informações básicas sobre a reprodução canina.

A família dos canídeos reproduz-se sazonalmente e apresenta uma ninhada por ano, com um período de prenhes que varia de sete semanas para a raposa de orelha de morcego, ou fennec, nove semanas para o cão domesticado e até onze semanas para o cão selvagem africano. As maiores ninhadas de que se tem registro na história do cão domesticado foram de 23 filhotes. Essas proezas foram alcançadas por uma Foxhound Americana (1944), uma São Bernardo (1975) e uma Dogue Alemã (1987). Pelo que se sabe, todos os filhotes da Foxhound americana sobreviveram e chegaram à vida adulta.

Os cães domesticados diferem dos cães selvagens no que diz respeito às fêmeas, que geralmente entram no cio duas vezes por ano e são promíscuas, embora existam evidências de que os Beagles apresentam grau de preferência por um parceiro apenas. Lobos, chacais e coiotes, por outro lado, demonstram fidelidade e forte preferência por um parceiro em especial, jamais se comportando de maneira promíscua, mesmo vivendo em um habitat natural e livre.

Foi por meio da manipulação dos processos reprodutivos do cão, aliada a um período curto de prenhes e maturação, se comparado a outros mamíferos, que o homem arquitetou o desenvolvimento de uma ampla variedade de raças que vemos em nossos dias.

TODA TERNURA DE UM FILHOTE Acompanhar de perto o crescimento constante dos filhotes é uma experiência fascinante. Por outro lado, a chegada de uma ninhada significa bastante trabalho, não apenas para as fêmeas mas também para os donos dos animais.

Sexo e hereditariedade

A criação de cães para exposições e concursos dependerá dos mecanismos fundamentais da hereditariedade. Os seres vivos são compostos por células e, dentro de cada uma delas, existe um núcleo.

Entre outros elementos contidos no núcleo das células, existem estruturas denominadas cromossomos. Estas se assemelham a cordões microscópicos de numerosas projeções arredondadas, como se fossem um rosário. Tais projeções são denominadas genes. Cada gene na cadeia cromossômica carrega consigo detalhes do modelo, do tamanho e da função de uma parte em particular do corpo, gravado em uma química maravilhosa denominada DNA. Características físicas como cor dos olhos, formato das orelhas e tamanho da pelagem serão determinados pelos genes.

O GENOMA CROMOSSÔMICO

Os genes são organizados em uma certa ordem na extensão dos cromossomos que, em conjunto, compõem o genoma da formação individual de uma criatura. Os cromossomos são alinhados em pares no núcleo. Cada núcleo da célula contém o mesmo par de genomas cromossômicos para que, seja uma célula do fígado, do dente ou da almofada da pata, tenha dentro de si o plano completo de todo corpo. Os cães domésticos carregam 78 cromossomos, alinhados em pares de 39. O gato possui 19 pares e nós, humanos, 23.

Quando as células caninas se multiplicam, dividindo-se em duas, os 78 cromossomos produzem 78 cópias idênticas de si mesmos ao se dividirem longitudinalmente. Assim, a informação genética é passada de uma geração à outra.

Dos 39 pares de cromossomos no núcleo da célula, 38 são pares virtualmente idênticos, mas um poderá diferir levemente. Este é o par que determina o sexo do indivíduo. As fêmeas carregam um par de cromossomos XX; os machos carregam um cromossomo X e um Y. As células reprodutivas do corpo – os óvulos na fêmea e os espermatozóides nos machos – são particulares entre todas as células do corpo por apresentarem apenas um par de cromossomos em vez

ACASALAMENTO

A melhor fase para o cruzamento é geralmente no 10º dia do período do cio da fêmea, repetindo-se no 12º dia. Embora varie de fêmea para fêmea, o cruzamento pode ser melhor se um dos cães tiver experiência.

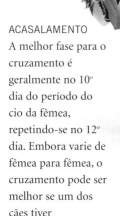
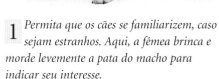

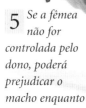

1 *Permita que os cães se familiarizem, caso sejam estranhos. Aqui, a fêmea brinca e morde levemente a pata do macho para indicar seu interesse.*

2 *Depois de o macho cheirar e lamber a fêmea, ela assinala para o macho que está pronta para o cruzamento, colocando a cauda de lado.*

5 *Se a fêmea não for controlada pelo dono, poderá prejudicar o macho enquanto se debate. Esta é a posição correta para que os cães estejam entrelaçados.*

6 *Após 20 minutos, em média, os cães se separam e ambos se lambem para se limpar.*

de pares. Isso significa que quando se fundem no momento da concepção, pares de cromossomos são formados, cada par contendo um cromossomo do macho e um da fêmea. Todos os cromossomos do sexo relacionados à fêmea são X, todos os cromossomos relacionados ao macho podem ser X ou Y. Assim, o sexo do filhote dependerá de qual espermatozóide penetrou o óvulo primeiro, se X ou Y.

Os óvulos fertilizados contêm os genes da mãe e do pai em quantidades iguais, mas arrumados em uma ordem um pouco diferenciada na cadeia cromossômica. Portanto, é essa nova organização que dá a cada óvulo fertilizado sua individualidade própria e torna o filhote que nascerá em um animal único.

MUTAÇÕES

Ocasionalmente, fatores externos podem alterar as características fundamentais dos genes dentro do núcleo da célula, como radiação atômica, raios-X e certos produtos químicos. As mudanças que esses fatores causam no corpo e que se desenvolvem na célula são chamadas de mutações. Por esta razão, os órgãos sexuais devem ser especialmente protegidos contra, por exemplo, a radiação por ionização. Às vezes, embora muito raramente, uma mutação ocorre de maneira aparentemente espontânea. Tais eventos estão no âmago do processo evolucionário e resultam no surgimento de novas raças, cores e tipos de cães.

Além das mutações, processos não genéticos e não hereditários podem influenciar o desenvolvimento do embrião. Após sua concepção, as células se organizam dentro dos tecidos em crescimento de uma maneira levemente imprecisa, mas esse tipo de variabilidade congênita, mas não hereditária, resulta em modificações, como a distribuição imprevisível das marcações brancas em pelagens bicolores ou malhadas. Mais uma vez, certas substâncias químicas e radiação poderão afetar a organização das células em crescimento no embrião, e é por essa razão que as fêmeas grávidas devem receber apenas remédios que foram prescritos por médicos veterinários.

3 *O cão monta na fêmea envolvendo-a pela garupa com seus membros anteriores, faz alguns movimentos de penetração e libera o sêmen dentro de um minuto.*

4 *Após a ejaculação, o pênis do cão se expande, alojando-se dentro da vagina. Os dois permanecem presos, e a fêmea pode tentar escapar.*

7 *Após uma longa limpeza, os cães poderão brincar juntos ou apenas descansar.*

Gravidez e nascimento

A fêmea geralmente torna-se sexualmente madura entre 8 e 12 meses de idade, podendo adiantar para o 6^0 mês de vida em alguns casos ou retardar-se até os 18 meses. Se até os 20 meses de idade a fêmea não entrar no cio, consulte o veterinário.

ENTRANDO NO CIO

O cio tem duração de 18 a 21 dias, apesar de a fêmea só aceitar o macho durante alguns dias, por volta da metade do período. A primeira fase do cio é indicada pelo inchaço dos lábios da vulva. Logo o sangramento se inicia (não é equivalente ao período menstrual humano). Enquanto a fêmea estiver sangrando, o que pode durar de 4 a 14 dias (dez dias em média), a fêmea estará altamente atraente para os cães, mas não aceitará suas investidas.

A partir desse estágio, o sangramento diminui ou cessa de uma vez, a vulva atinge o tamanho máximo e a fêmea aceitará o macho. Esse é o período fértil, que dura de 5 a 12 dias, com o desejo sexual em alta durante os primeiros dois ou três dias. Esse é o momento para permitir o cruzamento, caso esteja em seus planos a criação de filhotes. O cruzamento deverá ser repetido dois dias depois para aumentar a possibilidade de uma fertilização bem-sucedida. Se a fêmea engravidar, o período do cio tende a terminar mais cedo.

Em cães domesticados, o cio normalmente ocorre duas vezes por ano, exceto nos Basenjis, os quais, como os cães selvagens, lobos e raposas, têm apenas um ciclo menstrual por ano. A maioria das fêmeas entra no cio entre janeiro e março e em um segundo cio entre agosto e setembro. Exceções ocorrem com freqüência, no entanto algumas fêmeas poderão ter intervalos mais longos ou mais curtos entre seus períodos de cio.

GRAVIDEZ

A duração da gravidez é de, em média, 63 dias. O crescimento do abdômen torna-se mais visível da quinta semana em diante, apesar de que se apenas um ou dois filhotes estiverem sendo gerados, ou se a fêmea estiver gorda, os sinais da aproximação da maternidade poderão ser difíceis de ser detectados.

As mamas aumentam de tamanho e os mamilos crescem e endurecem a partir da 35° dia. Uma secreção aquosa pode sair dos mamilos quatro dias antes de os filhotes nascerem. Em fêmeas que tiveram várias crias, o aumento das mamas poderá não acontecer até a última semana de gravidez, e o leite materno geralmente só é produzido cinco ou seis dias antes do início do parto.

Durante o parto, deve-se alimentar a fêmea com um alimento de alta qualidade. Exercite-a com cuidado até o final da gravidez. A fêmea deverá receber vermífugos contra nematódeos três vezes: no início da gravidez, dez dias antes do parto e dez dias após.

A preparação para a chegada dos filhotes é muito importante, pois uma mãe em fase de amamentação precisará de um lugar limpo e calmo, como uma caixa, um cesto ou um canil com bastante jornais velhos que possam ser facilmente removidos e trocados por novos. Se você for marinheiro de

4 O filhote nasce, coberto pela membrana da bolsa que contém o líquido amniótico.

3 A bolsa contendo o feto aparece na vulva. Este filhote está nascendo pela traseira, sendo visível sua cauda e uma das patas.

2 A fêmea se contrai quando o filhote chega à pélvis; logo o filhote nascerá.

1 Durante o primeiro estágio do parto, a fêmea dorme tranqüilamente.

5 *A fêmea rompe a bolsa e corta o cordão umbilical com os dentes.*

6 *Ao lamber o filhote para limpá-lo, a mãe o estimula a respirar.*

7 *A mãe descansa entre os nascimentos e supervisiona os filhotes enquanto mamam.*

primeira viagem, consulte um criador confiável ou o seu veterinário, conseguindo as orientações para o grande dia.

NASCIMENTO

Se você não souber a data exata do último acasalamento, não se preocupe se sua cadela atrasar alguns dias além dos 63 dias previstos para o parto, desde que ela esteja se alimentado bem e se encontre em um bom estado de saúde, sem secreções de cor saindo da vulva, e não tenha sido observada nenhuma contração, além de seus movimentos normais. Entretanto, se alguma dessas regras for quebrada e os filhotes não surgirem dentro de duas horas, consulte o veterinário imediatamente.

Quando o nascimento é iminente, a fêmea fica tensa e ofegante, pode parar de se alimentar e começa a preparar um ninho, lugar para os filhotes nascerem. Isso significa que, às vezes, dará voltas tentando encontrar um lugar bem diferente daquele que você planejou, baterá com as patas no cesto onde dorme, afastando cobertas em sinal de irritação, dará muitas voltas em círculo antes de se deitar, para logo depois levantar-se outra vez. Este estado pré-parto geralmente dura cerca de 12 horas, podendo ser mais breve ou continuar por um dia ou dois, às vezes com períodos de comportamento normal. Se não houver contração ou secreção de cor saindo da vulva, o animal está bem e tudo está sob controle.

O parto propriamente dito se dá quando ocorre a primeira contração ou uma secreção de cor verde garrafa sai da vagina. Conte a partir desse momento. Dentro de uma hora o primeiro filhote deve nascer. Uma bolsa de água aparece primeiro, sendo rompida pelas lambidas da mãe. Então segue o filhote, envolvido parcial ou completamente pela membrana da bolsa. Os filhotes, com freqüência, nascem pelos pés; este não é uma parto de nádegas, portanto não há com que se preocupar.

Tendo nascido, o filhote permanece ligado pelo cordão umbilical até que a mãe o corte com os dentes. Se isso não ocorrer ou se a face do filhote estiver coberta por uma membrana, você poderá ajudar. Retire a membrana das narinas e da face e corte o cordão umbilical. Não use tesouras. Rompa o cordão com os dedos de suas duas mãos, deixando cerca de 4 cm a partir do umbigo. Devolva o filhote à mãe sem demora.

Entre o nascimento de cada filhote, a fêmea poderá descansar por minutos ou horas. Os intervalos tendem a diminuir na proporção em que o parto prossegue, podendo ser irregulares.

EMERGÊNCIAS

O tempo máximo para o nascimento de um filhote a partir da primeira contração é de duas horas. Lembre-se de que são duas horas do início do trabalho de parto para aquele filhote especificamente, e não do início do parto como um todo. Se após duas horas o primeiro filhote não nascer, entre em contato com seu veterinário.

Os restos placentários serão expelidos após cada filhote ou em intervalos irregulares e em porções ou no final do parto. Evite que a fêmea os coma, o que é um instinto natural; queime-os ou coloque-os no lixo.

A maioria das fêmeas não apresenta problemas no parto; mas, se surgirem complicações, o veterinário ajudará manualmente, com drogas específicas, ou aconselhará uma cesariana. A operação se dá tardiamente e com anestesia geral, sendo recomendada nos casos em que o parto demorou mais de 12 horas. Uma cesariana não será uma regra nos partos seguintes do animal submetido a essa intervenção.

8 Um filhote recém-nascido com apenas alguns minutos de vida.

Comportamento maternal

As fêmeas em geral são excelentes mães e cuidarão dos filhotes integralmente sem precisar que você se preocupe. Entretanto, é importante que o dono esteja lá para dar assistência no caso de algo sair errado.

O papel biológico da fêmea pode levar a complicações quando não está cuidando ou movendo os filhotes. Um dono responsável deve se inteirar desses problemas e saber qual a melhor maneira de lidar com eles.

GRAVIDEZ PSICOLÓGICA

Uma ocorrência bastante comum é uma fêmea que nunca acasalou demonstrar sinais de gravidez. De 8 a 9 semanas após o cio, ela se comportará de maneira inquieta, aninhando-se e preparando um local para o parto. Também acontece o inchaço das mamas, que ocorre nas fêmeas realmente grávidas, e colostro ou leite poderão sair dos mamilos. Um brinquedo ou chinelo velho poderá ser colocado por ela no lugar que escolheu para sua cria imaginária, onde cuidará dele como se fosse seu filhote.

Quando isso acontece, a fêmea não está desejando ter filhotes, consciente ou inconscientemente. Também não se trata de uma condição que resultará em doenças dos ovários ou do útero, pode

acontecer ou não, após cada cio.

A causa da gravidez psicológica está no ovário que, após ter liberados os óvulos durante o período do cio, conclui aleatoriamente que a fertilização aconteceu, assim como a noite segue o dia, e assim produz os hormônios que preparam o corpo para a chegada de pseudofilhotes.

2 Após a refeição, a mãe lambe a face e a genitália do filhote, limpando qualquer sujeira que tenham feito.

Tem-se a opção de deixar que o fenômeno transcorra normalmente (por algumas semanas) ou procurar o veterinário.

1 Estes pequenos filhotes de um dia de vida já sabem mamar muito bem, e, apesar de não ouvirem ou enxergarem, encontram o caminho para as mamas da mãe.

CASTRAÇÃO

Castração ou esterilização são termos usados para a ovarioectomia, uma cirurgia que impedirá as fêmeas de terem crias indesejadas no futuro.

Essa intervenção é um procedimento irreversível, realizado com anestesia geral por um cirurgião veterinário, por uma incisão na linha mediana do abdome. A cirurgia poderá ser realizada em qualquer idade, de 12 semanas em

COMPORTAMENTO PATERNAL

Os filhotes raramente conhecem o pai. Em teoria, ambos devem se comportar como estranhos e estabelecer suas posições de subordinação e dominância na hierarquia canina.

PAI E FILHOTE Aqui um filhote de quatro semanas encontra seu pai, que, no início, o cheira com nada mais do que um vago interesse.

3 *A fêmea e os filhotes relaxam e descansam depois de uma refeição.*

4 *Agora que os filhotes já estão com 26 dias de vida, é mais fácil para mãe alimentá-los em pé.*

CUIDADOS COM OS FILHOTES

Como um dono cuidadoso, você deverá providenciar uma caixa confortável para mãe e os filhotes, não esquecendo de fazer a troca de jornais ou cobertas diariamente, além de disponibilizar alimentação de qualidade. É quase impossível superalimentar uma fêmea em fase de amamentação, quando o pico de suas necessidades nutricionais é três vezes maior que o normal. Ela se alimentará bem mais do que o normal durante as últimas semanas de gravidez, e o seu apetite cairá acentuadamente quando os filhotes forem desmamados.

Os filhotes recém-nascidos de uma ninhada saudável encontram o caminho para as mamas da mãe tão logo nascem. O leite que a mãe produz no primeiro ou no segundo dia (o colostro) supre o filhote com anticorpos suficientes para protegê-lo contra a maioria das doenças por um período de seis a dez semanas. Portanto, é de suma importância que todos os filhotes da ninhada sejam amamentados pelas próximas semanas. Se a fêmea não estiver alimentando seus filhotes por alguma razão, ou pareça estar com pouco leite, consulte seu veterinário.

diante, mas é aconselhável que seja antes do primeiro cio.

As fêmeas castradas são menos propensas à gravidez psicológica e, se a cirurgia for realizada antes de se completarem dois anos de idade, a probabilidade de câncer de mama se reduz. Algumas fêmeas realmente engordam após a castração, mas provavelmente porque seus donos exageram em sua alimentação e não as exercitam como deveriam.

A castração é o método mais seguro de prevenir filhotes indesejáveis, além de ter um papel essencial na prevenção da piometra, uma doença séria e comum das fêmeas, que ocorre na meia idade e na velhice.

Embora não seja uma cirurgia barata, a castração é uma contribuição definitiva para o bem-estar e a longevidade de seu animal, desde que você esteja absolutamente certo quanto à decisão de não ter filhotes no futuro. A castração poderá esperar até que você se decida ou que a fêmea tenha uma ninhada ou dois filhotes pelo menos.

O AMOR DO FILHOTE Gradualmente o pai faz alguns progressos, circulando o filhote, tentando brincar e até mesmo lambe a cabeça do filho em uma tentativa de lhe arrumar o pêlo.

HORA DE BRINCAR O pai, finalmente, sem resistir, entrega-se aos encantos dos outros membros da ninhada.

Desenvolvimento do filhote

Aos 7 dias de vida, o filhote apenas mama e dorme.

Aos 14 dias de vida, os olhos do filhote já começam a se abrir e ele poderá começar a ouvir.

Na terceira semana o filhote já consegue focar a visão e se movimentar.

Os filhotes nascem sem enxergar ou ouvir. Seus olhos se abrem aos 14 dias, mas demorará pelo menos mais uma semana para ajustarem o foco da visão apropriadamente. Os canais auditivos se abrem por volta do 13º ao 17º dia.

Durante a primeira semana de vida, os filhotes não fazem absolutamente nada a não ser dormir e mamar, tornando-se mais ativos na terceira semana de idade, quando começam a explorar a caixa ou o cesto onde nasceram. Porém, até os três meses, as atividades serão alternadas em momentos de brincadeiras intensas seguidas de períodos de sono profundo.

MANTENDO OS FILHOTES AQUECIDOS.

O mundo exterior é frio em comparação com a temperatura constante do útero da mãe, de 38,5°C. O filhote chega molhado ao mundo, portanto propenso a calafrios. Poderá não apresentar quaisquer sinais até 48 horas, período em que uma séria e possível infecção letal poderá se estabelecer. Até completarem de 7 a 10 dias, os filhotes não regulam a própria temperatura do corpo. Portanto, é importante que você providencie aquecimento extra na forma de aquecedores, bolsas de água quente, almofadas elétricas ou luz infravermelha por pelo menos duas semanas, mesmo que os filhotes estejam

no cesto. Você precisará mantê-los aquecidos por um período ainda maior se forem filhotes rejeitados, órfãos ou alimentados manualmente.

A temperatura ambiente deve ser mantida por volta de 30°C a 33°C, embora os filhotes consigam tolerar leves variações por curtos períodos. Alternadamente, você poderá manter a temperatura ambiente mínima em 20°C e providenciar um aquecimento suplementar para o cesto dos filhotes. A cada duas semanas pode-se diminuir a temperatura ambiente em 3°C, até voltar ao normal. É importante ter cuidado para não queimar os filhotes com qualquer fonte de calor suplementar. O calor direto poderá prejudicar a pele sensível do filhote.

HABILIDADES MATERNAS As fêmeas são ótimas mães e cuidam de todas as necessidades de seus filhotes, mas os humanos também podem ajudar de várias maneiras no crescimento dos filhotes.

Aos 30 dias o filhote já começa a brincar com seus companheiros de ninhada.

Na sexta semana de vida, o filhote já tem seus dentes de leite e está pronto para o desmame.

Os filhotes não devem ser separados da mãe até completarem oito semanas de vida.

SAUDÁVEL OU DOENTE?

Um filhote saudável mantém uma temperatura agradável, a pele apresenta-se seca e elástica, ele se mexe e reage quando você o pega no colo e, embora pequenos, são fortes e musculosos. O som de uma ninhada saudável é de um murmúrio de entusiasmo e chorinhos sutis no momento de se alimentarem. Filhotes doentes são sensíveis ao toque, a pele não é elástica quando você segura e solta uma dobra, eles se arrastam de maneira agitada, emitindo um gemido fino e dolorido. Eventualmente, desistem e deitam-se pacificamente em um canto, geralmente bem distante da mãe, onde seus corpos esfriam rapidamente. Cuidado com os filhotes que não estão mamando suficientemente, uma vez que, se estiverem perdendo os nutrientes do leite materno, é porque estão fracos demais para mamar; provavelmente terão de ser removidos da ninhada e alimentados manualmente. Consulte seu veterinário sobre esse problema ou qualquer outro que surgir.

SOCIALIZAÇÃO Entre a 6ª e a 12ª semana de vida, os filhotes aprendem as habilidades necessárias para a sobrevivência.

CUIDADOS IMPORTANTES

• A maioria das raças (mas não todas) deve ter seus dedos rudimentares removidos pelo médico veterinário tanto dos pulsos como dos tornozelos no período de 5 a 7 dias de vida.

• A amputação da cauda deverá ser feita na mesma época, mas apenas se os padrões da raça exigirem e se você pretender competir em exposições. O corte da cauda torna-se cada vez mais raro em cães cuja função é ser animal de companhia.

• Da 2ª à 3ª semana de vida, as unhas do filhote devem ser cortadas para prevenir que arranhe a barriga da mãe enquanto estiver mamando.

• Os dentes de leite começam a surgir da 3ª à 5ª semana e deverão receber a primeira dose de vermífugo, prescrita pelo veterinário, nesse estágio, o que deverá ser repetido de duas a três semanas e até a 16ª semana de idade.

• Tão logo os dentes apareçam, os filhotes deverão ser introduzidos aos alimentos sólidos, como ração para filhotes. Não apresse as mudanças na dieta.

• A vacinação contra as doenças caninas graves deve ser ministrada por volta da 6ª à 8ª semana, com uma segunda dose quatro semanas mais tarde. Mantenha os filhotes longe de outros cães e dos lugares públicos até que a vacinação seja completada.

• Com seis semanas de vida, os filhotes deverão começar o processo de desmame, o que deverá ser concluído completamente até a 10ª semana.

• No 4º mês, o crescimento dos dentes permanentes trará problemas semelhantes àqueles que afetam os bebês humanos.

• No 6º mês de vida, ministre uma outra dose de vermífugo, repetindo-a aos 12 meses.

Adoção e criação do filhote

Em alguns casos, quando o filhote está fraco ou a mãe não tem leite suficiente, você deverá considerar a possibilidade de alimentá-lo artificialmente. Se os filhotes são saudáveis e o problema é o suprimento de leite, a adoção por uma outra fêmea em fase de lactação é, às vezes, possível.

Alimentar os filhotes manualmente é bem mais que comprar uma mamadeira e inventar uma fórmula de um leite qualquer. Você terá outras funções maternais a serem representadas, embora em alguns casos seja possível devolver os filhotes para a mãe entre as refeições. Entretanto, algumas fêmeas de temperamento altamente voluntarioso poderão rejeitar seus filhotes completamente, uma vez que eles foram alimentados por mãos humanas. Outras limparão o filhote intensa e freneticamente para remover o seu cheiro, o que poderá causar danos ao filhote. Por outro lado, outras mães parecem apreciar a ajuda de seus amigos humanos que se envolveram no processo de alimentação de seus filhotes, não se importando nem um pouco por não terem de amamentar.

Qualquer que seja a atitude da fêmea, é importante lidar com os filhotes que ficam com a mãe o menor tempo possível e, para proceder assim, lave as mãos com sabão neutro e depois esfregue vigorosamente as mãos na mãe para que o cheiro da fêmea passe para você, anulando o seu próprio. Filhotes prematuros e de fêmeas que inicialmente demoram para "liberar o leite" ficam melhores na companhia da mãe, sendo removidos apenas para serem alimentados. A presença dos filhotes juntos da mãe estimulará a liberação do leite.

ALIMENTAÇÃO ARTIFICIAL
Com um pouco de atenção, os filhotes cuidados longe da mãe poderão se desenvolver normalmente.

FAZENDO AMIZADE É muito importante que os filhotes se socializem quando brincam juntos e conhecem outros animais e humanos.

FILHOTES ALIMENTADOS ARTIFICIALMENTE

Se a alimentação artificial for indicada, tente fazer com que o filhote receba pelo menos algumas gotas do primeiro leite da mãe (colostro); se necessário, aperte gentilmente os mamilos, o que dará ao filhote anticorpos valiosos.

Obtenha uma mamadeira especial para filhotes, ou mamadeira especial para filhotes prematuros, no pet shop ou com seu veterinário. Entre as refeições, esterilize a mamadeira e os bicos em água fervente ou em solução desinfetante. Alimente os filhotes em intervalos de duas horas, inicialmente, e depois a cada três horas. A quantidade a ser dada dependerá do apetite. Segure o filhote de maneira delicada, mas com firmeza, posicionando-o em seu peito e guiando a boca para o bico da mamadeira. Deixe que as pernas se movam livremente, para que realizem seus movimentos naturais com as patas enquanto se alimenta.

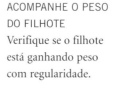

ACOMPANHE O PESO DO FILHOTE
Verifique se o filhote está ganhando peso com regularidade.

BRINQUEDOS
Brinquedos ajudam o filhote a desenvolver suas habilidades físicas.

ALIMETAÇÃO ARTIFICIAL

1 *Deixe as patas livres para que o filhote faça os movimentos naturais, como se estivesse mamando na mãe.*

2 *Passe, com suavidade, um chumaço de algodão úmido e morno nas genitálias para estimular a defecação*

3 *Após cada refeição, limpe o filhote com um pano limpo, úmido e morno*

Um método alternativo é preparar seu próprio substituto para o leite, usando ingredientes fáceis de serem encontrados. Para isso, consulte o veterinário.

O filhote que não consegue se alimentar enfraquece e morre. Espere duas horas para que se recupere do nascimento e, depois disso, tente pingar um pouco de leite em sua boca. Caso não resolva, consulte o veterinário, que poderá iniciar alimentação por um tubo. Forçar o filhote a beber o leite é perigoso – umas poucas gotas que acidentalmente caiam na traquéia podem causar uma pneumonia fatal.

LIMPEZA

Após cada refeição, você deve fazer o que uma mãe natural faria ao limpar o filhote, que inclui a estimular a ação do intestino e da bexiga. Limpe a face do filhote com um chumaço se algodão, e então o use gentilmente para massagear a barriga. Se o filhote tiver diarréia, tente diluir a alimentação artificial pela metade de sua consistência. Caso a diarréia persista, consulte o veterinário.

O AMOR MATERNO Esta mãe adotiva ficou feliz em dar calor, cuidados e proteção a estes filhotes órfãos de raposa.

A posse responsável

Ao adotar ou comprar um animal de estimação, o futuro dono deve levar em consideração muitas questões práticas com que terá de se deparar no decorrer da vida do animal. Um cão não é um brinquedo para crianças, é um ser vivo que exige disponibilidade de tempo, recursos financeiros, espaço e atenção. Outro elemento que deve ser levado em consideração são as características do animal em relação ao comportamento. As muitas raças apresentam diferentes perfis psicológicos, determinando comportamentos que podem ser desejáveis ou não para o futuro proprietário. Cães com grande vigor físico, por exemplo, em geral não se adaptam a espaços restritos ou a pessoas com pouca disponibilidade para passeios. Portanto, ao optar por um cão de raça, é importante que o futuro dono leve em consideração também essas particularidades, não só o aspecto mais aparente da raça. Com os cães SRD, o perfil psicológico pode ser apreendido observando como cada membro da ninhada se comporta individualmente.

Dito isso, e pensando nos conceitos de cidadania desenvolvidos nos últimos tempos, podemos pensar numa lista de atitudes que caracterizam a posse responsável. São elas:

1. Leve seu animal de estimação com regularidade ao veterinário. Os cuidados profissionais são importantes na manutenção da saúde do animal.

2. Fique atento às datas anuais de vacinação contra raiva e outras doenças que podem ser evitadas.

3. O veterinário também deve prescrever vermífugos, que devem ser dados regularmente ao animal.

4. Na hora dos passeios, não deixe o animal solto na rua. Ele deve sempre estar acompanhado de uma pessoa que possa contê-lo e estar equipado de coleira, guia e plaqueta de identificação.

5. Estabeleça horários para passeios diários com seu cão, para que ele tenha contato com outros humanos e cães e também para que ele se exercite.

6. Recolha as fezes de seu animal durante os passeios e mantenha o ambiente em que ele vive asseado.

7. Alimente seu cão com ração, pois ela oferece todos os nutrientes necessários para a saúde do seu amigo.

8. Deixe água limpa sempre disponível para seu cão. Limpe o recipiente e troque o líquido com regularidade.

9. Dê banhos regulares no seu cão. O veterinário pode indicar com precisão a regularidade das lavagens.

10. Ofereça atenção e afeto ao seu animal de estimação. Brinque com ele, interaja com o seu cão.

11. Considere a porssibilidade de adotar animais que estejam em abrigos públicos ou privados. Informe-se no local sobre as características psicológicas do animal.

12. Adestre o animal, em casa ou com a ajuda de um profissional. Escolas podem ajudar em adestramentos específicos (guarda, guia etc.)

13. Registre seu animal no Centro de Controle de Zoonoses ou em um veterinário credenciado. Mantenha o cão sempre com a coleira e a plaqueta de identificação.

14. Se decidir cruzar seu cão, tenha em mente o que fará com os filhotes. A responsabilidade pela ninhada, por encontrar donos conscientes e responsáveis é, em primeiro lugar, sua.

15. Opte pela castração caso não deseje acasalar seu cão. Descuidos podem gerar ninhadas e problemas para o proprietário que não deseja reproduzir seu animal.

16. No caso de raças com propensão à agressividade ou de cães mais ferozes, tome todos os cuidados necessários para que seu animal não fira pessoas ou outros animais. Muros altos, mantenha os portões sempre fechados, saia com o animal sempre com guia e focinheira, coloque placas avisando que o cão é feroz em lugares de fácil visualização.

Mais do que seguir uma lista de regras predefinidas, o dono consciente e responsável deve sempre levar em consideração que o seu cão é um ser social, que participa da comunidade no qual o dono está inserido. Para evitar inconvenientes, é importante criar condições para que animal e sociedade convivam de maneira sadia, respeitando os seres humanos que dividem espaço com seu cão e, ao mesmo tempo, garantindo a segurança e o bem-estar do animal.

Lista oficial das raças

Nomes e grupos que compõem os registros das raças do Kennel Clube da Grã-Bretanha

HOUNDS
Afghan Hound
Basenji
Basset azul da Gosconha
Basset fulvo da Bretanha
Basset Griffon da Vendéia (grande)
Basset Griffon da Vendéia (pequeno)
Basset Hound
Beagle
Bloodhound
Borzói
Dachshund (de pêlo longo e miniatura)
Dachshund (miniatura e pêlo de arame)
Dachshund (pêlo de arame)
Dachshund (de pêlo liso)
Dachshund (miniatura e pêlo liso)
Dachshund (pêlo longo)
Deerhound
Elkhound norueguês
Foxhound
Grand Bleu de Gascogne
Greyhound
Hamiltonstovare
Hound de Ibiza
Mountain Hound da Bavária
Otterhound
Rhodesian Ridgeback
Saluki
Segugio italiano
Sloughi
Spitz Finlandês
Whippet
Wolfhound Irlandês

CÃES DE TRABALHO
Beauceron
Boiadeiro Bernês
Bouvier de Flandres
Boxer
Bullmastiff
Cão d'água português
Cão esquimó canadense
Dobermann
Dogue Alemão
Dogue de Bordéus
Geenland dog
Hovawart
Husky Siberiano
Leonberger
Malamute do Alasca
Mastiff
Mastiff Napolitano
Mastiff tibetano
Pinscher alemão
Rottweiler
São Bernardo
Schnauzer gigante
Terranova
Terrier preto russo

TERRIERS
Airedale Terrier
Bedlington Terrier
Border Terrier
Bull Terrier
Bull Terrier (miniatura)
Cairn Terrier
Cescky Terrier
Dandie Dinmont Terrier
Fox Terrier (pêlo de arame)
Fox Terrier (pêlo liso)
Glen of Imaal Terrier
Jack Russell Terrier
Kerry Blue Terrier
Lakeland Terrier
Manchester Terrier
Norfolk Terrier
Norwich Terrier
Sealyham Terrier
Skye Terrier
Soft-Coated Wheaten Terrier
Staffordshire Terrier Americano

Terrier Australiano
Terrier escocês
Terrier irlandês
Welsh Terrier
West Highland White Terrier

CÃES DE APONTE
Bracco Italiano
Cão d'água espanhol
Clumber Spaniel
Cocker Spaniel
Cocker Spaniel Americano
Field Spaniel
Golden Retriever
Grande munsterlander
Kooikerhondje
Lagotto Romagnolo
Nova Escócia Duck Tolling Retriever
Pointer
Pointer Alemão de pêlo curto
Pointer Alemão de pêlo duro
Retriever da Baía de Chesapeake
Retriever de pêlo liso
Retriever de pêlo ondulado
Setter Gordon
Setter inglês
Setter irlandês
Setter vermelho e branco
Spaniel Bretão
Spaniel d'Água irlandês
Spinone italiano
Springer Spaniel Gaulês
Springer Spaniel Inglês
Sussex Spaniel
Vizsla húngaro
Weimaraner

CÃES DE PASTOREIO
Boiadeiro Australiano
Border Collie
Briard

Buhund norueguês
Cão da Serra da Estrela
Cão finlandês da Lapônia
Cão Montanhês dos Pireneus
Collie Barbudo
Collie de Pêlo Curto
Collie de Pêlo Longo
Komondor
Kuvasz húngaro
Lancashire Heeler
Lapphund sueco
Old English Sheepdog (Bobtail)
Pastor Alemão alsaciano
Pastor australiano
Pastor Belga de Groenendael
Pastor Belga Laekenois
Pastor Belga Malinois
Pastor Belga Tervuren
Pastor Bergamasco
Pastor de Anatólia
Pastor de Maremma
Pastor de Shetland
Pastor dos Pireneus
Polish Lowland Sheepdog
Puli húngaro
Samoieda
Valhund sueco
Welsh Corgi (Cardigan)
Welsh Corgi (Pembroke)

CÃES DE UTILIDADE
Akita
Bulldog
Bulldog Francês
Cão de Canaan
Chow Chow
Dálmata
Keeshond
Lhasa Apso
Pelado mexicano
Poodle (padrão)
Poodle (toy)

Schipperke
Schnauzer (miniatura)
Schnauzers
Shar Pei
Shiba Inu japonês
Shih Tzu
Spaniel tibetano
Spitz Alemão
Spitz Alemão Anão
Spitz do Japão
Terrier de Boston
Terrier tibetano

CÃES DE PEQUENO PORTE
Affenpinscher
Bichon Frise
Bichon havanês
Bolognese
Cão de crista chinês
Cavalier King Charles Spaniel
Chihuahua (pêlo curto)
Chihuahua (pêlo longo)
Coton de tuléar
Greyhound italiano
Grifo de Bruxelas
King Charles Spaniel
Lowchen (pequeno cão leão)
Maltês
Papillon
Pequinês
Pug
Silky Terrier Australiano
Spaniel Japonês
Spitz Alemão Anão
Toy Terrier inglês (preto e castanho)
Yorkshire Terrier

Índice

A

A compra de um cão 224
Aberdeen Terrier 83, 112
Abscessos 236
Ácaro da sarna 240
Ácaros 237, 240
Acasalamento 248
Acidentes e emergências 242
Adoção de animais abandonados 226
Adoção e criação do filhote 256
Affenpinscher 259
Afghan Hound 9, 19, 20, 21, 230, 259

Água 228, 232
Airedale Terrier 83, 84, 85, 259
Akita 118, 119, 193, 259
Alimentação 97, 228
Alimentação artificial 256, 257
Alimentação de filhotes com mamadeira 256, 257
Alimentos comerciais 228
Alimentos Premium 228
Amidalites 236
Amputação da cauda 12, 255
Anatomia 10, 17
Antibióticos 238, 239
Aparelho genital 239

Artrite 244
Ataques provocados pelo calor 232
Audição 12, 13

B

Bactérias 237, 239
Banho 231
Basenji 9, 22, 23, 250, 259
Basset artesiano normando 24
Basset azul da Gasconha 24, 259
Basset fulvo da Bretanha 24, 259
Basset Griffon da Vendéia (grande e pequeno) 24, 25, 259
Basset Hound 26, 27, 226, 259

Beagle 18, 28, 29, 247, 259
Beagle de bolso 28
Beauceron 165, 259
Bedlington Terrier 88, 89, 230, 259
Bichon Frise 196, 197, 259
Bichon havanês 259
Blenheim King Charles Spaniels 201
Bloodhound 13, 18, 19, 32, 33, 42, 259
Boca, saúde da 236
Boiadeiro Australiano 174, 175, 243, 259
Boiadeiro Bernês 146, 147
Boiadeiro de Apenzeller 146

Boiadeiro Português 172
Bolognese 259
Border Collie 14, 172, 173, 179, 259
Border Terrier 90, 91, 259
Borzói 34, 35, 220, 259
Bouvier de Flandres 148, 149, 259
Boxer 143, 150, 151, 230, 259
Bracco Italiano 58, 59, 259
Briard 148, 259
Brincadeiras 14, 15
Brinquedos 225, 256
Buhund norueguês 259
Bull Terrier 83, 92, 93, 259
Bull Terrier de Staffordshire 95, 259
Bulldog 42, 92, 116, 117, 120, 121, 122, 123, 226, 259
Bulldog Francês 123, 259
Bullmastiff 152, 153, 259

C
Cães de Aponte 17, 54, 55, 56, 57
Cães de Pastoreio 17, 172, 173, 259
Cães de pedigree 224
Cães de Pequeno Porte 194, 195
Cães de Trabalho 11, 142, 143, 182, 190, 259
Cães de Utilidade 17, 116, 117, 259
Cães do tipo Mastiff 8, 9, 122, 150, 164
Cães do tipo Spitz 9, 11, 17, 38, 39, 128, 129, 186, 193, 210, 211
Cães inconscientes 242
Cães pastores 9, 187
Cães Toys 194, 206, 259
Cairn Terrier 83, 94, 95, 259
Caixa de transporte 232
Cama 240
Canis familiaris 7, 8, 9, 15, 216
Canis lupus pallipes 8
Cantab Terrier 106
Cão Bernês da Montanha 143
Cão d'água espanhol 259
Cão d'água português 143
Cão da Serra da Estrela 259
Cão de Canaan 259
Cão de crista chinês 8, 259
Cão de Luta Chinês 138, 139
Cão do Congo 22
Cão esquimó 9
Cão esquimó canadense 259
Cão idoso 243
Cão Leão da Rodésia 48
Cão Leão do Tibete 131
Cão Montanhês dos Pireneus 186, 187
Cão raccoon 10
Cão selvagem 8, 9, 10, 247
Cão selvagem africano 8, 10, 247
Cão selvagem do Chile 9, 228
Cão selvagem peruano 9
Capitão George Graham 46
Capitão John Edwards 108
Carboidratos 228
Carne 228
Carrapatos 240
Castração 239, 252, 253
Catarata 237, 244
Cavalier King Charles Spaniel 200, 259
Cegueira 244

Cesariana 251
Cescky terreir 259
Cestos 240
Chacal 8, 228, 247
Cheiro ver odores
Cheshire Terrier 83
Chihuahua 198, 199, 259
Chihuahua de Pêlo Longo 199
Chow Chow 116, 124, 125, 259
Ciclo sexual 248, 249
Cinomose 227, 238, 239
Cio 224, 250
Cirurgia plástica 237
Cistite 239
Clumber Spaniel 67, 259
Cocker Spaniel 66, 67, 259
Cocker Spaniel Americano 68, 69, 259
Coiotes 247
Coleiras e guias 225
Collie 34, 178, 187, 230, 243, 259
Collie Barbudo 178, 179, 259
Collie das Terras Altas 178, 179
Collie de Pêlo Longo 180, 181, 259
Colocação de focinheira 241, 242
Comportamento anti-social 15
Comportamento e inteligência 14, 15
Comportamento maternal 252, 253
Comportamento paternal 252, 253
Comportamento social 10, 14, 15, 255
Comunicação 14, 15, 38
Constipação 239
Contêiner para transporte aéreo 232
Coonhound Preto e Castanho 30, 31
Coonhound preto e castanho 30-31
Coquetdale Terrier 90
Cores da pelagem 13
Corgi ver Welsh Corgi
Corte de unhas 255
Coton de tuléar 259
Cromossomos 248, 249
Cuidados com o cão 223
Cuidados com o cão idoso 244, 245
Cuidados com os filhotes 253, 255
Cynodictis 8

D
Dachshund (Teckel) 11, 18, 36, 37, 226, 230, 259
Dachshund de pêlo duro 36, 259
Dachshund de pêlo liso 259
Dachshund pêlo de arame 36, 259
Dálmata 116, 126, 127, 259
Dandie Dinmont Terrier 96, 97, 259
Deerhound 259
Demência 242
Dentes 13, 236, 255
Deonças da gengiva 236
Descamações 227
Desenvolvimento do filhote 254, 255
Desmame 255
Diarréia 227, 238, 239, 257
Dieta 228, 229
Dingo 9, 17
DNA 8, 248
Dobermann 154, 155

Doença cardíaca 238
Doença da orelha média 237
Doença renal 236, 239
Doença renal 239
Doenças comuns 236
Doenças da articulação do quadril 226
Doenças da pele 240
Doenças hereditárias 226
Dogue Alemão 15, 156, 157, 224, 243, 247, 259
Dogue de Bordéus 259
Domesticação 9
Dutos lacrimais bloqueados 237

E
Elkhound 38, 39, 259
Elkhound norueguês 259
Emergências 251
Energia 10
Épagneul Fougères 70
Escolha de um cão 224
Escovação 230
Escovação dos dentes 236
Estado de choque 242
Estômago e intestinos 239
Eutanásia 244
Exame veterinário 243
Examinando um filhote 226, 227
Expectativa de vida 243
Exposições 17

F
Fêmea ou macho? 224
Ferimentos 242
Fibras 228
Field Spaniel 259
Fila Brasileiro 170, 171
Filhote, saudável ou doente? 255
Fox Terrier 11, 98, 99, 243, 259
Fox Terrier de pêlo duro 98, 99, 259
Fox Terrier de pêlo liso 83, 98, 259
Foxhound 19, 42, 43, 259
Foxhound americano 42, 249
Fungos 237

G
Galgo de Cabul 20
Geenland dog 259
Genética 248, 249
Gengivas 227
Gengivite 236
Genoma cromossômico 248
Glândulas mamárias 240
Glen of Imaal Terrier 259
Golden Retriever 60, 61, 259
Gorduras 228
Grand Bleu de Gascogne 259
Grande Boiadeiro Suíço 146
Grande munsterlander 259
Grão-Spitz 129
Gravidez e nascimento 250, 251
Gravidez psicológica 252
Greyhound 9, 10, 12, 17, 19, 42, 44, 45, 259
Greyhound italiano 44, 45, 195, 259
Greyhound Persa 50
Griffon Korthals 59
Grifo de Bruxelas 259

H
Habilidades maternas 254
Hamiltonstovare 259
Heeler Australiano 174
Heeler Azul 174
Hepatite 227, 238, 239
Hérnia de disco 37, 226
Histerectomia 239
Hound Árabe 50
Hound da Gazela 50
Hound de Ibiza 259
Hound gaulês 18
Hound Italiano 58, 59
Hounds 18
Hounds do sentido da visão 18
Hovawart 259
Husky Siberiano 9, 143, 168, 169, 259

I
Idade e dieta 229
Inchaço da orelha 237
Inflamação aguda no ouvido externo e no canal auditivo 244
Inteligência 14
Intestinos 245

J
Jack Russell Terrier 83, 100, 101, 259
James Hinks 92
Jones Terrier 106

K
Kaninchen 36
Keeshond 9, 116, 128, 129, 194, 259
Kelpie australiano 172, 181
Kerry Blue Terrier 83, 102, 103, 230, 237, 259
King Charles Spaniel 200, 201, 259
Kit de banho 231
Kit para escovação 225
Komondor 172, 259
Kooikerhondje 259
Kuvasz húngaro 259

L
Labrador Retriever 62, 63, 230, 259
Lagotto Romagnolo 259
Lakeland Terrier 259
Lancashire Heeler 172, 259
Lapphund finlandês 259
Lapphund sueco 259
Laverack Setter 64
Lebréus 18
Leonberger 158, 159, 259
Leptospirose 227, 238, 239
Lhasa Apso 116, 130, 131, 230, 259
Lhasa Apso tibetano 131, 140
Limpeza do filhote 257
Linguagem corporal 14, 15
Lista oficial do Kennel clube 259
Little River Duck Dog 76, 77
Lobos 8, 10, 17, 247, 250
Locomoção 10
Lorde Tweedmouth 60
Lowchen (pequeno cão leão) 259

M

Malamute do Alasca 143, 144, 145, 259
Maltês 204, 205, 230, 259
Manchester Terrier 104, 105, 259
Mantendo os filhotes aquecidos 254
Mastiff 17, 48, 160, 161, 259
Mastiff Alemão 156, 157
Mastiff Napolitano 161, 259
Mastiff tibetano 259
Mau hálito 236
Medir temperatura 239
Miacis 8
Minerais 228
Ministrar remédios 238
Mordidas e machucados 242
Mountain Hound da Bavária 259
Mutações genéticas 249

N

Nariz 237
Nascimento 251
Nascimento dos dentes 255
Nefrite 244
Nematódeos 241
Norwich Terrier 106, 107, 259
Nova Escócia Duck Tolling Retriever 76, 77, 259

O

Obesidade 228, 243
Odores 10, 11, 14, 15, 244
Old English Sheepdog (Bobtail) 178, 184, 185, 230, 259
Olhos 12, 236
Otterhound 83, 84, 259
Ouvidos 12, 13, 143, 237

P

Papillon 208, 209, 259
Parasitas 241
Parvovirose 227, 238, 239
Pastor Alemão 11, 13, 143, 173, 182, 183, 230, 259
Pastor americano 173
Pastor australiano 259
Pastor Belga 176, 177
Pastor Belga de Groenendael 176, 177, 259
Pastor Belga Laekenois 176, 259
Pastor Belga Malinois 176, 259
Pastor Belga Tervuren ver Tervueren
Pastor Bergamasco 179, 259
Pastor Branco Americano 183
Pastor de Anatólia 259
Pastor de Maremma 173, 187, 259
Pastor de Shetland 190, 191, 259
Pastor dos Pireneus 259
Pastores Belgas 177, 259
Pastor Inglês 173
Pelado mexicano 8, 9, 228, 259
Pelagem 13, 230
Pele, saúde da 240
Pêlo do cão 230
Pentes e escovas 230
Pequeno Basset Griffon 259
Pequinês 210, 211, 230, 259
Perdigueiro holandês 73
Período do cio 224, 250

Petiscos 229, 236
Phaléne (mariposa) 204
Pinscher 243, 259
Pinscher alemão 259
Pinscher Miniatura 202, 203, 206, 207, 259
Piolhos 240
Piometra 239
Plaqueta de identificação 258
Pointer 9, 17, 54, 56, 57, 259
Pointer Alemão de pêlo curto 56, 57, 259
Pointer Alemão de pêlo duro 56, 259
Pointer francês 58
Pointer inglês 56, 57
Pointing Griffon de pêlo duro 59
Poodle 116, 117, 132, 133, 230, 237, 259
Poodle miniatura 116, 117, 259
Poodle toy 116, 117, 132, 133, 259
Posse responsável 258
Primeiros socorros 242
Problemas do peito 238
Problemas estomacais 239
Problemas genitais 239
Problemas hereditários 226
Problemas instestinais 239, 245
Problemas urinários 239
Proteína 228
Pug 214, 215, 259
Pulgas 240, 241
Puli húngaro 172, 230, 259

R

Raiva 227
Raposas 8, 228, 250
Record do número de filhotes em ninhadas 247
Reedwater Terrier 90
Reflexos naturais 242
Regiões do corpo 12
Remédios 238
Remoção de um cão acidentado 242
Reprodução 247
Restringir o cão 241
Retriever 54, 259
Retriever da Baía de Chesapeake 55, 62, 259
Retriever de pêlo liso 61, 63, 259
Retriever de pêlo ondulado 63, 259
Reumatismo 244
Reviramento leve de uma das pálpebras (entrópio) 237
Rhodesian Ridgeback 48, 49
Rinhas de cães 118, 120, 122, 150
Rins, sinais de idade 244
Rottweiler 164, 165, 259

S

Salivação 236
Saltos com graça e vigor 10, 11
Saluki 8, 10, 19, 50, 51, 259
Samoieda 143, 173, 188, 189, 259
Sangramento no período do cio 239, 250
Sangue nas evacuações 239
São Bernardo 166, 167, 247, 259
Sarna Sarcóptica 240
Saúde 236, 237, 238, 239, 240, 241, 242, 243, 244, 245

Schipperke 134, 135, 259
Schnauzer (miniatura) 116, 136, 137, 259
Schnauzer 136, 137, 230, 259
Schnauzer gigante 136, 137, 143, 259
Sealyham Terrier 108, 109, 259
Segugio italiano 46, 259
Sennenhund 146
Sennenhund, Entlebuch 146
Sensibilidade a terremoto 13
Sensibilidade a vibrações 12, 13
Sentido do paladar 11
Sentidos 10, 11, 12, 13
Setter Gordon 64, 65, 259
Setter inglês 65
Setter irlandês 64, 65, 226, 259
Setter vermelho e branco 64, 226, 259
Setters 54, 55, 64, 65, 226, 230, 259
Sexo e hereditariedade 248, 249
Sexto sentido 13
Shar Pei 138, 139, 259
Shiba Inu japonês 259
Shih Tzu 140, 141, 259
Sidney Silky 216
Silky Terrier Australiano 216, 217, 259
Sinais 14, 15, 38, 210
Sintomas que devem ser observados 243
Sinusite 236
Sistema urinário 239
Skye Terrier 83, 97, 259
Sloughi 259
Soft-Coated Wheaten Terrier 110, 111, 259
Sons 14
Spaniel Bretão 70, 71, 259
Spaniel d'Água Americano 74, 75
Spaniel d'Água irlandês 74, 259
Spaniel Japonês 202, 203, 259
Spaniel tibetano 259
Spaniels 54, 55, 59, 66, 226, 230, 237, 245, 259
Spinone italiano 24, 259
Spitz Alemão 259
Spitz Alemão Anão 212, 213, 259
Spitz chinês ver Chow Chow
Spitz do Japão 118, 259
Spitz Finlandês 40, 41
Springer Spaniel 54, 66, 72, 73, 259
Springer Spaniel Gaulês 72, 259
Springer Spaniel Inglês 72, 73
Staffordshire Terrier Americano 93
Staghound 18
Surdez 92
Sussex Spaniel 259

T

Talbot 30, 42
Tártaro 236
Tênia canina 241
Terranova 142, 162, 163, 230, 259
Terrier Australiano 86, 87, 259
Terrier de Boston 12, 116, 117, 120, 121, 259
Terrier de Clydesdale 83
Terrier de Devon 83

Terrier de Norfolk 106, 259
Terrier de Poltalloch 83, 112
Terrier de Roseneath 112
Terrier de Rothbury 88
Terrier escocês 83, 112, 259
Terrier irlandês 83, 259
Terrier preto e castanho 83, 84, 98, 104
Terrier preto russo 259
Terriers 83, 230, 259
Terrier tibetano 259
Tervueren 176, 177, 259
Tórax 238
Toy Spaniel 54, 55
Toy Terrier inglês (preto e castanho) 259
Treinamento 233, 234, 235
Tumores 239
Turnspits 194

U

Ulcerações da visão 237

V

Vacinação 227, 238, 255
Valhund sueco 259
Vasilhas para água e ração 225
Velocidade 10
Vermes 239, 241
Vermes nematódeos 241
Vermífugo 241, 255, 258
Veterinário 227, 241, 243, 257, 258
Viagens 232
Viagens aéreas 232
Viagens de carro 232
Viagens internacionais 232
Vira-latas 220, 221, 226, 227
Vírus 238, 239
Visão 12, 18, 44, 236, 237
Vitaminas 228
Vizsla de Pêlo Curto 78, 79
Vizsla húngaro 78, 79, 259
Vômito 239
Voyager 232

W

Weimaraner 55, 80, 81, 259
Welsh Corgi 8, 192, 193, 230, 259
Welsh Corgi Cardigan ver Welsh Corgi
Welsh Corgi Pembroke ver Welsh Corgi
Welsh Terrier 83, 84, 259
West Highland White Terrier 83, 112, 113, 259
Whippet 52, 53, 230, 259
Wolf Spitz 128, 129
Wolfhound 47, 243
Wolfhound irlandês 46, 47, 259
Wolfhound russo 34, 35

Y

Yorkshire Terrier 7, 191, 218, 219, 230, 259

Agradecimentos

Agradecimentos do autor
Meus mais sinceros agradecimentos aos meus editores da Dorling Kindersley – Deirdre Headon e Simon Tuite – e a todos da equipe da DK que trabalharam nesta edição revisada. Gostaria de agradecer a meus pesquisadores e digitadores – Christine, Liz, Nicola, e Penny – e a todos os meus colegas do International Zoo Veterinary Group, a minha cunhada Niki Levy, e a minha família, que tão dedicadamente me apoiou neste projeto, com sua valiosa assistência.

Agradecimentos dos Editores
A Dorling Kindersley agradece a Nick Harris pelo o apoio e orientação; Jillian Somerscales e Jane Mason pela assistência editorial; Sandra Schneider e Lester Cheesman por sua colaboração com o design, a Margareth Little pela digitação do manuscrito, a Ella Skene pelo índice, Ann Lions pela pesquisa das imagens, Debbie Harris pela impressão e inicialização dos discos; aos dedicados treinadores de cães, karen Tanner, John Fisher e Vivane Branddon, A Garry e Cathy da Intelectual Animals; a Hazel Taylor por fazer os filhotes se saírem tão bem com seu manejo e cuidados, e a Teresa E Slowick do kennel Clube da Grã-Bretanha pelos experientes conselhos.

Créditos das fotos
O editor agradece as seguintes pessoas por permitirem a reprodução de suas fotos:
(Abreviações: a = acima, b = embaixo, d = à direita, e = à esquerda, c = centro

2: Corbis/lawrence Manning. 4: Getty Images/ Johnny Johnson. 6: Corbis. 8: mapa do mundo em sentido antihorário: Bernard Gerard/Biblioteca de Hutchison; Cadeia de Publicações Internacionais; Stephen J Krasemann/ Bruce Coleman. 9: map do mundo mundo em sentido antihorário: Henry Ausloos/NHPA; Stephen J Krasemann/NHPA; Jen & Des Bartley/ Bruce Coleman; Steve Krongard/ Banco de Imagem/ Getty Images. 10; JP Ferreo/Ardea (be), Jane Burton (a); Zefa (bd). 11: Jane Burton (a) ; Getty Images/ Peter M Miller/ Banco de Imagens (ae). 14: Jane Burton. 15: Jane Burton (a); Animals Unlimited/ Paddy Cutts (ad); Getty Images/Soble/Klonsky/ banco de Imagem (ae). 16: Corbis (tl), /Dale C Sparts (bd), Paul A Souders (ad); Getty Images/ GK& Vikki Hart/ O Banco de Imagem (ae). 17; Corbis/ Robert Dowling (ad) Yann Arthus-Bretrand (ad) , (be), Getty Images/ Gary Randal/ Taxi (ae). 18. Corbis/ Daniel Aubry (c). 19 Corbis/ Mike King (ae), Yann Arthus-Bretrand (cd). 30: DK Biblioteca de imagens/ Tracy Morgan (c), (e), (a). 36: Fotografia de animais/ Sally Ann Thompson (a). 40: DK Biblioteca de Imagens/ Tracy Morgan(a). 41: DK Biblioteca de Imagens/Tracy Morgan (ad), (cd). 42; OSF/ Animals animals/ Robert Piercy (ad). 54 Corbis/ DaleC Spartas (c). 55: Corbis / Dale C Spartas (ad), (cd). 56: Fotografia de animais/ Sally Ann Thompson (c). 57: Fotografia de animais / Sally Ann Thompson (a). 58: Fotografia de animais/ Cabon/Vloo (ae). 59: Fotografiad e animal/ Sally Ann Thompson (ad). 62: Fotografia de animal/ R Wilbie (ae). 63: Fotografia de animal/ R Wilbie (ae). 65; Animais Unlimited/ Paddy Cutts (ad). 66: fotografia de animal/ Sally Ann Thompson (d). 67: Animals Unlimited/ Paddy Cutts (ae). 68: Corbis/ Bobert Dowling (ae). 70: DK Biblioteca de Imagens/ Tracy Morgan (c), (ae). 71: DK Biblioteca de Imagens/ Tracy Morgan (ae) Warren Photgrafic/ Jane Burton (a) 73: Warren photografic / Jane Burton (a), (e). 74: DK Biblioteca de Imagens/ Tracy Morgan (c), (a). 75: Dk Biblioteca de Imagens/ Tracy Morgan (c), (ad). 77: DK Biblioteca de Imagens/ Tracy Morgan (ae), (ad), (c). 80: DK Biblioteca de Imagens: (ae). 82: Corbis/ Philip James Cowren. 83: Corbis (ad); Robert Dowling (cd). 86: DK Biblioteca de Imagens/ (ae), Tracy Morgan (c). 87: DK Biblioteca de imagens: Jerry Young (ae), Tracy Morgan (ae). 93: Fotografia de animal/ Sally Ann Thompson (ae), (ad). 96: Fotografia de animal / Sally Ann Thompson (a). 106: Fotografia de animal/ Sally Ann Thompson (ae). Corbis/ Bobert Dowling. 117: Andrea London Ltda/ John Daniels (ad); Corbis/ Renee Lynn (cd). 123: Fotografia de animal/ R Wilbie (ad). 129: Zefa (ad). 132: Fotografia de animal / Sally Ann Thompson (ad). 136: Zefa/ DJ Fisher (c). 137: Bruce Coleman/ Hans Reinhard (ae). 142: Corbis /Larry Williams. 143: Corbis/ Robert Dowling (ad). 148: Fotografia de animal/ Sally Ann Thompson (a). 149; NHPA/ Gerard Lasz (cd). 154 Fotografia de animal/ Sally Ann Thompson (c). 156: NHPA/ Gerard Lasz (c). 158: DK Biblioteca de Imagens/ Tracy Morgan, (a). 161: Fotografia de animal/ Sally Ann Thompson (cd). 165: Fotografia de animal/ Sally Ann Thompson (cd). 172: Corbis/Martin Harvey, Gallo images. 173: Corbis Charles Philip (cd); Peter Steiner (ad). 176: Fotografia de animal/ Sally Ann Thompson (c). 177: Zefa/M Schneider (a). 178: Fotografia de animal/ Sally Ann Thompson (ae). 179: Fotografia de animal (cd). 181: Ardea/ Jferrero (cd). 183: Corbis/ John Howard (ad) NHPA/Yves lanceau (cd). 194: Corbis/ Robert Dowling. 195: Corbis/ Robert Dowling. (ad), Yann Arthus-Bertrand (cd). 199: Fotografia de animal/ Sally Ann Thompson (ad). 200: Fotografia de animal/ Sally Ann Thompson (ad). 207: Bruce Coleman/Hans Reinhard (cd). 221: Animals Unlimited (c); Ardea London Ltd/ Johan de Meester (ac), (ad);RSPCA/ Angela Hampton (ac); Warren Photografic/ Jane Burton (ad). 222: Corbis/ Tom Stewart. 224: Stephen Oliver tudo exeto (a). 225: Stephen Oliver. 226: Jane Burton exceto (a). 227: Jane Burton. 228: DK Biblioteca de Imagens/ Tracy Morgan (c); Stephen Oliver (a) 229: Stephen Oliver (c). 231: Corbis/Tom Stewart (ae). 232: Stephen Oliver (ad). 233: Stephen Oliver (ae). 234: Stephen Oliver (ae). 235: Jan Baldwin (a). 236: Warren Photografic/ Jane Burton (a). 237: Warren Photografic/ Jane Burton (a). 238: DK Biblioteca de Imagens/ Tim Ridley (ae). 235: DK Biblioteca de Imagens/ Tracy Morgan (ad). 236: Fotografia de animal/ Sally Ann Thompson (cd); Animals Unlimited (ce). Getty Images/L Fried/ Banco de Imagem (ae). 237: Animals Unlimited/ Paddy Cutss (a). 245: Stephen Oliver (a). 246: DK Biblioteca de Imagens (ae), (ad).247: DK Biblioteca de Imagens (ae), (ad), (a). 248: Corbis/ Jim Zuckerman.

Todas as outras imagens © Dorling kindersley.
Para maiores informações consultar: www.dkimages.com

Cães de estúdio

Págs. 20-21
Afghan Hound
Amudarya Shafi
Lind Llewelyn

Págs. 22-3
Basenji
Zizunga Beguiling Whim
Zizunga Satin Doll
Mrs Irene Terry

Págs. 24-5
Basset Griffon da Vendéia
Ambassador at Dehra
Mr Frost
Spinone
Kevardhu Fyn
Mrs Andrea Bullock

Págs.26-7
Basset Hound
Kentley Blind Date
Mrs HumPhries

Págs.28-9
Beagle
Rivenlea Gansgter
Algela Hardy

Págs.33-3
Bloodhound
Nineveh's Miracle of Brighton
Mrs Ickeringill
Ninevehs Mimosa of Chasedown
Mr and Mrs D Richards

Págs.34-5
Borzói
Vronsky Zaapta
Rosemarie Downes

Págs. 36-7
Dachshund (pêlo curto)
Yatesbury Big Bang
Yatesbury Evening star
Mr and Mrs pam Sydney
Dacshund (pêlo longo)
Southcliff Starsky
Starsky of Springbok
Alan Sharman

Págs.38-9
Elkhound
Llychlyn Morgan
Kestos Adheryn
Mr R Lee

Págs.42-3
Foxhound
The Berks And Bucks Draghounds

Págs. 44-5
Greyhound
Singinging the Blues of Solstrand
Mrs Dagmar Kenis
Ira's Girl of Chahala
Jenny Startup
Fhiltre Foulla
Mrs Carter

Págs.46-7
Wolfhound Irlandês
Finneagle Frederick

Finneagle Forever True
Alexandra Bennett

Págs. 48-9
Rhodesian Ridgeback
Bruet the Gentleman
Bruet the Countryman
Peter and Cilla Edwards

Págs.50-51
Saluki
Al Calips Damn Flight
Al Caliphs Joel
Mr Tom Fryer

Págs.52-3
Whippet
Hammonds Sebastian
Norwell Barley at Hammonds
Angela Randall

Págs. 56-7
Pointer
Jennaline Kentish Krumpet
Jenny Jennings

Págs.58-9
Bracco Italiano
Lory
Jonatahn and Liz Shaw

Págs.60-61
Golden Retriever
Melfricka Wassaliler of Saintcloud
Alphinbrook Lodester of Saintcloud
Sequantus Valkyr of Saincloud
Shirley Skinner

Págs. 62-3
Labrador Retriever
Donacre High Climber
Mr, Mrs, Ms Heyward

Págs.64-5
Setter
Caskeys Jezamy
Mrs Heron

Págs.66-7
Cocker Spaniel
Donlawn Patners Choice of Bidston
Misty of Bidston
Mrs Hillary Bidston

Págs. 68-9
Cocker Spaniel Americano
Ashweald Shoo Baby
Carol Jarvis

Págs.78-9
Vizsla de Pêlo Curto
Russet Mantle Quiver
Russet Mantle October
G Gottlieb

Págs.80-1
Weimaraner
Wilhelm Maximillian
Ms von Domingezo-Lutïten

Págs. 84-5
Airedale Terrier
Bradus Quicksilver
Mrs Wild
Kadabra Go to Work Onan Ogg
Mrs Edge

Págs.89-9
Bedlington Terrier
Dalip Limited Edition
Mr Kitchen

Págs.90-1
Border Terrier
Mooline Dedication
Thoraldby Tolomeo
Halstrow First lady
Mrs Moonie

Págs.92-3
Bull Terrier
Kerb's Tipple
Mrs Youatt

Págs.94-5
Cairn Terrier
Deneland Super Tropper
Mrs Towers

Págs. 96-7
Dandie Dinmont Terrier
Josal Jester of Margham
Margareth Hamilton

Págs. 98-9
Fox Terrier
Flyntwyre Flyntlock
Hzel Bradford

Págs.100-1
Jack Russell Terrier
Ryemill Fudge
Ryemill Mighty Mouse
Mrs Edge

Págs.102-3
Kerry Blue Terrier
Deedilly Dee of Downsview
Mrs Campbell

Págs.104-5
Manchester Terrier
Plutarch the wise of Tyburn
L De Larvis-Tarfford
Mr Crawley

Págs.106-7
Norwich Terrier
Elve the Sorcerer
Michael Crawley

Págs.108-9
Sealyham Terrier
Stephelcher Snow Wizard
Mr Stephen Woodcock and Mr Richard Belcher

Págs.110-11
Soft-Coated Wheaten Terrier
Berkley Brockbuster
Lesley and neil Smith

Págs.112-13
West Highland White Terrier
Cedarfell Movie Star
Karen Tanner
Terrier Escocês
Aniversary of Kennelgarth
Cherry Brandy Of Clemegarn
Mrs Hills

Págs.114-15
Terrier Brasileiro
Darah do Chaputepek
Canil Chaputepek

Págs.118-19
Akita
Overhills Cherokee lite Fut
Meg purnell-Carpenter
Págs.120-21
Terrier de Boston
Chilka Kirsty
Mr and Mrs Barker

Págs. 122-23
Bulldog
Mipoochi Delilah
Mrs Leah Edwards

Págs.124-25
Chow Chow
Benchow the Chinaman
Mrs Bennett

Págs.126-27
Dálmata
Elaridge Endeavour
Mrs Stokes

Págs.128-29
Keeshond
Neradmik Jupiter
Mrs Sharp-Bale

Págs.130-31
Lhasa Apso
Chobrang Misha
Chobrang le-Shi
Irene Chamberlain

Págs.132-33
Poodle
Philora Silver Warlord
Sandra Martin
Glayuar Galactica
June Clarck

Págs.133-34
Schipperke
Keyna's Artful Rogue
Ns C Hart

Págs.136-37
Schnauzer
Courtaud Carefree Casey
Mr and Mrs S Court

Págs. 138-39
Shar pei
Bao Shou-Shi of Jentiki
Jenny Baker

Págs.140-41
Shih Tzu
Magique Magpie of Chelhama
Mrs Goodwin

Págs. 144-45
Malamute do Alasca
Hignoons Nansamund
Mr and Mrs Croly

Págs.146-47
Boiadeiro Bernês
Sir Stanly from Meadowaprk
G and Rayson

Págs.148-49
Bouvier de Flandres
Mr Bo Jangles at Aiulys
Sue Garner

Págs. 150-51
Boxer
Bitza Shout and Roar
Mr A Varney

Págs.152-53
Bullmastiff
Dajean longanberry
Dajean Rocky Won
Ms S Wood

Págs. 154-55
Dobermann
Sallate's Ferris
Mr and Mrs Bevan

Págs. 156-57
Dogue Alemão
Daneton Kiki of Maricol
Colin and Marie Stevens

Págs.160-61
Mastiff
Tresylyan Bitter Sweet
Brookview lucy lastic of Tresylyan
Mr and Mrs K Taylor
Kwintra Imra
Mr John Turner and Dr Jean Clark

Págs. 162-63
Terranova
Seebar von Drachenfels of Yaffles
Rosemary Miller

Págs. 164-65
Rottweiler
Potterspike Pure'n' Free
Violet Slade

Págs. 166-67
São Bernardo
Groveacre Sophie's Choice
Mr and Mrs Garey

Págs. 168-69
Husky Siberiano
Leejo's Tumak musinka
Snowolf's Brecon
Mr Ray Ball

Pág. 170-71
Fila Brasileiro
Mel Az da Fazenda Rio Negro
Ricardo Boeck

Págs.174-75
Boiadeiro Australiano
Formmakin Kulta
Formakin Minky
Mr John Holmes

Págs.176-77
Pastor Belga
Heritiere du Pays des Flandres of Questenberg
Questenberg Oklahoma Kid
Karen Watson

Págs.178-79
Collie Barbudo
Desborough Dulcinea of Snowmead
Mrs Waldren

Págs.180-81
Collie de Pêlo Longo
Leighvale Oliver Twist
Les and Viv Norris

Págs.182-83
Pastor Alemão
Charvorne Dielander
Charvorne Lolita
Mr and Mrs P Charteris

Págs.184-85
Old English Sheepdog (Bobtail)
Kalaju Resident Rascal
June Wilkinson

Págs.186-87
Cão Montanhês dos Pireneus
Clarance Brynhafod Barkin-side
Mr and Mrs S Clarck

Págs. 188-89
Samoieda
Krishe Khloe of Nikara
Nikara Special Edition
Mrs Val Freer

Págs.190-91
Pastor de Shetland
Willow Tarn Telstar
Willow Tarn Telstar
Willow Tarn Trueman
Willow Tarn Tokaji
Trinket of Willow Tarn
Mrs Rosalidn Crossley

Págs. 192-93
Welsh Corgi
Kaytop Dice of Rossacre
Cardigan Welsh Corgi
Deavitte Blue Fox of Rossacre
Mrs Alli Boughton

Págs.196-97
Bichon Frise
Kynismar Heaven Sent
Mrs Myra Atkins

Págs.198-99
Chihuahua
Natimuk Wilf
Geoffey Curr

Págs.200-201
King Charles Spaniel
Simannie Corny's Pride and Joy
Barry and Sheila Byers
Grenajay Julie's Boy of Curtana
Julia Huggins

Págs.202-03
Spaniel Japonês
Sangria Eclipse
Sangria Imperial Dragon
Mr Bryan Bond and Mr George Farmer

Págs. 204-05
Maltês
Caramalta Sweet Melody of Ellwin
M Lewin

Págs.206-07
Pinscher Miniatura
Tygorsaf Tendertrap for Torilea
Mrs P Powers

Págs.208-09
Papillon
Ju John, Miss Ash at Ringlands
Ringlands Stella Star
Mrs Norula

Págs.210-11
Pequinês
Chophoy Have a Nice Day
Chophoy pittssburg Stealer
Mrs S Stang

Págs. 212-13
Spitz Alemão Anão
Taurusdale intan Merah
Mr Kee

Págs.214-15
Pug
Puggleberry Pippa
Puggleberry Pingpong
Mr and Mrs Hicks

Págs. 216-17
Silky Terrier Australiano
Marshdae Tumberlong
Anne Marshall

Págs.218-19
Yorkshire Terrier
Bananas du Domaine de Monderlay at Gaysteps
Mrs Fisher

Págs. 220-21
Vira-latas
Nipper
Mrs Westrope
Barney
Mrs Burke
Tizzy
Mrs Gardner